DEEP LIVING
WITH THE ENNEAGRAM

RECOVERING YOUR TRUE NATURE

九型人格深活全書

一套精準地圖，找回冰山下的真實本質，
帶領你走上蛻變與開闊之路

Roxanne Howe-Murphy, EdD

羅珊娜. 豪威－墨菲———— 著

謝慈———— 譯

各界盛讚

過去兩個世紀以來的最大發現，就是人的性格並非固定不變，而是充滿彈性，可以改變，也充滿可塑性。羅珊娜・豪威－墨菲博士是睿智而富有同理心的引導者，知道如何運用鼓勵帶來這樣的改變。假如你覺得自己被困在原地，想要成長、改變和快樂，就追隨她的引導吧。

——拉瑞・多賽（Larry Dossey）醫師
著有《一心：我們的個人思想如何成為更大意識的一部分
及其重要性》（*ONE MIND: How Our Individual Mind Is
Part of a Greater Consciousness and Why It Matters*）

當媒體不斷告訴我們該追求怎樣的形象時，該如何了解真正的自己？進入這本書的世界，你將發現掌握自己本質和真實人格的關鍵。最重要的是，你將學習面對真實的自己，而不受性格的局限。唯有如此，才能得到自由和有深度的生命。這是最棒的智慧！

——克里斯蒂安娜・諾斯拉普（Christiane Northrup）醫師
紐約時報暢銷作家，著有《女神不老，更年期的智慧》
（*Goddesses Never Age, The Wisdom of Menopause*）
及《女人的身體與智慧》（*Women's Bodies, Women's Wisdom*）

我們這個時代的弊病，是心智的膚淺、過度注重表面，以及缺乏自我覺察。羅珊娜・豪威－墨菲博士的這本書，提供了最強效的解藥。

——麥可・葛柏（Michael J. Gelb）
著有《像達文西那樣思考》（*How to Think Like Leonardo da Vinci*）

要放下現有的事物，追求未來的可能性，有時是很可怕的事。然而，唯有如此，才能換來心靈的蛻變。假如你追求前進的道路和引導，我會毫不保留地推薦羅珊娜‧豪威－墨菲。在這本書中，她結合了對九型人格淵博的知識，如預言家般精確判讀當今的現實。追尋她的領導，我們就能找到相信未來的勇氣，即便充滿不確定性，也會努力追尋。

——蘇珊‧史塔比爾（Suzanne Stabile）
著有《我們之間的道路：通往健康關係的九型人格之旅》
（*The Path Between Us: An Enneagram Journey to*
Healthy Relationships），主持播客節目《九型人格之旅》
（*The Enneagram Journey*）

這是一本難能可貴的書，能帶領讀者回到靈魂的家鄉。羅珊娜‧豪威－墨菲敏銳地發掘九型人格的涵義，喚醒讀者的潛能。她經歷過書中的每一個步驟，因此能提供最真誠即時的引導，帶你回歸人生最初的追尋——回到當下，找回靈魂最初的歌唱。這本書是心理的食物、靈魂的膏藥和心靈的光亮。

——克莉絲汀娜‧多尼爾（Christina Donnell）博士
著有《超越的夢：進入我們的人類潛能》
（*Transcendent Dreaming: Stepping Into Our Human Potential*）

羅珊娜‧豪威－墨菲引用人生導師的經歷，分享許多鮮明而有說服力的例子，讓我們看見她的概念如何成為行動。她設計的練習同樣獨特且有幫助，就如同她創造的「深度生活法」的四大元素。她也專注地投入我們早已熟悉的人生建議，像是打破消耗性的思維循環、化解內在的自我批判等等。雖然九型人格和個人性格的關聯，早已是許多書籍的主題，但羅珊娜‧豪威－墨菲仍然賦予這本書獨一無二的意義。

——摘自 BookLife 大獎

這本書結合了實務與更深刻的理論，讓我們與自己的關係更親近，也為我們開闢許多道路，讓我們練習活在當下，探索人類完整生命的意義。羅珊娜·豪威－墨菲提供了睿智且富同情心的引導，以九型人格幫助讀者改變對自己的認識，從裡到外地重新集中注意力，培養內在的能力，活出更喜樂而充滿生命力的圓滿人生。我們推薦這本書作為心靈的引導，支持並加快你的自我覺醒。

——唐·理查德·里索（Don Richard Riso）與
羅斯·赫德森（Russ Hudson）
著有《九型人格的智慧》（*The Wisdom of the Enneagram and Personality Types*）

這本書是深刻的內在蛻變治療……

——南西·羅倫（Nancy Lorraine）
《中西部書評》（*The Midwest Book Review*）資深評論家

這本書真的能改變你和一切重要事物的關係，從最重要的關係開始——你和你自己的關係。這本書能幫助你更了解自己，也更欣賞自己。它能幫助你超越現在過度消耗、習慣性的模式，來到活在當下的鮮明真實，更能幫助你了解生命中的其他關係。讀這本書吧，你不會後悔的！

——瑪西亞·佳儂（Marcia Cannon）
婚姻及家庭治療博士
著有《憤怒的禮物》（*The Gift of Anger*）

她是現代的心靈大師！羅珊娜·豪威－墨菲掌握了生命最深層的節奏，並翻譯給那些準備好了解生命可能性的人。膽怯者或許不適合深度的生命，但在追尋本質的過程中，我們將得到無限的光明和自由。對羅珊娜來說，九型人格是一條神聖的道路，通往自愛和愛人。了解自己的本質，才能自我實現，得到真正的自由。

——荷莉葉特·西蒙·沙林傑（Harriett Simon Salinger）
職業心理治療師及高級認證教練，心靈引導者及認證追尋者
加州洛杉磯

假如你已經準備好睜大雙眼看見自己，了解自己行為背後的動機（即使是無效的），並學習如何忠於你的本質，那麼這本書會是你久候的佳音。羅珊娜分享她的智慧、善良和深刻的生命引導專業，為你帶來深度生活的禮物。無論你是準備好展開個人生命的旅途，或是即將再次出發，這本書都能提供最好的幫助。

——蘇珊·葛雷瑟（Suzanne Glazer）
哈佛商學院領導力計畫副主任兼執行教練

發掘靈魂是一項艱困的任務，但九型人格提供了最強大的工具，而羅珊娜·豪威－墨菲是途中最好的嚮導。對於心靈的領導者，或是任何準備接受真實生命召喚，好好活在當下的人來說，這本書都是尋找內在自由的地圖，可以與上帝、自己和其他人都建立更真誠的關係。這本書挑戰讀者進入更高層級的自我覺察和療癒，提供具體的步驟及實際的幫助，讓真正的改變發生。

——蘇珊·巴克禮（Suzanne Buckley）
慈悲中心（Mercy Center）主任，
編有《神聖召喚：個人和專業成長的靈性蛻變》
（*Sacred Is the Call—The Transformational Work of Spiritual
Direction Programs for Personal and Professional Growth*）

在這本書中，羅珊娜·豪威－墨菲將智慧與人生導師的經驗結合，並融入九型人格的深奧智慧。她為九種人格類型奠定了多面向的框架，讓我們能透過不同的角度看自己，從最自我設限的習慣模式，到我們真正的天賦。她也提供了平易近人、適合不同類型者的練習，幫助我們脫離既有的模式，活出更整合的人生。然而，真正用心感受這本書的人，就能為自己創造適合內在改變的條件，放下自我設限的個人故事和判斷，擁抱無限可能性的每個當下。這是非常值得一讀的好書！

——羅倫·維納（Lauren Vanett）
核心力量引導計畫創辦人兼主任，舊金山州立大學

羅珊娜・豪威－墨菲的書，是九型人格世界中最棒的禮物！在本書中，她為心靈的旅程提供了最平易近人（簡單又好理解）的引導。她將向來難以言喻的靈魂體驗，轉化為淺顯易懂的文字。我希望將這本書送給身邊的每個人。這是很棒的禮物！

——琳達・羅伯茲（Lynda Roberts）
九型人格機構職員，國際九型人格協會
董事會財務主管，專業專案管理者

這本書清楚又明確地描述了個人成長和心靈覺醒的基礎。這可以當成大學中情緒智商和社交能力課程的指定用書，能幫助讀者在個人與職業層面都有傑出的成就。這本書足以改變你的人生。

——道格・摩爾（Doug Moore）博士
心理學家及人生導師

終於有一本書揭示了達到內在寧靜的方式；這是必須轉向身體內在的智慧。羅珊娜・豪威－墨菲的這本書，將是你會一讀再讀的書。透過九型人格的古老智慧，羅珊娜分享了如何導向快樂圓滿的人生。你將會發現濃霧散開，露出真實而美麗的自我。

——維奇・克魯斯（Vicky Cruz）
脊椎醫學博士，演講者、引導者與教導者，
神經情緒療法（Neuro Emotional Technique）認證從業者
滿月療癒中心（Full Moon Healing Center）共同創辦人

這本書是寶貴的資源，解開了我們人格結構的祕密，並幫助我們的本質蛻變。

——派特・林德凱爾（Patt Lind-Kyle）
著有《療癒你的心靈，重寫你的大腦》
（*Heal Your Mind, Rewire Your Brain*）

羅珊娜‧豪威－墨菲的這本書，是珍貴的寶藏！這本書從九型人格的古老智慧出發，為我們畫出人格的地圖，讓我們看見反覆出現的行為模式，以及深度生活的蛻變過程。羅珊娜送給我們必要的工具，讓我們成為「模式偵探」，不再只能從後照鏡看見過去的模式，而是在行為當下就有所覺察，甚至在開始之前就制止自己。羅珊娜的書蘊藏著豐富的資源，一次又一次地帶給我智慧，幫助我理解人格和行為模式，並更加覺察和活在當下。

——珍娜‧史密斯（Janet Smith）博士
澳洲坎培拉大學教育學院院長

九型人格的寶貴資源，幫我們開啟了通往自我認識的大門，對於正處在職涯轉換期或是其他人生關卡的人來說，特別有助益。當你進入這本書的世界，將會發覺自己的內在力量、天賦和信念，幫助你加深生命的深度。

——卡蘿‧麥克蘭德（Carol Mcclelland）博士
著有《改變的季節：在生命不可避免的起伏中，
用自然的智慧成長》（*The Seasons of Change: Using Nature's
Wisdom to Grow through Life's Inevitable Ups and Downs*）
www.seasonsofchange.com

獻給

吉姆‧莫菲（Jim Murphy）博士，

他仁慈而充滿關懷，

提倡人性的尊嚴，

是我人生的摯愛。

也懷念

唐‧理查德‧里索（Don Richard Riso），

他是九型人格的先驅者、老師、引導者、同僚和摯友，

對意識的覺醒有著最深刻的貢獻。

｜目錄｜

Part **1** 朝向新的世界

Part **3** 人生的改變

| 圖表目次 |

以全新的方式與自己相處

　　當《心靈雞湯——關於女人》（*Chicken Soup for the Woman's Soul*）在1996年出版時，我和共同寫作的夥伴都看見人們對靈魂滋養的渴望。過了將近二十年後，這樣深沉的渴望顯然沒有消失。無論我在世界何處演說，最常聽見觀眾的抱怨都是：即便他們有許多值得感激的事物，還是常常感到內心深不見底的莫名空洞。

　　許多人就算多年來致力於自我成長，閱讀無數自助書籍，參加各種工作坊，甚至是服用「快樂藥丸」（編按：一種催產素，能有效緩解社交恐懼，非毒品），許多人還是覺得和自己疏離。現代社會教導我們向外追尋自我的意義和人生的滿足，但我們知道不該只是如此，因為內在的平靜不斷地呼喚著我們。

　　在這本書中，羅珊娜‧豪威－墨菲點出了「我們對內在連結的渴望，其實是靈魂呼求著內在的真實——那潛藏在自我故事背後的真實」。幸運的是，她也告訴我們該如何回歸自己的本質。

　　羅珊娜是睿智而真誠的引導者，帶著來自九型人格的豐富古老智慧。九型人格能幫助我們看見自己如何無意識地與本質疏離，以及潛藏在本質中最美好的天賦。羅珊娜讓我們覺察那些自己所仰賴卻毫無助益的習慣模式。在她的帶領下，我們將進入新的天賦領域，更了解自己、擁抱自己。

1998 年，我第一次從老朋友那裡聽到九型人格的概念。擔任治療師的老友克里斯・懷特（Chris Wright），喋喋不休地分享他的體悟。自有記憶以來，我都是一個追尋者，因此對此深感興趣。九型人格解釋了我的行為和生命，這樣的深度是我以前所學習和教導，並在企業訓練中使用的其他人格「分類」工具難以企及的。從那之後，九型人格便帶給我無比的幫助，讓我了解自己的恐懼、動機和渴望，也同樣幫助了我的家人、朋友和同事。

　　近年來，我欣喜地見證九型人格在商業世界和個人成長方面，都愈來愈受到認同。這本書更是將九型人格的應用提升到更高的層次。

　　在本書中，羅珊娜提出激進的觀點：個人的改變和進化，並不是修補內在崩壞的事物；相反的，是以全新的方式與自己相處。我很清楚這麼做有多重要。幾年前，我的婚姻觸礁，一個人到夏威夷幾個星期，處理新書的計畫。我開始發覺，在婚姻中所聽見的抱怨和批評，其實反映的都是我對待自己的方式。假如我對丈夫嚴苛，這是因為我對自己也是如此。我的內在發生了變化，我了解到該如何以不同的方式對待自己，要對自己多一點同情和愛。這不是修補內在，而是擁抱內在的每個面向。隨著我愈來愈愛自己，我的世界也發生改變。這本書正是以此為基礎，其中的觀點將挑戰你對個人成長和發展的看法。

　　羅珊娜鼓勵我們檢視人生中不斷出現的問題。你是否曾經想過：「喔！不，怎麼又來了！」這本書會幫助你了解，同樣的模式為何一再出現，以及更重要的是，如何從根本解決問題。針對這樣深奧的訊息，本書以容易吸收的方式傳達，能幫助你立即融入生命中。

為了我的書《快樂，不用理由》（*Happy for No Reason*），我探索了正向心理學的領域，領悟到快樂其實是一種生理狀態。神經科學也證實了這一點。在本書中，羅珊娜引導我們以九型人格這項強大工具，改變我們的神經通路，以支持更快樂和滿足的生命。

書中揭露了一個難題：我們的自動運作模式會在無意間將我們導向無法真正滋養生命的事物，讓我們離長久的快樂愈來愈遠。我們會想著：「假如我能擁有夠多的某事物就好了。」以為這樣就可以變得快樂。九型人格中，每種人格認為會帶來快樂的「某事物」都不同，但永遠無法滿足我們最深層的渴望。在本書中，我們會覺察自己的虛假追尋，了解到何謂真正的滿足，並學習體驗滿足的策略。這了不起的滿足之法，真可謂是天啟啊！

羅珊娜的一生致力於幫助他人蛻變。她付出努力和熱情，引導人們走上療癒和覺醒的道路，更是令我感動。

但願這本書能帶給你向來所渴望的，更強烈、更無條件的快樂，以及靈魂最深度的滋養。

—— 瑪西・許莫芙（Marci Shimo）

找回冰山下的真實本質

　　本書距離第一版發行至今，已經超過了十多年。正因為市面上沒有任何引導書籍能幫助我們了解真正的自己，體驗較少壓力和痛苦的人生，或是過得更為真誠，因此，這本書提供了一面鏡子，讓讀者更清楚看見自己，以便改善自己的人生。

　　本書使用的是專注在當下的九型人格智慧，呈現了療癒和蛻變的練習，幫助我們與自己和他人建立起更富有同情心、更有意義，也更真實的關係。

　　本書是修訂後的全新版本。過去十多年來，世界的變化速度加劇，讓我們愈來愈難以維持與自己的連結，感受並拓展更真實的自己。在這個無法預期的時代，環境、政治、社會和文化都紛亂不安，外在世界的能量如此強烈，我們可能在無意識中吸收了不少。

　　此外，隨著網路發展，人類知識累積的速度遠遠超越了最瘋狂的想像，平均每十三個月就會翻倍，而且根據預測，時間很快就會縮減為每十二個小時翻一倍[1]。如此巨大的變化所帶來的混亂和不確定性，削弱了我們自我覺察的能力，使我們疏離了生而為人的自己。我們愈來愈難與自己的內心連結，並用有益於自己和世界的方式生活。

　　有鑑於此，新修訂版的目標更為遠大，分成兩個面向：**首先，幫助我們發掘那打造堅固核心基礎的內在能力，成為**

當今不確定局勢中的船錨；第二，提升個人對當下的覺察，不再受到慣性的壓迫，並接受新的生命模式。這不只會改變個人的人生，也能改變其他人和整個星球的福祉。新修訂版更新了統計資料，呈現出與自己失去連結所帶來的影響；更完整地探索人際壓力的本質；闡述活在每個當下的意義和力量；並且提供更多引導，讓我們在現今世界重新找到立足點，以恢復完整的本質。這對我們的靈魂和整個地球來說，都是最好的解藥。

新修訂版也提到現代人正探索著「生而為人」的嶄新意義。幸運的是，即便眾多社會推崇的策略只會使我們疏離自己，九型人格的智慧卻能幫助我們穩定內在，得到自由，並感受到更深層或更高層次的引導。在追求滿足，或是找尋如何修補與自己之關係的答案時，我們無法向外探尋。我們無法在外在的世界中找到完整的自己，而是必須透過內在的探索，才能找回本質，更加了解阻礙我們自我圓滿的是什麼。

沒有什麼比**活在當下**更能彰顯出我們最棒的天賦和自我表達方式了。許多人自認為覺察程度很高，已經活在當下，而這是自尊希望我們相信的。我也曾經如此，花費十五年投注於自我成長後，才開始透過九型人格，更誠實也更精確地看見自己。如今，我經歷了二十年有關九型人格的教導和指引，並持續內在修行後，仍不斷對真實的自己有更多認識──對內在的探索，沒有結束的一天。

這本書將焦點放在整合兩股強大的動力，讓我們敞開去面對完整且真實的自己，接受更多的引導，將自己獨特的天賦帶到這個複雜的世界中。其中一項動力是當下，另一項則是基於九型人格的自我認識。假如沒有當下，自我認識就無法帶來有益的內在改變，反而只會強化自尊所創造的假象。

假如沒有九型人格照亮的自我認識，則不可能分辨自己是否活在當下，因為自尊總是會創造出幾可亂真的假象。

在本書中，自我認識和當下的解放性力量相結合，提升到蛻變的層次。如果提升了活在當下的程度，我們就不會再渾渾噩噩地過日子，對周遭事物渾然不察，或是覺得內心似乎有什麼正在死去；相反的，我們將體驗生命的豐富和即刻性。活在當下的力量，讓我們能平靜地面對人生的混亂和喜悅，覺察到自己其實有選擇，不需要因為人際的不順遂或不方便，就覺得一天徹底毀了，而是理解到自己的情緒不需要受失望和挫折所宰制，這將能帶來更寬廣的視野和健全的生命。活在當下也能讓我們更承擔起當下行動、反應和行為的責任，進而減少我們的掙扎和痛苦。更甚者，活在當下是我們和「真實」（Reality）建立起關係的基礎。或許你會用其他詞彙來指稱「真實」，但這就是將我們推往「偉大祕密」大門的「絕對性」。

更甚者，本書對人格提出了不同的觀點。大眾普遍認為，人格是自我定義的基準，例如外向、好奇、樂於助人、熱情或敏感。我們會發現自己所以為的人格，其實是基於最初期、無意識的虛假形象，而與我們最原初的心靈失去了連結。我們在人生中習慣的自我表達方式（也就是上述的人格），隱藏了真實的核心，這對於個人或整個地球來說都帶來負面的影響。

在新修訂版中，這種源自於內在分裂所產生的自我認知，稱為「**自尊編碼**」（ego code）。這是以基因編碼為比喻，正如基因編碼攜帶著我們難以意識到卻能影響神經生理學的資訊，自尊編碼則有一套看不見的規則或內在邏輯，決定了人格的組成。有鑑於我們認識自己已經這麼久，認定存

在於身體、心靈和心智內的自己都很真實，這個在無形中塑造我們人生經驗的內在邏輯，似乎沒什麼問題。然而，正是自尊編碼讓許多人時常感到內在的不安定，例如憤懣不滿、痛苦掙扎、孤立疏離，以及與自己和其他人失去連結。這樣的內在邏輯不可避免地會導致我們與他人的二元對立取向，這不只在當代社會顯而易見，也一直存在於歷史中。

幸運的是，自我探索會提升覺察，讓我們覺察自己的人格幾乎都是由自尊編碼所決定，是源自與本質無關的假設，而且無法帶來我們所渴望的長久改變，更不可能打開人生的新選項。本書提到的過程，包含了辨認出自尊編碼的內在邏輯如何形塑我們的人生策略；了解到自尊編碼並不代表我們完整的本質，我們也無須為其負責，因為那是人類的天性使然；最後，透過當下的練習，我們能展開本質的自我療癒，透過活在每個當下，得到更多的選擇並保有這樣的自由。自我覺察地探索內在的領域，抱持著好奇心、誠實、勇氣、同情心和包容，這些都能療癒我們。當我們感受到療癒，不只能變得更真誠、自由和敞開心胸，這樣的美好特質還能擴散到所有和我們接觸的人、事、物。因此，療癒成了許多正向改變的催化劑，有些甚至會在不知不覺中發生。

透過九型人格的實踐，我們對自己做為當下的人類有所覺察，能了解自己是怎樣的存在。就我所知，沒有其他工具能如此強而有力地讓我們認識自己，提升同情心和生命每個當下的效能。即便九型人格的智慧在每個年代都很重要，如今的需求更是迫切，因為我們需要在充滿不確定性的時代中，仍與內在的引導保持連結。九型人格也幫助我們了解，覺醒之後的本質是寬廣、開放、完整和連結的，對當今許多人正在經歷的靈魂耗竭來說，都是強而有力的解藥。

無論我們在生命中獨特的角色或互動為何，「與自己的關係」都是影響人際關係的最大因素。假如我們自認為與他人疏離，就會無意識地改變世界觀，以至於生命失去了真實的引導。在我們與人類和宇宙關係的脈絡下，建立與真實自我的穩固連結，能讓我們的生命更有效能，更清晰地看待他人，並擁有更積極的影響力。

　　簡而言之，研讀本書的好處可能包含：

- 了解內在衝突掙扎的成因，並驚喜地發覺還有其他面對挑戰的方式。
- 透過九型人格的心理學和神經科學，來體驗更加開闊的生命。
- 與內在的引導建立更深刻的連結，提升內在的統一性，在混亂的時代中得到更自在的生命。
- 學習如何用內在的力量來活在當下，以及透過相關的特質，更接近真實的自己。
- 欣賞人性的真實，以及其永恆神聖的光輝。

　　最終，本書將提供我們更慈悲的心態來重新遇見自己，幫助我們記得自己存在的理由，並照亮我們隱藏的完整自我。我希望這本書能幫助許多人，對於社群乃至於整個世界也帶來正面的影響。畢竟，人類是活躍的存在，我們展現的模樣所影響的範圍，遠遠超過我們的想像。

──羅珊娜・豪威－墨菲，新墨西哥州聖塔菲郡

深度生活的源起

何謂「深度生活」？

你已經收到深度生活的邀請。這或許聽起來很吸引人，但「深度生活」到底是什麼意思？深度生活和日常生活又有什麼不同？

我的生命經線

我們的生命有許多經線貫穿，當我們關照內在的聲音時，就能清楚看見。

我的家鄉是人口僅兩千五百人的中西部小鎮，我在農場長大。從許多層面來說，這都是很單純的生活。雖然十八歲以後，我就離開了農場生活，但至今仍珍惜著自己與土地和天空的深刻連結。

自有記憶以來，靈性上的重大問題就不斷吸引著我。我清楚記得，年幼的自己坐在農場老舊的階梯上，凝視著夜空，內心充滿敬畏。當我思考生為人類的自己，在無垠神祕宇宙中的位置時，對自己的人生感到鼓舞又恐懼。我直覺地領悟到，這種生為廣袤宇宙一部分的感受，就是生命的核心意義。

我不知道可以跟誰談論這樣的感動和前方的冒險，於是

內在的體悟便漸漸消退。如同許多古往今來的人，我疏離了生命神聖又美麗的本質，走上了我以為必經的人生道路。

我很幸運，因為沿途遇到了許多導師，有些是我主動追尋，有些則是自然而然的機遇。剛出社會的我，在腦性麻痺聯合協會（United Cerebral Palsy Association）工作，巧遇了其中一位。她的年齡和我相仿，名叫泰莉（Terri）；她讓我看見了人類精神的力量。她坐著輪椅，由於生理上需要許多照護，便住在照護中心。她無法開口說話，也無法移動四肢，卻熱情地成為一部紀錄片的主角，花了好幾個月的時間，用頭戴式裝置，一個字母一個字母地寫下劇本。她將紀錄片命名為「不要只是看」（Don't Just Look），或許這意味著：「看穿表象，看見深處的我這個人。」如今，我還是深受她的影響。

二十多年來，我有幸在三所大學任教，教導十多門大學和研究所階段的課程，包含休閒理論、休閒治療（Recreational Therapy，又稱康樂治療）、領導力、身心健康和研究。我的學生很多元，最大的挑戰就是找到和他們建立深刻連結的方法，帶給他們有意義的真實學習及成長體驗。我和夥伴共同編寫的《治療性娛樂：生態學觀點》（Therapeutic Recreation: An Ecological Perspective）成為該領域中尖端的教科書。我在審查嚴謹的專業期刊中，有時會發表具爭議性的文章。我在專業期刊擔任編輯，並發表無數場演說，也在數百場工作坊和研討會中，對專業小組進行發表。

但一段時間後，我的內心不斷浮現微小的聲音，不肯安靜下來。將近四十歲時，我對生命的無形層面——也就是靈魂深層的領域——的追求又再度點燃了。我還清楚記得一位資深教授在校園裡行走的畫面，他的肩膀和頭部都無精打采

地低垂著。我可以感受到他的生命能量愈來愈消退，也下定決心不要讓自己的生命力就這麼逝去。

每個學期的一開始，我都告訴學生，我之所以在教室裡，是因為喜歡；假如我不再這麼認為，就會離開。那個當下，我宣告自己將由內而外地活著。

雖然生活相當美好，我卻漸漸感受到一股內在的拉扯。即便是我丈夫的愛、自己對教書的熱情，以及美好的友情，都無法化解我內心的不適。該採取一些行動了，但這意味著什麼？

第一步是辭去大學的教職。

這是痛苦卻必要的離別，但我還不知道下一步會如何。在這個由內到外的生命追求中，我發現自己的內在感受缺乏方向和目的，內心充斥著自我懷疑與恐懼，幾乎憂鬱得動彈不得。假如我的內在感受只有如此，問題可就大了。某種程度來說，我相信辭職的選擇，但從其他方面看來，還有許多嚴重的問題。我閱讀了許多關於克服限制性想法和感受，以及自我形象扭曲的書籍。但我所無法克服的障礙，就這麼刺眼地擋在前方。這樣的感受對我的影響很大，更放大了我長期深藏內心的祕密——我的本質出了問題。

於是，我盡一切所能來修復自己，卻不知道這可能將我帶往錯誤的方向，因為「修復」並不是管用的策略。（後文會再討論這個主題！）雖然這對我的個人發展來說是關鍵時刻，但其中一段經驗卻差點使我崩潰。我參與某位知名心靈自助講師和作家的工作坊，絕望地對她傾訴我找不到方向。她竟然建議我在搞清楚之前，都不要睡覺！假如聽從這個建議，我大概已經死了。

在各種機緣下，我得以更深入地自我探索和研究，發現

了在我的內心、教育、專業、人生經驗，以及對人類潛能信念等方面都能引發共鳴的職涯：人生教練。我在1997年創立了自己的人生教練與教育品牌，並有幸與許多美好的人們合作，其中不乏不同領域中面臨人生轉折的領導者。

然而，我覺察到還有些核心的重要事物等著發掘。

震撼人心的發現

於此同時，我重新認識了大約十年前接觸到，但沒有深入研究的知識體系。這次的重新接觸，震撼了我所以為的「我」。

我了解到，內在經驗幾乎都是受到心理、情緒、生理、心靈和神經生物學系統彼此相連的網絡所影響，而這些系統精確且獨特。我幾乎無法相信，一直以來自認為最私人的體驗，其實與全世界大約九分之一的人口共享，而且還有另外八種對人生的個人詮釋，是與我大相逕庭的。那些我以為自己的生命所缺乏的東西，其實一直都存在著，而且幾乎就在眼前……只是以前的我看不見生命的這個部分。我意識到，外在事物確實會以獨特方式影響每個人的生命，卻不足以定義我們的存在，當然也無法決定我們的未來。

那是唐‧理查德‧里索（Don Richard Riso，簡稱唐‧里索）與羅斯‧赫德森（Russ Hudson）所舉辦的九型人格訓練一週課程的第一個晚上。最初，我決定要參加的原因，是希望提升自我認識，或許也能幫助我的客戶和學員。我以前幾乎不曾有過超現實的體驗，但當我感受到無形的手拍著我的肩膀，輕輕搖晃，又聽見急切的聲音說：「這是你的志業……這是你的志業！」真的深受震撼。淚水淌下我的臉頰，我不知道這代表什麼意義，但我說好。

隨著時間過去，我愈來愈清楚地看見，長久以來自己都誤解了由內到外活著的意義。事實上，我完全誤解了「內在」真正的意思。

我開始看見，自己以為是真實內在經驗的感受、想法和概念，其實都不然。原來我所認真面對的、以為是真實的，其實都只是人格的條件反射。我發現，原來自己一直錯失了超越或潛藏在人格體驗之外的廣闊人生維度。我踏上一生的旅途，一點一滴地看見更深刻的意義。我透過親身體驗，學習深度生活。

人生交織著不同的詮釋。我父親是農夫，也是業餘歷史學家。我們家總有許多《重寫本：愛荷華州歷史雜誌》（*Palimpsest, A History Magazine of Iowa*）。直到父母晚年，我在打掃他們的家時，才再次找到這些《重寫本》，並驚豔地發覺其中的意涵。「重寫本」指的是羊皮紙或其他用來書寫的材料，人們不止一次抹除上面的內容，以利後來的書寫。但抹除的過程通常不太確實，因此研究者被賦予解讀和翻譯早期內文的任務。

我領悟到，**每個人的一生其實都有重寫本的元素。我們的生命有許多層次：有些被推開，有些保留下來，有些則完全隱藏。重寫本和個人生命的比喻，可以繼續引導出一個問題：生命的層次究竟書寫在什麼材料上？是誰在書寫？想傳達什麼？哪些部分想要隱藏？**我發現，持續提出問題，並遵循問題的引導，就能進入更神聖的領域。

深度生活的彰顯

我何其有幸，有機會出版《深度教練：以九型人格為深刻改變的催化劑》（*Deep Coaching: Using the Enneagram as a*

Catalyst for Profound Change，以下簡稱《深度教練》），並且在深度教練機構（Deep Coaching Institute）任教。我在其中學到的東西，或許和教導的一樣多。在《深度教練》出版後，夥伴鼓勵我為其寫一本指南。這就是本書最初的目的：一本小小的指南。但很顯然，它的野心不僅止於此！

經過一番研究，以及與數百名學生、客戶、同僚和碰巧認識的人真誠交流後，我發覺自己內在和外在生命衝突的經驗，其實是無數人體驗過的。我們的人生或許在外觀上各自不同，但內在經驗都屬於更宏大人類旅途的一部分。

我向世界領先的正念與蛻變導師學習了許多年，從他們身上傳承許多知識，再加上內在探索的發現，關於生命融會和統合的真義，對我來說愈來愈清晰，而我所謂的深度生活理論也漸漸成形。基本上，深度生活包含：

- 了解到我們所熟悉的自我感，其實可能出自錯誤的概念，並帶來不滿足和掙扎。
- 以加深的自我認識和正念為基礎，與自己建立起健康、信任的關係。
- 培養內在能力，連結內心深處的引導和智慧，進而找到生命的方向和天賦。
- 有著深刻的同情心，並包容接納自己獨一無二的人生之旅。

為何撰寫這本書

人類的靈魂和我們共同踏上的旅途，總是讓我驚歎不已。有時候，我會因為人類面臨的苦難而哭泣，有時則是因

為生命真實本質的美麗而歡欣。而我知道，每個人都屬於這美麗的一部分。

這顆星球上每個人存在的目的，都是為了療癒，為了滿足靈魂的召喚，並且表達最真實美好的特質。你的一切都是你天賦的權利。

從我的角度來看，九型人格是最深奧的蛻變系統。無論你是一輩子的冥想者、研究過偉大的靈性智慧體系、經歷過許多年的治療，或是對自我認識和蛻變的領域相對陌生，都可以從九型人格中得到其他方式難以提供的精確洞察。無論你處在靈魂旅途的哪個階段，無論你在心靈修練上習慣哪些工具或傳統，使用九型人格的深度生活法，都能填補許多遺失的碎片，並加快你進化的過程。

本書所呈現的九型人格，受到已故唐・理查德・里索與其同僚羅斯・赫德森的深刻影響。他們兩位是這個領域的先驅者，充滿了活力，分享著宏大的知識。我深深愛著里索－赫德森的九型人格，是他們的實踐者和教導者，這也是我生命中珍貴的經線。這幫助我發現了人生重寫本的不同層次。許多方面來說，這本書都是里索－赫德森九型人格的延伸，將九型人格的概念整合於個人發展、覺醒和蛻變的旅途。

旅途中，我們會遇到自己的「惡魔」，並以嶄新的自我了解和自我關係，重新定義及體驗。我們將更頻繁地看見並感受到自己拓展後的本質。

我在旅途中學到，人生的一切都是在邀請我們探索自己的深度，敞開自己的內心，清楚看見其中的一切。

我撰寫這本書的目的，是希望成為你在個人旅途中的牧者和同伴。這本書深深地敬重你靈魂的旅程，同時邀請你以前所未有的寬容與自己相遇。這本書的核心理念是，願你能

無論你是一輩子的冥想者、研究過偉大的靈性智慧體系、經歷過多年的治療，或是對自我認識和蛻變的領域相對陌生，都可以從九型人格中得到其他方式難以提供的精確洞察。

完整地接納自己，在愛與包容中讓你的自我認識得以蛻變，
看見自己最珍貴的價值。

—— 羅珊娜・豪威－墨菲
新墨西哥州聖塔菲郡

用九型人格指引療癒和內心整合的道路

對於內在所發生的事，有誰會坦誠以告呢？誰會跟你坦白自信外表下的焦慮或恐懼？誰會對你承認，看似一切都在掌握中的日常生活，其實潛藏著對下一步的不安？

誰讓你知道，可以安全地看見、接受並包容自己的內在體驗？讓你知道在這麼做的同時，其實可以和自己建立更深刻的連結？

在大部分人的成長過程中，家庭、社群和文化都不會鼓勵我們覺察內在生命，無論這意味著情緒化的時刻、心靈上的痛苦或深刻的喜悅。很少有哪個環境會告訴我們，探索或開拓靈魂上的道路，就和實質上的日常生活一樣重要，例如規畫、活動、人際關係、成就和挑戰。因此，我們只擅長活在生命的最表面，或許否定內在世界的存在，又或者試圖加以控制。

不幸的是，內在和外在世界的分歧，讓我們感到疏離、不完整又孤單。

從成人發展的角度來看，專注在生命的外在層面很重要，能幫助我們發展職涯、探索人際關係和尋找伴侶，或許也能成家立業。事實上，我們正在世界走出自己的路，試著找到自己的定位，追求著快樂和圓滿。這是艱鉅的任務！

但是，到了某個時刻，就該將注意力轉回隱藏在深處的事物──我們的內在生命和靈魂。這樣的改變通常發生在中

年，不過有愈來愈多二、三十歲或更年輕的人，受到內在探索的吸引。當預期之外的危機或危及生命的疾病發生，人們會開始追尋那些比社會提供的解決方案更真實的事物。

然而，當代文化無法支持我們這種由外而內的焦點轉變。廣受敬重的方濟會修士、教師和作家理查·羅爾（Richard Rohr）睿智地將此稱為「前半人生文化」。[1] 對於渴望探索深層本質和個人成長的人來說，他們所需要的和社會重視的外在事物，存在著巨大的差異。

因此，大部分的人在內心世界都感到孤寂，似乎也不太意外了。不過，鮮少有人知道，這樣的感受其實大家都有。我們內心的疼痛和靈魂的飢渴，也展現在統計資料上。美國一份2011年到2014年的研究指出，24.4%的六十歲以上女性都在服用抗憂鬱藥物，與2005年到2008年的18.6%相比增加許多。此外，在十五年間，抗憂鬱藥物的整體用量提高了65%。[2]

鴉片類藥物的濫用狀況同樣也加劇了，對個人、家庭和社群都造成嚴重混亂。一份2017年的研究估計，全美國超過十二歲的人口中，大約有1970萬人有物質濫用的狀況，其中七分之一是青年，十六分之一則是超過二十六歲的成年人。這份研究也估計，超過十八歲的美國人中，有1060萬人在前一年曾經認真思考過自殺。[3] 此外，一份2018年的研究指出，美國成年人一天平均花十一個小時觀看、閱讀、聆聽或單純地和數位媒體互動。

還有其他行為也能被歸類於行為成癮，卻相當常見，在某些環境中甚至是理所當然的，例如，過度工作、跑步、購物、看電視、賭博、進食，或是鄰居間的炫富比較等等。這些行為可能造成嚴重後果，往往也的確如此。孤單和疏離感

是造成壓力的主要原因，而我們都知道，壓力與生理、情緒和心理疾病之間有著緊密關聯。然而，比統計資料更嚴重的是，這些疾病對人們生活的真實影響，甚至擴及身邊的其他人，以及整個地球。

顯而易見的是，內在生命和外在焦點之間的差異，讓我們愈來愈疏遠自己和他人的真實連結。這會導致我所謂的「消耗殆盡的靈魂」。

於此同時，數百甚至數千種書籍、節目和專業演說者，不斷提供改善人生的建議。很顯然，對於心靈上覺醒的深沉渴望，是不容否認的。到底發生了什麼事？從靈魂耗竭到內心平靜的道路上，我們到底缺少了哪一塊拼圖？

我們已達到新對話誕生的歷史時刻

幾乎每個人都想知道自己是誰，想對自己感受到完整和安定。我們都希望愛與被愛，而我們人格的本質都會努力追尋和實現這份深沉的渴望。我們的人格有無限的潛力，能將我們帶往快樂、滿足和全方位的健康。但有個問題是，我們的人格無法掌握怎樣的過程真正有所助益，更甚者，也沒有能力創造出永續、真實的滿足。

該重新審視我們對人格概念的理解了，這包括了人格是什麼、如何運作、如何表現、我們如何受其愚弄、內在的平靜如何受到提升或減損，以及最重要的，我們和人格之間的關係。從我的角度來看，心理自助領域最大的缺點，是沒能從核心出發來解決內心的渴望，反而是立基於我們對人格無意識或錯誤的概念。在許多例子裡，人格都被誤解為必須擺脫、修正或超脫的。以這個錯誤觀點為基礎的自助策略，讓

眾多追尋者在無意間陷入龐大的痛苦中。

唯有正確理解人格的本質，才能體驗與自我之間的有意義、真實且肯定的關係。在令人驚喜又迷人的探索中，往往可以找到解答靈魂深處渴望的鑰匙。

唯有正確理解人格的本質，才能體驗與自我之間的有意義、真實且肯定的關係。在令人驚喜又迷人的探索中，往往可以找到解答靈魂深處渴望的鑰匙。

我們很難理解「了解人格本身，以及人格和我們之關係」的真正意義。首先，如同前文提過，每個人對於人格的看法或概念可能都不同。我認為，自己在這本書中提到的觀點是創新的，也將會徹底顛覆你既有的概念！

第二，人格的表現方式五花八門，假如沒有具體精確的地圖，來定義和說明人格中可預測的模式，就很難將人格和你之所以為你的決定性經驗加以區隔。

在本書中，我邀請大家重新思考對人格的全新定義，以及人格所創造的故事，並且反思你和人格之間的關係，如何影響你內在的平靜與完整。

我們稱為「九型人格」的這套智慧體系，提供了獨特又精準的地圖，讓我們看見人類心理和靈魂的旅程。有了這樣的智慧，我們將看見內心認定的自己（實際上只是本質的一小部分），並了解何謂自己的真實。

你將會看到，人類的情況大約可以分成九種版本——九種人格類型或典型——每一種都涵蓋特定範圍的特質，包含了珍貴的天賦和特定的困難考驗，並且會帶來特定類型的生命經驗。

這九種人類的情況都有各自的核心信念、恐懼、避免、執著想法和獨特的內在批評，對於現實的運作方式也有不容質疑的看法。因此，你會發覺正是這些心智和情緒的習慣，造成了我們的孤獨與疏離。這些動力會形塑出特定、扭曲而局限的自我形象。我們對此太過習以為常，甚至完全沒有覺

察到自己為了逃避痛苦不適而耗費了大量的精力。

我們也將透過九型人格，探索個人經驗的光譜，並發掘屬於我們深層真實本質的重要且深刻的特質。在九種心理和靈魂的旅途中，都會各自揭露出個人獨一無二且寬廣的特質，並反映出靈魂最美好的天賦和祝福。透過這樣的特質，我們才能重新找回與自己的神聖、親愛、美麗本質之間的連結，並與世間萬物產生連結。奇妙的是，人類經驗光譜的每個區段，都有著意想不到的神性連結。

在本書中，我邀請大家重新思考對人格的全新定義，以及人格所創造的故事，並且反思你和人格之間的關係，如何影響你內在的平靜與完整。

* * *

透過九型人格更深度地看見自己、理解自己，真正的價值在於你將進入全新的領域，但第一步必須是找到最符合自己的原型。**九型人格系統最棒的地方，在於為每個人指引療癒和內心整合的道路**。九種人生的維度都以不同的方式表達，因此生命圓滿並沒有唯一答案。相反的，九種人格對擁抱內在生命都有獨特的回應方式，因此有九種不同的道路。

本書將幫助你用新的方式看世界，或許會有些陌生，但肯定令人振奮。在閱讀的過程中，你會覺得自己被好好「接住」，彷彿你的內在生命——如此親密，卻幾乎沒有被好好定義——反映在你面前，得到深刻的愛和理解。

我相信，唯有被不帶批判地徹底看見，我們才有勇氣坦誠說出自己體驗到的真實。直到我們認出內在的聲音，並加以表達，好好面對挑戰、脆弱、痛苦、懷疑和恐懼，以及希望與夢想，才能發現自己並不孤單。

我們會了解到，現在的自己不必然是未來的自己。誠實且包容地面對自己，就能帶來最深刻的自由。我們會發現自

己的生命體驗，都帶領我們深入內在，感受內在的一切，進而擁抱內在生命驚人的智慧。

我誠摯地希望，這本書將鼓勵你對自己更仁慈和接納，也因此推己及人。仁慈和接納是這個世界迫切需要的，而為了帶來全球性的療癒與蛻變，每個人手上都握著獨一無二但關鍵的鑰匙。

這個時代的深度生活法

深度生活法整合了四項關鍵元素，幫助我們體驗與自己更深刻的連結：

1. 九型人格的智慧體系

九型人格是古老的深奧智慧，能幫助我們更寬容且準確地自我理解、自我認同、自我擁抱，而這是當今時代所迫切需要的藥方。九型人格呈現了生命的主要模式，有些是幫助我們自我表達和創造的基礎，有些卻會讓生命陷入困境。為了讓九型人格達到最佳助益，必須先確認你的主要人格，或至少聚焦在最能引發你共鳴或熟悉感的兩到三種可能性。

2. 重新導向真實自我意識的方式

深度生活能幫助我們的生命重新定向，這是其他自助或自我提升法所力有未逮的。事實上，這裡所提到的觀點，將突破我們從前對自我的觀點，轉向更廣闊的自我認識，並體驗生命的神祕。這可不是幻想出來的，而是立基於當下對個人生命的直接體驗。

深度生活導向的基礎是：你的本質沒問題。當你開始了

解人格的運作，以及和本質的關係之後，這樣的信念就會開始扎根，變得愈來愈真實。我們在這方面追尋九型人格的智慧，因為其完美照亮了人格和真實本質之間的關聯，讓人更了解本質的圓滿。**深度生活是聲音，也是工具，乘載著全面人類經驗的，最實際也最強烈的包容和同情心。**

「你的本質沒問題」這項原則，影響了我們對於改變的看法。或許你會覺得陌生，甚至有些激進：假如本質沒問題，那就沒有什麼需要修復的。西方的思考方式往往比較積極，也就是要我們主動採取行動，讓世界有所不同。

相對的，在深度生活中，我們不需要覺察自己是否有什麼問題，反而會被引導去建立和自己的嶄新關係。**當我們改變了對待自己的方式，了解到正念覺察自我所帶來的影響，我們的意識就會出現重大的變化。接著，我們就能以此為基礎，認識並欣賞自己美好、複雜的本質，以及生命的奧妙。**

3. 使用於日常生活的實用工具組

深度生活提供了許多工具和程序，能支持生命的新方向，最終影響你對待他人、對生命本身的方式。

這些工具或許乍看之下簡單或單純。事實上，它們並不簡單，卻有一種純粹。對於表面上很簡單的工具，我們可能會不屑一顧，內心總會有個讓自己分心的部分，不斷地說：「啊，我早就知道怎麼做了。」但是，請你親自嘗試，親眼見證會有哪些改變，以培養自我觀察的能力、好奇心、強烈的同情心、說真話和對整個過程的信任。毫無疑問，你的生命將會從此不同。

4. 進階的療癒和覺醒

深度生活的基礎是發展出正念的能力，也就是與當下現實的時刻經驗連結。一般來說，我們不會意識到自己並未保持正念，因為當我們透過人格的觀點看世界時，會產生**活在當下**的錯覺。在本書中，我們將逐步培育正念的能力。本質上來說，我們將帶領你覺察自己習慣的注意力焦點，並將其重新導向和真實生命經驗的連結。這會對你的神經生理學造成改變，並讓你從過往認知生命的方式中解放。

當我們將以上四項元素編織在生命中，就能重新定義你和自己的關係，並改變你看待生命中其他有意義事物的看法，進而改變這些關係。

* * *

為了回應許多讀者的請求，本書本來是我的前一本著作《深度教練》的導讀指南。《深度教練》的主要目標讀者是指導者或其他追求成長的修習者，其面對的可能是個別客戶或團體。因此，這本書的結構和《深度教練》類似，有些內容也出現在《深度教練》中，但本書加以延伸拓展，並加上新的內容，以反映我個人的成長、理解，以及個人和專業經驗的發展進步。

我曾經以書中內容，幫助許多客戶和參與「深度教練資格認證」計畫的專業人員，以及我所有課程和心靈靜修的參與者。本書加入許多案例，有些案例結合了數段類似的個人經歷。為了保護個人隱私，每個例子都使用假名或代號。

九型人格深度生活的呈現

本書分為三個部分。

在進入聚焦於個別人格類型的章節之前，我鼓勵你先閱讀第一部分「朝向新的世界」。第一部分介紹的原則和方向，對於後續的應用來說至關緊要。你將看見本質和人格的重要概念，並了解在改變的過程中，你的人格會如何阻礙你達到真正深刻渴望的一切。這個過程所需要的重要工具，則會在第四章中介紹。

在第二部分，我們將看見「九型人格冰山模型」，它呈現並簡短介紹了人格的結構。而後的九個章節，個別探討不同人格類型的主要生命情況和意識。我邀請你思考每一種描述是否反映出你所熟悉的狀況。每種人格的個案研究、觀察和實務演練，將幫助你了解自己的相關經驗，並學習這九種不同的類型如何「進行」人生。

第三部分「人生的改變」，將提供你在靈魂旅程上需要的工具和實務的建議。第十五章描述了許多我們背離自己的可能性，並提供轉身面對的策略。第十六章，我們探索三個智慧中心，這對於體驗正念至關緊要，並且幫助我們發展每個中心的內在能力，來支持身心靈的總體健康。第十七章關注我們內在的批評者，每個人都有這種批評的聲音，也是我們痛苦的根源。這個章節將幫助我們辨識這樣的聲音，學習如何改變自己和內在批評所帶來的負面結果之間的關係。最後一章則邀請你更深入練習正念，提供生命的策略來幫助你的療癒過程，不只改善你個人的健康，更將影響擴及你周圍的一切。

無論你是自己發現這本書，或是透過教練或其他自我成

長專家的推薦，我都希望這本書能帶給你解脫，提升你的理解，並讓你感受到更多振奮的可能性。我希望你能一再重翻本書，以喚醒自己的真實本質。我希望本書能激發你的好奇心，讓你在心靈的道路上獲得勇氣，對自己和其他人懷抱同情心，並讓你的靈魂得到最深層的滋養。

Part 1

朝向新的世界

Orienting to Your New World

Chapter *1*

遵循真實的渴望

安妮同時展現出希望和順服。幾年來，她一直很希望創業，卻總是因為其他責任或興趣而分神。「每次一開始我都很興奮，但後來卻又不知所措，無疾而終，我對此實在感到厭倦。我試過太多次了，到底哪裡錯了？」

約書亞在別人眼中是樂觀主義者，總是很關照周邊的人。他的朋友、同事和家人都認為他很可靠，做事負責，而且隨時面帶笑容。但在私底下的談話中，他如此分享：「一直以來，只要人們沒有對我懷抱同樣的關懷，我就會覺得受傷。因此，我更努力討好他們。為什麼我總覺得這其中有些什麼是我極力想逃避的？」

艾瑪邁入四十歲後，時常參加心靈靜修活動。她的書櫃裡擺滿心靈自助類書籍。五十三歲時，她想知道自己到底能否擁有真正自在的生命。她有輕微的憂鬱症，總是強烈地自我批判。她說：「或許我不能期望更多了吧？人生就只能這樣嗎？」

西西莉亞有著了不起的眾多成就，包含數個碩士學位、一個博士，以及數種高階專業認證。她在職場上是高級主管，高薪能提供她和家庭優渥的生活水準。但在公眾形象背後，她卻一直覺得自己不太完整，彷彿缺少了什麼。她討厭

放慢腳步，那會讓內在的空虛感更強烈，但她知道自己必須這麼做。「我感受到改變的渴望，但還不清楚具體內容，我真的很害怕。」

▶ 人類經驗的表達

從以上四個人的生命片段，我們就能看出一些似曾相識的難題、挑戰、情緒，以及對於未知的疑問。這些都是生而為人不可或缺的部分。

人類的社會每天都有科技的進展、翻倍的知識量，每週消費市場也會推出數百種新產品任君挑選，甚至還準備將文明送上太空。然而，我們對生而為人的意義卻知之甚少。大部分的集體注意力，都聚焦在探索、理解、創造、控制外在世界的渴望，因而讓內在世界空洞且飢渴。

如此失衡的狀態，讓生命感覺就像自動化機器，令人難以承受。我們似乎渴望逃跑，但究竟要逃避什麼？我們的內在生命變得停滯凝結，少了流動性和喜悅。我們感到內心愈來愈凝滯、沉重、扭曲和疲憊。當我們持續忽視內在世界，就會變得愈來愈僵化，甚至開始害怕自己會在內心世界找到什麼。

這樣的扭曲會影響生命的每個層面，也影響人類這個龐大家族的每個部分。人們因此受傷，卻不明所以。

好消息是，失衡狀況其實是可以避免的，不需要永遠延續下去。

成為覺醒人類的召喚

那些與我對談的人，時常渴望以自己的行動和成就為傲，希望自己能用在世界上的珍貴時間，帶來正向的改變。他們提出生命的大哉問，試著解決迫切又頑固的難題，尋求真正的滿足。雖然他們未必用相同的字彙表達，但目標都是對內在世界感到安心平靜。

有些人的確能找到自在生活的方式，但大多數人都和前述的例子一樣，覺得生命並不符合自己的預期。他們覺得自己好像有些問題，好像缺少了什麼。也有人揭露自己感到迷失，內在和外在的生命並不相符。更有一些人直覺地知道，除了眼前擁有的之外，生命其實還能帶來更多。他們希望感受到更深刻的圓滿。

多數人都會感受到內在有兩股力量在拉扯。一方面，他們渴望真實呈現靈魂比較高貴的特質，例如，內在的力量、同情心、喜悅、感恩、勇氣或平靜。另一方面，他們發現自己不斷重複熟悉的模式和經驗，朝著完全相反的方向前進。他們的所作所為，有時會令自己失望及羞愧。我們的內心為何會有如此的兩極性？

其中一大難題是，在生命中關鍵的轉捩點，每個人都會感到寂寞，覺得似乎必須隱藏真正的自己，因為其他人不可能理解或接受……。但其實，每個人都有一樣的感受！就像是剛開始交往的戀人，都會希望只向另一半展現最好的一面，我們也會將內心區分為可接受或無法接受的部分。由於人們不習慣在公開場合討論內在生命，我們很容易以為其他人沒有類似的經驗，並認為自己是孤單的。

其中一大難題是，在生命中關鍵的轉捩點，每個人都會感到寂寞，覺得似乎必須隱藏真正的自己，因為其他人不可能理解或接受……。但其實，每個人都有一樣的感受！

其實不然。

歷史上和當代的心靈教誨，以及心理學上的知識，都告訴我們：逃避自己不滿意的部分，必然會帶來痛苦和疏離感。我們對自己的本質所劃分的可接受和不可接受的界線，會帶來與內在核心的深切疏離感，這樣的感受相當普遍。但矛盾的是，我們一方面極力逃避這樣的疏離感，另一方面卻因此直接踏上療癒和生命圓滿的道路。

雖然我們會覺得療癒的道路是很私人的，但其實這不是個人的旅程，而是整體人類社群在進化過程中的共同經驗。人類意識的持續發展，反映在人生的每個面向；新的數學、物理、生物學和神經科學的研究與科技，都反映出古老的心靈教誨，也就是我們之間存在的深刻連結網絡。老實說，那些強烈渴望探索個人更真實本質、想知道表面生命底下之內涵的人，會需要彼此的協助，給予誠懇的提問和持續的學習陪伴。

假如沒有這類意識並接受內在不同樣貌的人類生命經驗，就無法實踐多數人都在追尋的更深度生活之特質。唯有接受內在的光明和黑暗面，才能幫助我們成為完全而圓滿的人類。

注意力的焦點很重要

那麼，我們該從哪裡開始？旅途的下一站又是什麼？

許多客戶都曾問我：「就算我真的向內在探尋，我到底要找什麼？又該往哪裡找尋？」通常，隨之而來的還有懷疑和恐懼，害怕追尋無可言喻的「東西」時，會發現什麼都找不到。最大的恐懼就是，內在什麼也沒有。

我很喜歡以下這個古老的寓言，因為它反映了人類最大的難題：

> 一名男子在深夜準備返家，遇到納斯雷丁（Nasru-din，伊斯蘭傳統中的智者）。納斯雷丁跪在地上，似乎藉著路燈的光用雙手搜尋著什麼。「毛拉（伊斯蘭對老師、學者的尊稱），您丟失了什麼？」男子問道。
>
> 「我家的鑰匙。」納斯雷丁說。
>
> 「我幫您找。」男子說。
>
> 很快地，兩人都趴在地上，搜尋鑰匙。
>
> 幾分鐘之後，男子問：「您到底是在哪裡弄丟鑰匙的？」
>
> 納斯雷丁朝著黑暗處揮揮手，說：「在那兒，在我的屋子裡。」
>
> 男子跳了起來。「那您為何在這裡找？」
>
> 「因為這裡比我的屋裡還亮啊！」

就像納斯雷丁那樣，許多人之所以找不到目標，是因為他們把注意力放在無法帶來理想結果的領域。這會讓他們感到孤單和脆弱。

本書的重點，就在於幫助你將注意力投入真正與內在連結的事物。透過九型人格這樣深度的覺察體系，我們將一起進入可以安全認識自己的領域，讓你對自己有全新的了解和觀點。

我們誕生於人類的社群中，每個人都有無意識地遠離最深層本質的方法，因而錯失了生命最珍貴豐富的寶藏。同時，在這個遠離本質的過程中，我們內在的兩極性就愈來愈

根深柢固。

　　我喜歡使用九型人格的原因之一，是這套系統清楚地呈現出這樣的遠離過程。許多人都認為這樣的遠離過程是人類內在最基礎的難題，但透過更深入的覺察和理解，你將會注意到自己過去如何背離了最深刻的本質。這將幫助你建立與自己更親密的關係，並發掘自己內在最美好的能力。

發展出正念的導向

　　我們的時代充滿刺激和挑戰性，因為社會與文化都呼籲我們更加覺察。我們受到前所未有的支持，得以透過各種策略、工具和態度，達到心理與靈性上的成熟及高度覺察，並將這樣的導向應用及融入到日常生活中。

　　這就是九型人格的珍貴之處。如果好好利用九型人格的智慧體系，它就能讓我們有獨特的機會看見自己。九型人格幫助我們更精準地了解自己，並感受到自己並不孤單。當我們看見自己習慣將能量投注於何處，就能覺察形塑我們生命導向的無形內在動力。因此，我們會更了解自己至今的生命歷程，並在往後的日子得到嶄新且更有效益的選項。

　　我發覺，如果能有意識地練習三種行為，創造出學習和發展的態度，就能更接近九型人格的奧祕知識。

　　第一種行為與身心踏實有關，包含更覺察自己的呼吸，給自己足夠的呼吸空間，找到最自然的節奏。如此簡單但有意識的行動，可以讓我們的內心感到更踏實。讓身心踏實，也包含感受身體和外界事物接觸的感受。舉例來說，關注你的腳與地板的接觸，以及你的臀部和背部實際上受到椅子的支撐，這些都能幫助你更加覺察自己在當下的位置。讓身心

踏實的過程，能幫助我們回歸生理上的本質，並汲取其中重要的智慧。

第二種行為讓我們關注自己的心。對自己的心懷抱慈愛寬容，或許你就會感受到內心稍微軟化和敞開。把一個手掌，或是一根手指，放在胸口中央心臟的位置，你會感受到一絲慰藉和安全。心臟的反應速度和節奏，都與大腦不同，因此，給自己足夠的時間，用心來感受你正在經歷的事，就能發展出與自我的全新關係。本質上來說，這項練習希望你對自己更仁慈和覺察。

第三種行為則是好奇心。不要排斥對於自我概念和生命運作方式的質疑。人類有太多生命故事，通常會以為這些故事就是真實的。透過九型人格更了解自己的過程，充滿了驚奇，甚至會發覺我們長期信奉的故事根本不是真的。好奇心和敞開的心胸，能幫助我們在這樣的驚奇中有所成長。

這三種行為結合起來，能培養正念的能力。當你利用本書將自己導向正念，或許會發覺內心被觸動，有什麼開始改變。當你帶著正念閱讀本書，其實就跟我展開了更勝於寫作和閱讀文字的親密交流。這樣的交流需要靈魂的參與，自然也讓你和更深層的自己有所連結。

因此，這裡對生而為人的召喚，是邀請我們經歷自己真實的本質。深度生活提供我們方向、工具和練習，來應用有關內心發展的洞見。

因此，這裡對生而為人的召喚，是邀請我們經歷自己真實的本質。深度生活提供我們方向、工具和練習，來應用有關內心發展的洞見。

▶ 九型人格：人類經驗的地圖

我們先從九型人格的基礎開始。雖然沒有任何系統能將

人類本能的每個方面都納入考量，也沒有能化解所有考驗與機會的萬靈丹，但九型人格的深奧知識和引導，足以支持人類生命的大幅改變及蛻變。

千百年來，追尋者對人類經驗本質與靈性領域的關聯，提出許多大哉問，或者從神學的角度來看，就是如何認識神。至今，這些問題歷久彌新。

九型人格將人類行為和動機的相關知識，與心理和靈魂救贖的追求相結合。幾乎所有的遠古智慧體系都告訴我們，救贖或超越就是我們的追求。我們也發覺，幾乎所有重要的宗教傳統中，都包含了覺察的元素，例如基督信仰、猶太教神祕主義、佛教、伊斯蘭蘇菲主義和印度教。

九型人格的象徵符號，最早是在第一次世界大戰前，由喬治‧葛吉夫（George Gurdjieff）引入西方，發展為覺察的工具，即覺察到當人類對自身本質恍惚不覺時，會遭遇到怎樣的困難和問題。雖然很多人認為九型人格只是區分人格的系統，但最早的教導並非由這個角度切入。[1]

1900年代中期，奧斯卡‧伊察索（Oscar Ichazo）發現在九型人格圖中的九個點，與九種人類經驗的心理或靈性議題間存在著關聯性。如今，當代心理學知識、心靈智慧和神經科學的領域，持續出現交集，並反映在九型人格圖中。許多投入研究九型人格多年的人，都發覺九型人格不斷提升了覺察的程度。

在本書中，我們將探究自己主要的人格類型，因為這是覺察的第一步。接著，我們會更深入認識自己，體驗自己更真實且開闊的本質。

這套古老的系統呈現了人類處境的兩極性，正如前面所提及的。在生命的兩極之間，我們的經驗有時健康有效，有

時卻無效且困難，有時候會造成自己和他人的傷害。當今許多人想從痛苦中解脫，於是提問：「明知幾乎不可能達成，我們怎能對人生抱持如此崇高的理想（例如付出更多愛和勇氣，或是更正直感恩）？」九型人格將提供許多引導。

生命的模式

在九型人格中，我們看到世界上一共可分成九種主要的維度或類型，或稱為意識領域。以人類的尺度來說，這代表有九種彼此差異懸殊的生命導向。

每個人都有自己專屬的維度。在九型人格中，稱之為人格，並可區分為第一型到第九型人格。

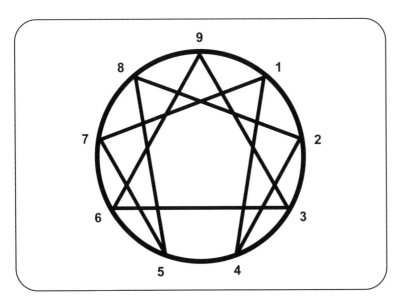

圖表1-1　九型人格圖

這九種生命導向都有獨特且重複性的思想、情緒、注意力和行為模式。重複模式可說是自然與生命的一部分，雖然許多自然出現的模式（patterns，譯註：此字有行為模式或圖樣花色兩種意思）看起來很美，不幸的是，當人類在無意識中反覆出現某種行為、思考或情緒時，只會帶來不滿和痛苦，有時甚至連不適的源頭都說不出個所以然。

本性的重複

九型人格讓我們覺察到每種人格類型的特定想法、情緒和行為模式。大部分的人對於自己是怎樣的人、行為模式，或是想像中帶給其他人的印象等等，都已經創造出既定的故事。然而，我們的自我概念可能是模糊的。當我們開始透過九型人格認識自己後，往往會發現我們希望創造的形象，與實際的生命運作方式差異甚大。對大部分的人來說，最困難的就是突破雲霧，精確地看見自己。

在我們反覆出現的模式下，潛藏著生命經驗中重要的心理和靈性議題。假如你曾經困惑，為何自己在面對不同人或情境時，總是遇到類似的困難，就應該檢視潛藏在表面下的動力，對自己得到更深刻的理解。許多研究九型人格系統的人都反映，他們開始在不同生命經驗中找尋相似之處，因而對自己的人生有了更多理解。

正是這種潛藏的動力，精確地區分了不同的人格類型。更深入地了解自己後，才會覺察自己在哪些方面會做過頭，對哪些方面則不斷逃避，而這往往都會造成負面影響。

以下就是一個好例子。一位公司主管來上我的課程，與我分享了生命模式發生的改變，這顯然讓她鬆了一口氣。

我不再對員工的計畫抱持這麼大的責任感了。我覺察到自己「幫手的直覺」如何做過頭，甚至相信得犧牲自己來照顧員工。哇！我不再像以往那樣提供他們所有的解決方法，而是練習向團隊負責人提出明確的問題和一些引導，讓他們靠自己專注地完成專案。這真的有效！我的壓力減輕了，他們好像也比較愉快。我知道還得不斷練習，但我相信自己走在正確的道路上。

你也一樣，可以覺察到自己向來仰賴的是少數自動化的應對方式，因而導致特定策略的濫用與內心的不滿。這些慣性行為讓你忽視了自己珍貴的一部分。

辨識出主宰生命的模式後，你就有機會一窺人格結構的本質。接著，你將獲得看清自己的能力，這或許是你有生以來的第一次。

你將獲得看清自己的能力，這或許是你有生以來的第一次。

覺察為何重要

覺察為何如此重要？

因為覺察是一把鑰匙，能打開通往隱藏自我的大門。少了覺察，多數人都只能被困在原地。然而，覺察能融化冰封的部分，流動性將帶來自然、健康的改變。

對於人格模式的覺察，能造成另一項深遠的結果。我們開始辨識出內心的虛假敘事，以及這些故事導致的痛苦和掙扎。這些故事被破解後，內心將開始療癒，產生更開闊的能量，你就能投入自己所鍾愛的事物。

此外，覺察也會向我們揭示屬於自己人格類型的獨特天賦。我們將看見通往天賦的路徑地圖，儘管這與我們習慣的

思考方式或直覺背道而馳。許多人都發覺，活在當下並擁抱九型人格所展示的真實天賦後，他們更能深刻地接受自己，享受表達內在天賦的喜悅，並體驗生命真正的使命。

這能點亮我們的靈魂。

沒有萬用的答案

或許你讀過一些書，教導你人生更加滿足或成功的具體策略，結果卻讓你沮喪、挫折，甚至絕望，因為書中的建議對你完全無效。數十年來，我蒐集了一整櫃這樣的書。以前的我會努力遵循作者們的建議，想追求更真誠的生命，卻因為結果不如人意而灰心喪志。

其實會這樣也很正常，畢竟沒有所謂萬用的答案。

在本書中，你將會找到九種不同的答案，九種不同的路徑。針對每一種特定的人生經驗和感受，都會有具體的建議，以幫助你在特定的道路上前進。當你在九型人格圖中尋找自己的導向時，我鼓勵你專注於相關的建議。對你來說最好的支持，或許和你的好友或重要他人的截然不同，因為你的心靈和大腦天生就可能與身邊的多數人不同。

> 你可能會很意外地發覺，自己所熟悉的想法、行動、感受和反應，其實都反映著九型人格中的某一型。

你可能會很意外地發覺，自己所熟悉的想法、行動、感受和反應，其實都反映著九型人格中的某一型。只要有這樣的覺察，再加上不批判的態度，你就能展開改變。只要持續地投入練習，你的內在特質將會覺醒，讓你更接近內在的平靜。一段時間後，你的心理、情緒和靈魂都將更自由，生命的效能也會提升。

然而，九型人格可不只是讓你更理解人格的系統，其根源要更深奧得多。九型人格是古老崇高的心理學工具，支持

著我們的蛻變，讓每個人都能找尋生命最真實自然的本質。

* * *

了解人格，以及人格對你的意涵

「人格」這個字詞在日常生活中有許多不同的用法和意涵。在本書中，我們希望探索和理解那些讓生命更完整、更具人性的動力，也必須了解是什麼造成了前面提及的內在分裂。九型人格對人格的概念，提出了深刻且獨特的解釋，將改變我們對人格和真實本質的固有看法。

我們都有特定的人格，這將持續到我們嚥下最後一口氣為止。但人格只是我們的一部分，而非全部。

在往下閱讀之前，請先花些時間寫下這個問題的答案：「你會如何形容自己？」不管想到什麼都寫下來，不要只寫出你認為應該寫的。

多數人都會想以特定的方式描述自己，通常是根據：

- 外觀的特徵。
- 生命中扮演的角色，例如婚姻或職業，或是與他人的關係，例如伴侶、父母、手足或子女。
- 偏好、興趣或從事的活動。
- 我們認為自己展現的特質，例如創意、勇敢、有趣、敏感、堅忍、負責任、安靜、關懷、冷靜，或聰明等等。

對於我的提問，你寫下的答案是否符合清單上的任何一類，或者更多？

這些都是我們可能用來描述人格的方式，也是自我最明顯的層面。因此，認為自己**等於**這個人格特質，而且用這個人格特質來自我定義，是非常自然的事。或許我們不會意識到，其實還有其他可能性。

這裡的「自我定義」，指的是你的自我認知、想法、感受、行為、性格、反應、不自在等等，任何可能的經驗，都與你的日常經驗密不可分，甚至你不曾對其有過絲毫質疑。這會構成你的人生故事，令你深信不疑。你覺得自己就是這樣，這一切就反映了你最真實的樣子。

你是否曾對自己說過：「當然，我會擔心（或生氣，或期待新的冒險，或要求完美，或想要完全掌控等等）。**我就是這樣的人。我也沒辦法。**」

這就是我們對人格常有的態度。我們會認為自己沒辦法做什麼，但後續的章節將告訴你，事實並非如此。不過，我們先來看看這麼看待人格會發生什麼事。

內在分裂的根源

以人格來自我定義和自我認同，也就是誤以為人格等於你本人，是內在分裂的根源。你對人格的認同程度愈高，人格就愈會占據你的生命中心，讓你感受不到人格以外的體驗。這會讓你無法跳脫開來檢視這樣的感受，並質疑其原因，進而導致認同感愈加強烈。

更甚者，或許你會覺得只有特定的個人特質是可以接受的，其他則必須加以否定。內在的分裂將因此更惡化。

在日常生活中的自我認同變得有些棘手，因為不同環境所欣賞的特質並不相同。舉例來說，領導者重視的是遠見，

> 以人格來自我定義和自我認同，也就是誤以為人格等於你本人，是內在分裂的根源。

而關懷則是醫療照護產業的理想特質。害羞內向的小孩有時會發現，外向的小孩能得到比較好的回饋。勵志演說家最好充滿活力、鼓舞人心，當然也要夠勵志。某些宗教社群推崇的則是展現出謙卑和虔誠。在大部分的文化中，受到關注甚至吹捧的都是人格，這會進而強化了「人格即自我定義」的基礎。

在生命的不同階段，不同的人格特質會受到家人、朋友和同僚的鼓勵、批判或評論，讓我們更相信人格就等於我們這個人。

那麼，假如人格不是你，你又是誰？

你不僅僅是一個人格，這樣的想法或許很具衝擊性。

然而，正是因為對人格的認同，才造成了生命中許多的掙扎和挑戰。如果能對於生而為人的意涵有更深刻且開闊的理解，就能改善你和自己、他人，以及整個環境的關係。

想想人類經驗中包羅萬象的各種可能性，我們對自己的典型描述相對太過局限。無論你如何定義自己，都會割捨其他部分的自己。當你把自己限制在狹小的框架中，你的人格就會造成問題了。

做出真實選擇的關鍵

療癒內在分裂的核心，在於意識到你有所選擇，那是來自內在覺知的真實選擇。假如你抱持著「我對人格無可奈何」的誤解，就無法好好體驗這樣的選擇。

九型人格的核心概念之一是：人格本身並非固定、靜態的實體，也不僅僅圍繞著少數不變的特徵而凝聚。相反的，人格具有流動的潛力，這代表我們可以用全新且具創意的方

> 你不僅僅是一個人格，這樣的想法或許很具衝擊性。

57

式，面對生命的境遇和機會。

　　舉例來說，我們有時會意識到，那些舊的或固定的方法沒有用，必須嘗試嶄新的態度或行為，才能面對不斷發生的困境。雖然新的方法讓人感到陌生和恐怖，內在的指引卻會告訴你，為了追求內心的平靜，你必須這麼做，而且它可能帶來更好的結果。嘗試新的方法，就是突破反覆的人格模式，進入全新領域的好例子。

　　流動性的關鍵在於意識。當我們逐漸覺察到人格的樣貌及其停滯不前的原因，就會對新的作法感興趣，也願意選擇它。神經科學和大腦可塑性的研究皆顯示，大腦永遠不會停止變化，因此，身體其實包含了不斷成長、發展和演化的先天設定。從實際的層面來看，我們在根本上就具備創造及享受更圓滿、有意義的職涯和生活的能力。

　　九型人格的框架能幫助我們了解人格的本質和運作方式，進而為我們打開全新的世界。

三種人格觀點

　　以下是三種對人格的重要觀點，每種都能讓我們看見人格發展的原因、目的和運作方式。我希望，它能激發你的同情心，讓你了解到，以人格來定義自己是很正常的，假如要突破這樣的限制，並且看見人格只是你完整自我的一部分，將會是十分艱難的挑戰。

　　我想要強調，人格並不是什麼不好的東西。人格持續扮演著重要的角色，其中也包含帶你走上探索之旅。只不過，**人格不是你的全部。**

觀點一：人格是身分認同的結構（我是……）

　　你的人格就是內在的藍圖，是你自我表達的基礎。就像是建築物的藍圖會包含該結構的不同元素，例如，尺寸、房間之間的關聯，以及進出口等等，呈現出該建築物的基礎形式和功能，而人格的藍圖就是人格運作的潛在結構。這樣的藍圖由許多元素組成，例如你的偏好、行為、態度、渴望、恐懼、防衛機制、主要的注意力焦點和其他因素等等，其中有許多都是我們未能覺察的。

　　九型人格中，每種人格都有獨特的藍圖。我們的自我體驗都是以此內在結構為基礎，並塑造了內在敘事，包括我們的自我認識、對其他人的觀點，以及和周遭世界的關聯。事實上，這樣獨特的人格結構，影響了我們的自我認同，並產生了「這就是我」的感受。

　　這九種藍圖（後文會一一檢視）各自形成獨特的結構，對每個人的人生旅程有著重大的影響——至少，在我們看見整個系統的運作方式，覺察新的選項之前是如此。

　　「九型人格冰山模型」提供了描繪人格的模板，這在第五章會詳細介紹。簡而言之，冰山模型在水面上呈現的，是行為的（也就是可觀察的）九型人格特質；相對的，水面下的則是每一型的動機因素，也就是行為的成因。

　　2000 年代初期，九型人格領域的同僚溫蒂・艾波（Wendy Appel）和我選擇以冰山為比喻，以更仔細地說明人格的概念，揭開籠罩其上的迷霧。[2] 我持續更新對原始冰山模型（見 61 頁圖表 1-2）的闡述，因為這樣才能讓我們脫離心理的魚缸，看見我們出於習慣的面對人生之方式，並轉換為更寬闊、健康的觀點。

觀點二：人格是能量系統（我相信……）

人格也是一種能量系統，就如同任何未經檢視或干擾的系統那樣，會持續自行發展。

當你意識到自己在不同的人生情境中，不斷重複一些造成困擾或無效的行為，就能覺察這套系統的存在。你會覺得自己在原地繞圈圈，或是身陷泥沼，卻不知道自己還能做什麼。當這樣包含熟悉的人格活動在內的系統未受到干預時，就會阻隔大部分的訊息，只留下能強化既有模式的訊息。

舉例來說，人類都有一道濾網，只允許符合自我認識的訊息通過。這樣的濾網或篩子的過濾效果極佳，只會讓特定訊息進入我們的意識，阻擋那些在我們接收的同時也存在的其他訊息。彷彿其他資訊都不存在，我們看不見人生彩虹中的許多顏色。隨之而來的認知和信念，也像是呼吸的空氣，令人習以為常，不會加以質疑。這會讓我們對世界的觀點僵化，對自己、其他人和人生運作的內在敘事也不再改變。

記得，那些你不去質疑的假設，都擁有強大的力量，能讓你背離最高的本質。

讓我們來看看精簡版的人格能量系統如何運作。

首先，九型人格中的每種人格都有獨特的核心信念。

- 你可以把核心信念想成是中心運作守則，會幫助形塑發展中的人格。
- 核心信念會主動在每分每秒轟炸我們的龐大背景資訊中，過濾並篩選出能自我強化的資料。不符合核心信念模式的資料，會在無意識中被排除。
- 因此，能支持其他觀點的資料會被忽視。人們可能沒有意識到，其實還存在其他資訊。當個人檢視反覆發生的

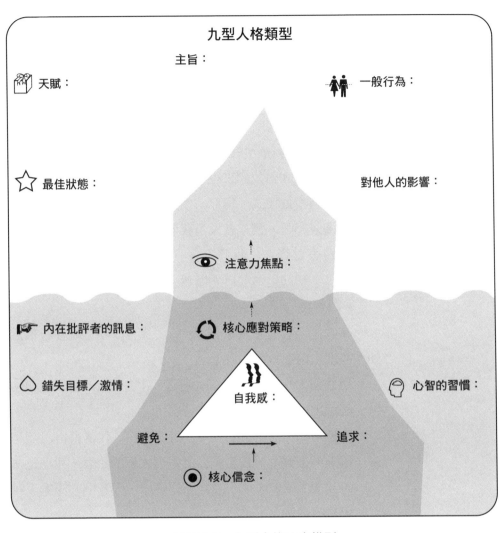

圖表1-2　九型人格冰山模型

經歷時，很容易就相信這樣的經歷即是事實。

- 當回應是在預期之內的，其實就是自動的反應。由於個
  人的反應／行為都是以信念為基礎，其產生的回饋就會
  進一步強化最初的信念。因此，回饋會呼應內在聲音傳

達的訊息。核心信念又再次被確認。

- 核心信念看似真實，但通常會導致我們將最初的情緒反應，再次感受為憤怒、挫折、恐懼、情緒依附、羞愧，或是被拒絕。通常，這樣的情緒反應都不會完全進入意識中，而且我們會覺得這樣的經驗就代表「我這個人」，或是與童年的經驗相關。

- 這樣的模式對我們來說非常真實，會讓我們以為自己就是這些習慣模式。但你必須謹記，模式未必不好，只是會造成局限。模式就像是我們呼吸的空氣，自然到我們不會去質疑它。我們不會質疑這樣的核心信念是否存在，一切就是這麼自然而然。

讓我們來看看在現實世界中，「我有缺陷」的核心信念如何發展出內在敘事的例子。

- 這個強大的核心信念如同濾網，會從廣大的背景資訊中篩選出可以強化此信念的資料。

- 抱持這個信念的人會出現以下經驗：「我覺得自己總是搞砸。事實上，我看見自己犯下大量的錯誤。我總是在向其他人道歉，或是乾脆斷絕往來，因為內心深處，我覺得很羞恥。」

- 這個人的內在批評者說：「看吧，我說過你就是一場悲劇。你就是沒辦法把事情做好。面對現實吧！你有缺陷。當然，這樣是不行的。你比任何人都還要糟糕。」

- 現在，這個人的行為模式就像是個糟透的人。他會發現自己總是惹麻煩，或是跟他人起衝突。

- 這些結果造成嚴重的傷害。這個人可能對自己嚴厲批判，同時又覺得自己是受害者，感到羞恥又難堪。他的

人際關係大概也是一團混亂。

- 他的人格會變得固化。他墜入陷阱，覺得自己受困於自我認識。所有的證據都支持「我有缺陷」的信念。

未受干預的人格是封閉的系統，幾乎沒有主動的覺察或好奇心的運作。那些與既有信念衝突的資訊，都會被排除，也很容易受到熟悉的自動化反應所左右，即便這樣的反應讓人痛苦。事實上，這使我們迷失在人格模式和文化制約的催眠中。人格和文化經驗將使我們把重心習慣性地放在過去或未來，或是其他人身上，而忽略了當下。

然而，我們唯有在當下才能碰觸到自己更輕快、更寬闊的本質，覺察內在的力量和權威。

好消息是，人格的系統可以被打破，也能敞開去接收新的資訊輸入。但**先決條件是覺察和活在當下。**

觀點三：人格是應對機制和保護 （我捍衛⋯⋯／我保護⋯⋯」）

我們在人生中會認同特定的人格特質，其實有重要且充分的理由。當你專注在自我成長時，或許會覺得某些理由已經過時或不相關，但它們還是會帶來令你不滿的行為或內在的不適。我們之所以要探索人格的應對或保護機制，是為了更加體察到人生經驗表面下的痛苦情緒，並得到療癒。

唯有對自己抱持仁慈和同情的態度，療癒才會發生，而內心嶄新的自由和選擇就能夠浮現。

讓我們回到最初：這顆星球上的每個人在誕生時，都體驗到痛苦。每個人天生都渺小而敏感，會去感知環境中成文或不成文的、可見或不可見的元素。對某些人來說，他在童

年遭遇了客觀型態的虐待。對多數人來說，我們獨特而敏感的觀點，特別是年幼時期，會讓我們錯誤地詮釋了其他人無心的動作或態度。無論如何，我們都學會掩飾自己的恐懼、憤怒、羞愧、失望、被拒絕、迷失和孤單。

我們學會如何面對和隱藏許多傷痛。但傷痛會不斷累積，所產生的情緒能量難以言喻（許多感受都發生在我們會說話之前），你的神經或生理上也還沒有能力容忍它們。為了好好存活，你必須壓抑和掩飾這些最初的人生經驗。

這就是你的人格所扮演的角色。人格會保護你不必直接面對當下無法接受、無法承擔的體驗。

隨著時間過去，你的應對機制逐漸成形。你進入青少年時期，然後成年，這些應對機制主宰了你，卻剝奪了你內在學習如何面對老舊傷痕的機會。

不過，現在的你進入了人生的新階段，你的心理和靈性都漸漸成熟，已經不再需要這些保護。你可以問：「比起仰賴熟悉的應對機制，真正重要的是什麼？」

那麼，為什麼我們會擁有自己的人格呢？據現在所知，我們誕生於世，有著與生俱來的特定**靈魂模板**（spiritual template），讓我們對於特定較高層次的靈性特質產生共鳴。在人生的最初，甚至可能是出生之前，你就會感受到自己和這些特質失去連結。你的人格之所以感覺如此真實，就是因為它在某種程度上試圖模仿這些特質，但另一方面又試圖保護你避免承受早期的創傷。

在第二部分對每種人格類型的描述中，我們將探索這些失去的連結，以及每種人格的應對方式、療癒的道路，還有每種類型相關的靈性特質。

平行的生命

人格結構的設計是為了讓特定版本的生命反覆出現，但它並不是真實的。這只是修飾過的版本，是我們所渴望的生命的仿製品。

然而，假如真實的本質和人格都是可見的存在，我們會發現兩者其實是並肩存在的。事實上，假如我們完全投入在人格上，就是與真實本質平行地活著，而非以自己的本質活著。[3] 當我們持續過著人格版本的生活，很容易感受到悲觀的天命注定──「我就是這樣的人」，沒有改變的力量。

當我們年輕時，沒有能力以其他方式面對人生。你的方式在當時是有效的，我們必須重視並接受這一點。

然而，當你放眼所及都是改變時，或許會注意到自己也在改變。我猜你已經準備好擁有更有活力、鮮明、真實且真心的經驗。假如你覺得自己少了些什麼，或許能把這樣的失落感視為禮物，因為這將帶來新的覺察。

事實上，你的確缺少了什麼，那就是活在生命中最直接、未經篩選的真實經驗中。

幾年前，我搬到北加州某個空氣污染嚴重的區域。我正在研讀碩士學位，通勤時必須開車行經寬敞的十線道高速公路。第一學期時，我記得天空總是深淺不一的灰色，沿途景色只有朦朧的遠山。接著，在某個視野難得清晰的傍晚，我朝東邊看去，冷不防地抽了一口氣。煙霧散去，我第一次清楚看見遠方的山丘，深受震撼。煙霧曾經遮蔽了這些山丘，而我根本沒有意識到它們原來這麼近！

我們內在的旅途，很類似這樣的體悟！由個人人格所創造的煙霧，遮蔽了現實。我們的視野受到嚴重屏蔽，無法好

好體驗面前的人或事物。我們對現實有一些想法，但它們通常是扭曲甚至謬誤的。當人格的重要性被誇大，開始主宰我們的生命，就會阻隔我們與真實自我的連結。

人格就只是人格

我們不應該將人格與自我劃上等號，比較有幫助的作法是將人格視為第三者的「它」或「那個」。人格沒有對錯或好壞。人格有自己的用途，而且我們在一定程度上需要人格，才能在這個世界運作。

然而，你的人格不等於你。當你相信人格擁有一切的答案，或是允許人格完全定義你，就會陷入痛苦，並抹殺你靈魂最深沉的渴望。

一些重要的原則

- 九型人格提供一套系統，幫助你看見自己曾經認同的人格特質，以及面對生命的方式。根據你特定的九型人格傾向，你將更了解自己做決策、應對壓力和人際互動的方式。
- 當你看見自己的九型人格結構或類型如何反映出來時，往往會產生當頭棒喝的震撼感。
- 隨著你更理解自己，或許會感受到許多情緒，例如羞愧，或是真實的解脫。
- 在探索的過程中，要對自己寬容！我們內在的聲音（通常又稱內在批評者）往往會引起注意，提出許多不該增加自我認識的理由。因此，我們應當對自己懷抱最大量

的溫柔和同情。

- 懷抱好奇心。我發現，我們能給自己最好的禮物，就是在自我探索時不那麼篤定。這不代表自我懷疑，反而比較像是：「嗯……這代表什麼？又能帶給我什麼呢？」從這樣的觀點出發，我們就會發現好奇心能帶來許多的驚奇！

- 九型人格能幫助我們看見，過去的決策背後隱藏著怎樣的動機。當我們帶著寬容的覺察，就會自然地注意到自己的內在開始改變了。我們會驚喜地發現，自己可以放下毫無幫助的習慣，找到其他充滿創造力的回應方式。

- 我們必須具備以下的信念：自己的內在沒有什麼需要修復的！這是所有原則中最困難的，因為大多數文化都告訴我們，必須修復一些問題，才能讓自己變得更好。

- 然而，光是嘗試做點什麼來改變，就會阻礙真實自我的浮現。而真實自我沒有錯，也沒辦法靠著修復而得到什麼。不過，我們可以針對過程中的發現來做些什麼。

　　使用九型人格的主要優點之一，是發現自己比自認為的更好，也更豐富。當你持續學習九型人格的智慧，就會發現它有強大的引導力量，能幫助你活在當下，了解自己比想像中更珍貴、真實、可愛且勇氣十足。

愛的地圖

　　我認為九型人格是愛的地圖。

　　九型人格訴諸的是人類共同經驗的深層脈動，並反映出鮮少被提及的真實。九型人格讓我們知道，自己並不孤單。

九型人格照亮我們的傷痛，並讓我們的光芒更加耀眼。九型人格解釋了我們內在的兩極性，讓我們以真正的意義將自己的生命重新拼湊完整。

　　九型人格告訴我們，無論外表的形象如何，每個人都走在獨一無二，但又彼此相似的旅途中。

　　九型人格敦促我們覺醒，看見更大的真實，而其本質正是愛。

Chapter 2

創造選擇

- **覺得被困住**：在深淵中，沒有出口。試著追求不同的結果，卻重複著一樣的劇本。找不到替代方案，沒有其他選擇。
- **有選擇**：感知到豐富的可能性。了解不同的選擇，並因此行動。更加自由。

大部分的人似乎都是因為不滿，或是在人生中有所渴望，因而進入個人成長的領域。有許多書籍、網站、勵志演說、自助課程和專業人士，皆提供了特別的技術、工具及方法，希望帶領我們找到生命的新結果。即便資源如此豐富，我卻發覺，就算是那些外表看起來最成功的人，他還是時常覺得被困住。

如果內在擁有選擇的自由，會是什麼感覺呢？

在這一章，我們將更深入探詢選擇的本質，了解真正的選擇和以前習慣的決策過程有什麼不同，以及人格結構如何影響我們和選擇之間的關係。

▶ 真實的選擇與虛假的選擇

讓我們從光譜的觀點，來看看選擇的經驗。

我們有數百個電視台、數千種飲料，以及讓人目眩神迷的商品可以選擇，但有關人生方式的選擇卻籠罩於迷霧之中。

● 情境一

有時，或許你會注意到自己特別開放、好奇、有反應、充滿生命力，也更放鬆。即便遭遇困難，人生還是很順利。在這樣的時刻，你的心情比較輕快且開放，能應對生命的各種情況。當你能自由順著生命的潮流前進，接受正在發生的事，或許就會發現，許多挑戰實際上都是機會。無論當前的處境如何，你都會對生命中的許多幸福和祝福充滿感恩。

即便生活一團糟，你的內在和人際關係卻很少有衝突，你也能輕鬆表現出自己本質的力量、開放和清明。生命似乎總是運作順利，即便未能按照計畫進行，你也能順其自然地做出調整。你覺得自己「有選擇」。

● 情境二

然而，有些時候你覺得自己被困住了，失去生產力，被迫面對違逆自己心意的情勢和人群。人生既複雜又充滿挫折，幾乎是衝著你來的。無論你有多麼渴望，都很難找到其他面對困境的方式。或許你會從事明知不健康，甚至根本不想要的行為，因為你感受到某種驅使。

透過反省，許多身處這種情境的人，會發現自己一再重複相似的經驗，得到相似的結果。他們不知道自己還能有什麼選擇，因此感到極度孤單，或許也對內在的不適感到羞愧。人生似乎就是這樣了，我們常會聽到內在（甚至外在）的聲音說：「面對現實吧，人生就是這樣。」

你應該也能感受到，在這種情境中，內在的選擇大幅限縮了。我們有數百個電視台、數千種飲料，以及讓人目眩神迷的商品可以選擇，但有關人生方式的選擇卻籠罩於迷霧之中。然而，在不適感中，我們還是可以隱約聽見內在微弱的聲音，呼喚著我們探索自己的選擇。

不過，我們與真實選擇之間卻可能更疏離。

● 情境三

你是否在人生的某些時刻，下定決心不讓步？無論如何，你都要用自己的方式來決定？你覺得其他人都錯了，很難相處，都是一些混蛋？又或者，你覺得無法面對人生，在周遭築起高牆，只接受那些消耗注意力的熟悉活動？你把一切都排拒在外。這樣的經驗通常會伴隨大量的內在緊繃和壓力，沒有足夠的反思空間，當然也容不下更寬廣的觀點，看不見真正的選擇。「決定」並不是「選擇」，而是欠缺了認真反思或洞見，單純反覆地重現人格結構罷了。

你是否觀察到，自己的人生有過這三種情境？或許你不願意承認，但多數人都經歷過這條光譜上不同程度的自由和不自由。

一個人怎麼可能經歷過差異如此巨大的不同情境？

事實是，只要我們的想法、情緒和行為仍然由人格來左右，我們都遠不如自己想像的自由，因為我們只會重複出現相同的經驗。每當我們放鬆一部分的人格，就能多擁有一些真正的選擇。在這個過程中，你就會感受到差異。

在這一章，我們將會看到決定真實選擇的三個重要關鍵，也將了解是哪些因素限縮了我們對生命的觀點，以及該

事實是，只要我們的想法、情緒和行為仍然由人格來左右，我們都遠不如自己想像的自由，因為我們只會重複出現相同的經驗。每當我們放鬆一部分的人格，就能多擁有一些真正的選擇。在這個過程中，你就會感受到差異。

如何將注意力轉向更寬廣且自由的本質。

關鍵一：將不滿怪罪於他人的行動

我們會把自己陷入困境的肇因，歸咎給外在世界，這種作法不只吸引人，也符合多數文化。假如你常看新聞，就會發現人們對於每個困境討論的，幾乎都是「該怪罪誰」。這也延伸到我們的私人生活。舉例來說，你覺得自己之所以不快樂，是源自職場上的意外改變、新的公司政策、重要他人的決定、讓人難受的對話，或是其他人的行為。你可能會覺得事情是針對你而來，甚至是其他人刻意招惹你。

以下是珊德拉的例子。

她是一位聰明的女性，正處在生命重要的轉捩點。她說：「當我的交友圈或社群裡，有人請我當計畫負責人，我通常都會立刻答應。每個人都知道我會同意。他們知道我會做得很好，我也知道。但我發現，自己在答應之後心情都很差。這些向我求助的人似乎都知道，要怎麼做才能讓我照他們的意思做事。」

許多人都相信，自己的挫折和失望都是其他人造成的。為了讓你更有所體悟，可以想想自己的人生究竟花了多少時間和心力，在思考或討論其他人的作為（或不作為），如何影響或冒犯你。你可能會覺得別人有讀心術，知道該如何威脅、強迫、激怒或迴避你，或是對你提出要求。

其中一個原因是，雖然我們在理智上知道每個人的觀點都不同，內心深處卻無意識地認為，每個人的人生觀應該都

差不多。每個人面對人生的方式都和我們相似。

你可以反思一下，當其他人做出你不理解或令你失望的事，你是否會想：「假如是我，我應該會這麼做。」隨之而來的是內心的反對聲音：「假如他們沒有用我的方法做，那就是錯了！」而後，你很可能會批判對方，或是轉而檢討自己。又或者，你會試圖說服或教導對方，採用符合你心意的做事方式。

這聽起來似曾相識嗎？

透過九型人格，我們發現每個人的內在世界都截然不同，處世的方式也不一樣。我們內在的生命經驗感覺起來如此正常、自然、正確，為什麼其他人的觀點會跟我們不同？我該如何讓其他人看到我所看到的？

但其他人的生命經驗都跟你不一樣，除非你們屬於相同的人格類型，但即便如此，還是可能出現巨大的差異。你的內在世界對於不同人格類型的人來說，可能相當不熟悉，甚至是完全陌生，反之亦然。不同人的內在世界之差異和對比，可能會讓我們驚訝，而這是多元性的成因之一。

這代表的是在多數情況下，其他人並不是想造成我們的不快樂。他們只是處在自己所理解的內在世界，而你對其並不理解。對其他人來說，你給他們什麼預設的反應並不重要。因此，我們很容易誤解其他人的意圖和行為。

反之亦然。你的觀點對你來說或許再正常不過，但對和你互動的人來說，這卻很怪異。我猜，多數時候，你並不想引起爭端。然而，當其他人不深刻了解你典型行為背後的動力時，就會誤會你和你的意圖。人生的每個部分都受到各種關係的影響，無論是私人或親密關係、職場、家人或社群等；因此，若想覺察內在世界的不同，就必須認真思考我們

他們只是處在自己所理解的內在世界，而你對其並不理解。

對他人行為的詮釋。除非我們先深入理解自己，否則不能期待多數人都深刻地了解我們。

只要了解九型人格各自的特質和內在經驗，並參考具體的例子，就能幫助我們理解自己與他人。當我們真正覺察到，每個人都盡力用內在理解的方式活著，或許就能脫離那個把自己的幸福和滿足交到他人手中的循環，並重新為自己負責任。

有意思的是，當我們不再把失望怪罪於他人後，內在的選擇反而擴展了。當我們不再試著改變別人，而是把人際互動當成自我成長和洞悉的基礎，就會感到解放與自由。當我們承擔了反應和選擇的責任，才會達到心理與靈魂的成熟。

我想要澄清，這裡討論的不是自責。有時，我們會把「責任」和「責怪」搞混，甚至連字典也不例外！但這兩個字詞有個重大的差別。「責怪」包含了一定程度的指控、譴責和責難。面對控告時，大部分的人都會感到不安，而當我們將指責的手指對著自己時，也是如此。於是，我們很難感到內在的安定。

對我來說，「責任」，或更精確來說是「自我責任」（self-responsibility），涵蓋了對自己負責的態度。這伴隨著相信自己有能力信守某項承諾或約定。即便當下還沒有這樣的能力，我們還是可以持續努力追求。

讓我們想想前面珊德拉的例子。她練習不把自己的難受怪罪於他人，並如此分享內在的困境：

> 我發現自己很難拒絕別人，但也意識到這樣的困境並不是別人的錯。我有了一些體悟，發現自己在說「不」的時候會有罪惡感。這令我痛苦，所以即便內心

忿忿不平，我還是寧願答應。我想學習克服這一點。

關鍵二：突破「二選一」的難題

影響我們內在自由的另一個因素，包含了看似「這個選項，或是那個選項」的雙重選擇。

再次回到珊德拉的例子。當她對需要時間和能量的要求說「不」時，內在開始發生改變：

> 但我現在了解到，這不只是二選一的問題——拒絕後有罪惡感，或者答應後自我厭惡。還有別的選擇。我發現，當我更關注能帶來深層滿足，甚至是喜悅的事物時，就沒有太多時間承擔自己不喜歡的事物。同時，罪惡感也開始減輕。罪惡感對我的影響力變小了，雖然還有一些殘留，但已經不太真實。我對這整件事覺得愈來愈放鬆。

當珊德拉探索自己對他人要求的典型反應，並允許自己好好經歷內在的影響後，就覺察到兩股相對的動力在運作：**答應與厭惡結合，拒絕則搭上了罪惡感**。她意識到自己陷入難題，因為這兩種狀態都令她討厭。而後，她終於能找到並追求我們所謂的「折衷」。她在人生中第一次往後退一步，看見動力的運作，並發現還有其他選項。隨著時間累積，嘗試不同的作法將帶來珍貴的結果。她選擇找到並花時間追尋能帶來喜悅的事物，進而感受到明顯的放鬆和真正的自由。

大部分的人都經歷過「二選一」的難題，並因此一再陷入熟悉的掙扎。然而，如果不往內關注，幾乎不可能覺察到

其他選項。因此，我們必須將注意力轉向內在的經驗。當你時常感到挫折、沮喪、憤恨、煩躁、罪惡、批判或負擔時，自然對自己和他人都不會有正面的感受。從這樣的經驗，我們可以看見人格的運作。對於這樣的警訊，我們應當善用自己的仁慈和好奇心。

關鍵三：覺察所扮演的角色

當我們討論第三種動力——覺察，對於更多選擇和自由的影響時，又必須再回到人格結構上。再次提醒，人格結構指的是人格天生的構成以及運作的方式。這樣的結構不代表你這個人。由於這種理解人格的方式，與我們熟悉的相差甚遠，或許一開始很難理解。我鼓勵你先不需要追求理性知識上的完全理解。這裡的重點是和較深層的內心溝通對話。

我們來看看另一個例子，我將之稱為彼得的「震驚和頓悟」時刻：

> 彼得是前來參加工作坊的學生。他在第二天出現時，帶著第一天所沒有的燦爛笑容。我便詢問原因。
>
> 「喔！」他笑得更燦爛了。「我看到『它』了！我看到了我們昨天討論的人格結構。我以前從來沒看過，但它就在那裡。」
>
> 他繼續說：「我笑了，是因為我一直都這樣，會幻想自己希望擁有的經驗。此時此刻，我第一次意識到自己是有選擇的。我不知道該怎麼告訴你，這對我造成了多大的影響。」
>
> 他對於這嶄新自我覺察的熱情是顯而易見的。他第

一次清楚地看見自己反覆出現的行為模式——幻想。想像一下這能帶來多大的影響吧。

或許你也曾經有過這樣的經驗，突然看見對自己未必有益的行為習慣，並且伴隨著自己的「震驚和頓悟」時刻。透過有意識地選擇不同的態度或行為，或許你就能感受到解放和希望。我們將這樣的體驗稱為「覺醒」；你對自己曾經有過的信念，其實並非事實。這樣的經驗讓人震撼，並打開了通往自由的大門。

九型人格描繪了九種主要人格各自的自動行為模式。如果沒有加以覺察，這些模式就可能帶來麻煩。當我們學習到自己所屬的人格類型有哪些自動化模式，或許就會經歷覺察的時刻——你的震驚和頓悟時刻。

帶著嶄新的覺察，你將逐步學習如何放開對於自動化模式的堅持。你會發現自己愈來愈有彈性和流動性，擁有更多真正的選擇。

> 我們將這樣的體驗稱為「覺醒」；你對自己曾經有過的信念，其實並非事實。

▶ 人格限縮和擴張的影響

試試看這個練習，給自己充分的時間：

練習

手掌用力握拳，保持十秒鐘，觀察這對你有什麼影響。你的呼吸有什麼變化？身體其他部分也緊繃了嗎？注意你的感受。現在，慢慢放鬆，愈慢愈好……當你的每寸肌肉、每個細胞慢慢放鬆時，持續注意你的感受……直到

你的手掌完全打開並放鬆為止。

當你的手握拳時，行動範圍就受到限縮。比起拿禮物，握拳更適合戰鬥。這跟我們身心緊繃時很相似，比起分享才能、發掘機會或收受禮物，緊繃的狀態更適合戰鬥。

面對每天的壓力，緊繃是正常反應，也和戰鬥或逃跑的反應相關。從演化的角度來看，這樣的反應是生存所需的，因為我們的老祖宗時常面臨生命安全的威脅。在當今世界，戰鬥或逃跑的反應依然活躍，讓大多數人都處在高度壓力反應的「正常」日常生活中。假如你密切自我覺察，或許就會發覺生理、心理和情緒上的緊繃。舉例來說，即便你是坐著閱讀這段文字，還是會感受到身體的某些部分很緊繃。這種感覺似乎很正常。但這樣的緊繃在此時此刻真的必要嗎？掃描檢視你的全身上下，有哪些部位已經準備好要釋放壓力了？或許你注意到，自己的呼吸很淺，甚至暫停了呼吸。或許你會注意到頭部或心臟周遭的部位，舉例來說，你會覺得胸腔很沉重，或是頭部很緊繃僵硬。

壓力是面對外在情境的內在反應。有時，我們意識到在一些情境中必須警戒，例如天然或人為的災難發生，或是高速公路上有一輛車毫無預警地超車。

我們有時也可能發現，壓力反應被看似平常的情境觸發，例如，在派對上遇到相處起來很不自在的人，但其他人遇到這個人時，或許不會有同樣的壓力反應。這代表了，大多數的壓力事件，其實都是因為個人經驗而自動觸發。

不過，大部分的人並不知道，人格本身就是由限制和壓力所組成。在人格的系統中，包含了產生壓力、加強緊繃的

機制。因此，我們在日常生活中不同程度的壓力和緊繃，其實都出自人格的限縮或放鬆。

想想看，你是否感到緊繃，卻說不出原因。你曾經覺得煩躁、生氣、嫉妒、焦慮、憤恨、多疑、充滿控制欲，或是有其他情緒反應，卻覺得毫無頭緒。某些特定的情緒也可能會有特定的觸發事件，例如，與朋友或同事的衝突、職場狀況等等。當你反思時，可能覺得這些情況很熟悉，而這就是你的人格面對個人經驗的方式。

放鬆你的人格

當你找到最符合人生經驗的人格結構，並深入了解後，就能學到一些**讓人格放鬆**的工具。在日常生活中，「放鬆」這個字詞通常是指癱坐在沙發上、上床睡覺，或是進入某種靈肉分離的精神狀態。但是**在這裡，「放鬆」的意思很不一樣，指的是主動覺察並放下對你沒有助益的習慣模式**。或許你很詫異，但這些模式是由內在壓力所組成，而我們內在累積了驚人的壓力。你可以學習仔細關注那些與內在壓力相關的感官，並且慢慢放鬆其緊繃狀態。在本書後半部，我們將學習能覺察並舒緩內在壓力的練習，進而釋放人格的能量，讓人格不再對我們的生命有如此高度的形塑力，也不再限縮我們的自由。

人格對我們的限縮程度，以連續光譜的方式存在。每個人的經歷都可能介於極度限縮到高度開闊之間。當我們感到必須採取某種行動方式，或是出現受到限縮的跡象，就可以說人格處於「參與」或「活躍」的狀態。處於參與狀態的人格模式，會產生最大的壓力，並對生命高度限縮。唯有開放

處於參與狀態的人格模式，會產生最大的壓力，並對生命高度限縮。

心胸，不受人格所控制，才能享受生命的禮物。誰會抗拒生命的禮物呢？

　　圖表2-1列出人格兩極性的特質，並以限縮到開闊的連續光譜呈現。

　　世界上大多數的人，都不會長時間處在高度開闊或高度限縮的極端。事實上，在兩極之間有許多不同的程度。1977年，已故的九型人格先驅唐・里索開始探索人格的不同層面，發現每種人格中都可以區分出九種程度的開闊和限縮。里索和另一位九型人格的先驅及教師羅斯・赫德森（Russ Hudson），以及九型人格研究機構的團隊，針對九種人格各自的九種程度所出現的行為、態度、恐懼和渴望進行了全面定義，稱之為「發展層級」（Levels of Development）。[1]

健康特質：開闊	開闊 ⋯⋯⋯⋯⋯⋯⋯⋯⋯⋯⋯⋯⋯ 極度限縮	不健康特質：限縮
	人格的主人 ⋯⋯⋯⋯⋯⋯⋯⋯⋯⋯⋯ 受制於人格	
	對人格模式有所覺察；不依附 ⋯⋯⋯ 對人格模式高度依附	
	高度內在自由和選擇 ⋯⋯⋯⋯⋯⋯ 受困／沒有真正的選擇	
	對個人經驗感到好奇 ⋯⋯⋯ 認定「我的行為代表我這個人」	
	寬廣的觀點 ⋯⋯⋯⋯⋯⋯⋯⋯⋯⋯⋯ 狹隘的觀點	
	開放、透明 ⋯⋯⋯⋯⋯⋯⋯⋯⋯ 封閉／不接收訊息	
	接受許多可能性 ⋯⋯⋯⋯⋯⋯⋯ 無法覺察替代方式	
	有彈性、主動 ⋯⋯⋯⋯⋯⋯⋯⋯⋯ 沒有彈性、被動	
	高度自在放鬆 ⋯⋯⋯⋯⋯⋯⋯⋯⋯ 高度壓力緊繃	
	能量輕快 ⋯⋯⋯⋯⋯⋯⋯⋯⋯⋯⋯⋯ 能量稠密	
	對他人正面影響 ⋯⋯⋯⋯⋯⋯⋯⋯ 對他人負面影響	
	高情緒智商 ⋯⋯⋯⋯⋯⋯⋯⋯⋯⋯⋯ 低情緒智商	

圖表2-1　人格的動力本質，以限縮及開闊光譜為基礎

這些層級分成三種主要類型：三個健康或較為自由的層級、三個一般層級，以及三個不健康或高度限縮的層級。換句話說，不只有九種人格類型，根據每種人格的維度，還有九種不同健康、幸福和自由層級。

在高度限縮和一般限縮之間，或是一般自由和高度自由之間的差異，會反映在每個人的個別生命經驗上。本章前面的「真實的選擇與虛假的選擇」單元中，第一個例子代表的是健康的程度，第二個則偏向一般，第三個則更接近高度限縮的程度。

即便在上述的每個種類中，程度不同也會大幅影響我們和自己及他人之間的關聯，以及達成人生最高目標的能力。

根據里索和赫德森，決定每種人格者生命效能的關鍵因素，是**活在當下**的能力。[2]

在本書中，我們探索並加深自己對當下的理解和實踐。在這個階段，我們可以說，只要愈脫離人格的自動化行為模式，就愈能活在當下。讓我們盲目受困的，是人格結構反覆不間斷的運作。偉大的心靈導師喬治・葛吉夫在二十世紀初期提出了九型人格這套覺醒的體系，他認為只要覺察並放鬆這樣的模式，就能幫助我們踏上覺醒和內在自由的旅程。[3]

了解在人格類型中不同的限縮和開闊程度之間的移動，還有許多益處。

首先，這反映的是許多人都有過的經驗：深層地渴望著持續展現較高的本質，但在面對無效或困擾的行為、感受或自我懷疑時，卻又束手無策。我們會發現，這種內在的兩極性是人類共通的人性。在這樣的經驗中，沒有人是孤單的。然而，在九型人格的旅程中，我們將有療癒的機會，化解內在的兩極性。

只要覺察並放鬆這樣的模式，就能幫助我們踏上覺醒和內在自由的旅程。

第二，即便人格對我們的行為有著強大的控制，九型人格仍能成為通往自由的地圖，讓我們看見這些更高層級的特質是我們本質的一部分，而不是存在於我們之外的東西。「發展層級」讓我們看見不健康特質和健康特質之間的關聯；它們彼此相連，存在於相同的光譜上，並為我們指出最大的潛能。

第三，這樣的光譜讓我們知道，即便在同一天內，我們也可能經歷較開闊或較限縮的時刻。舉例來說，在某個情境中，或許你會表達出對他人真誠的感恩、接納和深刻的信任；不久，卻可能因為一通不愉快的電話而感到壓力，被迫用不信任和憤世嫉俗來應對。

第四，即便某兩人屬於相同的人格類型，也可能因為處在不同層級，而展現出差異甚大的特質。在本書的第二部分，你會看到具體的例子，說明每種人格在健康或一般的層級，展現的特質會有怎樣的差異。

在兩極之間

那麼，在光譜兩極之間的一般或中段部分，是什麼狀態呢？畢竟，這中間部分是多數人大部分時間置身的狀態，感覺很正常。

以下是光譜的中間區段幾種常見的特質。你可能對某些感到熟悉，對其他則覺得陌生。無論你在自己身上觀察到哪些，我都希望你帶著寬容和好奇心面對。

- 限制性信念：對於你的可能性、能力和價值抱持著貶低的想法。

- 對事物抱持既定的看法：對於不同選項不抱持開放心態或好奇心。
- 追逐某些事物：持續努力想獲得、達到或是讓某件事情發生。
- 抗拒現狀：不願接受當下的現實。
- 保持忙碌：不願給自己片刻的內在安寧或反思。
- 閉氣：忘記有意識地呼吸。
- 否認：拒絕承認困境。
- 責怪：將自己的不滿怪罪外在原因。
- 擔憂：持續執著在最糟的可能情境。
- 不向自己或他人坦承：不承認必須面對或溝通的事物。
- 批判：專注在你認為的自己或他人的缺陷。
- 以受害者自居：將自己的不滿經驗，怪罪於他人或外在情境。
- 試圖控制其他人或情境：要求其他人必須以特定的方式做事。
- 試圖改變其他人：不斷努力讓其他人遵循你的思考或行事方式。
- 過度自我規範：分散、消耗自己的能量。
- 過度努力：持續處在「苦苦掙扎」的模式。
- 心智過於忙碌：想太多、分析、投射、期望過高。
- 「看我」：花許多心力引起其他人的注意，並用特定方式回應你。
- 退縮：實際上或在心理上脫離某個情境，不投入能量。

　　這些特質都代表你太過努力，或是為了讓內心好受一點，而過度使用特定的策略。這些特質本身不是壞事，也不

代表人格惡劣，但假如成為習慣，不但不會有效，長期下來對我們也沒有好處。

雖然我們會使用特定的策略來得到理想的結果，長期下來卻只會帶來更大的壓力、疲憊和不滿，並且消耗大量的生命能量。舉例來說，有些人可能因為缺乏好好表達的信心，或是難以應付特定話題，而不願意參與特定的對話。獨處似乎更自在，而且能暫時解決對話帶來的不舒服。在最好的狀況下，對於對話的焦慮可能暫時中斷，但問題並不會真正解決。舉例來說，有些人可能會花很多時間擔心一個又一個問題。對他們來說，唯有擔憂才能確保壞事不會發生，讓自己和家人得到保障。擔憂本身就會累積壓力和焦慮，讓我們看到許多根本不存在的威脅。在這兩個例子裡，我們都看到了反覆出現的習慣模式如何一再造成熟悉的結果。

慣性使用特定策略的困境在於，當我們努力得到自己能理解的結果時，其他人也試圖追求他們內在世界所能理解的結果。當雙方的努力互相干預時，就會造成衝突，而只要更加覺察，就能避免大多數的衝突。

這些策略也反映出個人渴望追求特定的結果，以帶來符合其定義中的更大滿足和快樂。換言之，大概就像是「假如某事物改變，我就能快樂。」

練習

反思一下，你覺得生命要完整、滿足、快樂或活在當下，必須滿足怎樣的條件。為了讓你好好探索這些潛藏的條件，以下的問題會有幫助：

● 你想要改變哪些事？

- 哪些事或人需要改變？
- 你最常聽見自己對自己說（大聲或悄聲），需要發生怎樣的事生命才會好轉？
- 你把心力都投注在其他地方，以至於無法從事的興趣是什麼？

上述光譜中的某些特質，或許令你感到很熟悉，而且在往後的生命中並非無法避免。無論你在光譜上的何處，重要的是你必須帶著不批判的寬容面對當下的自己，並關注你面對的方向是朝著健康和開闊，或是朝著限縮。

當我們持續探索，就能更加覺察，並學習到偵測自我限縮的工具，以創造出幫助自己更接近自由本質的情況，讓靈魂得以舒展。

直接的經驗帶來改變

隨著你的覺察日益提升，不只會更常注意到自己的自動化模式，也能學習更直接地體驗。當你覺察身體的某種感受與對你產生影響的互動或情境相關時，就稱為「直接的經驗」。[4]

一般來說，我們對自身的經驗都會有些概念，或是希望加以分析。我們可以完整地述說誰對誰做了什麼事，並加上自己的意見或價值判斷；然而，這樣的作法鮮少帶來任何正向的改變。這只會讓我們更執著於自身人格對生命的觀點，而無法受益於更寬廣的視野。

直接的經驗則截然不同，並不是透過我們心智處理程序或低落情緒的過濾，而是由身體直接體驗。直接的經驗讓我

們的注意力轉移到概念的層級之下，也潛入情境的表面之下。我們的焦點從情境外顯的錯綜複雜移開，集中在相對不尋常的領域——我們體內發生的變化。透過身體所傳達的感受，我們發現了全新的自我訊息來源，以及人格慣用策略的源頭。

約翰是某家大型公司圖像部門的主管，他提供了將注意力從職場瑣事轉移到個人直接經驗的分享。

在某次課程中，約翰分享了他面對下屬的挑戰：他們的表現達不到他的標準。他很挫折，因為他總是必須插手改善他們的成果，這已經發生很多次了。對於這額外的工作量，他感到相當忿忿不平。

他也指出，自己每天都會在其他狀況中感受到相同、熟悉的挫折。他認為自己的挫折感很合理，因為其他人無法達到他的標準。他也很訝異，為什麼其他人都不會因為別人的不負責任而感到難受。接著，約翰開始意識到這種挫折是自己人格重複出現的模式，

我要求他自我檢視，注意潛藏在對員工的挫敗感之下，身體的內在發生了什麼事。他發現，自己的胸口、肩膀和心臟部位都相當緊繃。當我們花了一些時間，讓他深呼吸後，他意識到自己與員工和自我完全疏離，眼中因此充滿淚水。他了解，自己幾乎只全神貫注於任務的完成，忽視了和他在相同環境中工作的其他人類。

他也清楚看見，儘管立意良善，自己的人際互動多半都包含了一定程度的批評和負面回饋。

接下來，他練習看著互動對象的臉，不再只專注於專案本身。他學習放慢腳步，對其他人投注更多好奇

心。他嘗試不同的溝通方式，讓焦點更集中在對方遭遇的工作挑戰，而不只是指出問題或錯誤而已。這帶來更多共同解決問題的機會，以及新策略的應用。

　　一段時間後，他的挫折和怨恨都大幅降低了。改變的不只有他本人，他的下屬也開始用不同方式回應他。他變得更容易親近。

他對挫折模式有所覺察，發現這是阻擋他獲得更健全的工作環境的障礙。他也進一步直接體驗，對自己有了新的洞悉，特別是自己身為領導者的身分。他的注意力不再專注於下屬的不足，而是轉移到內在的感受經驗。這是療癒過往未曾正視的內在痛苦的一大步，讓他對自己和團隊都發現了新的可能性。他學習如何在保持相同高標準的情況下，也對下屬保持開放。

　　你能想像他所經歷的自由和釋放嗎？你有能力得到這樣的解放。你也屬於人類共同解放經驗的一部分！

不凡的觀點：為了個人旅程而改變

　　我們並不是要擺脫自己的人格。相反的，值得提出的問題是：「究竟是我擁有人格，或是我的人格擁有我？」

　　若能輔以自我覺察，人格其實能為我們做許多事。舉例來說，當我們需要核對銀行帳戶時，就能善用自己的人格，以清晰超然的態度面對。

　　然而，假如你受到人格所宰制，那麼你所有的決策都將受制於人格。人格會成為你的主人，操控你的人生。你將不會意識到自己少了多少選擇。

假如你受到人格所宰制，那麼你所有的決策都將受制於人格。人格會成為你的主人，操控你的人生。你將不會意識到自己少了多少選擇。

在此，我們的目標是探索這個覺察並放鬆人格結構的過程，其中的關鍵是，對自我探索盡可能不抱持任何批判。

每當你意識到熟悉的不滿足經驗時，只要能不帶批判地面對，都很有意義。很快地，你就會開始探詢模式背後隱藏的動機，此模式也會隨之鬆動。每當你意識到，模式其實很單純，只是九型人格類型相關的熟悉保護機制，這個模式就會軟化。每當模式軟化，它對生命的控制就會減輕。隨著時間推移，本質的力量就會增加，你的內在會更放鬆和平靜，而過去其他人做出的會引起你情緒反應的行為，對你的影響力也隨之減弱。

真實的你天生就開放、敏銳、充滿活力和生產力，並且活在當下。在你的人格光譜中更健康和彈性的一端，你自然會表現出內在最美好的樣子。你和自己永恆的精髓也會有更緊密的連結。

當你一層一層地放鬆人格的保護層，就能在情緒和靈魂的健康更上一層樓。你的觀點會變得更中性（不會再受到過去觸發情緒的特定情境所影響）、客觀（也就是，你看見事物的本質，不因人格的偏見造成扭曲）、充滿流動性。你和其他人也更能感受到你的天賦和靈魂最真誠的慷慨。

以下的譬喻或許對你有所幫助，請想想這個練習：

練習

想像你在水池中游泳。水池就是你所知道的一切，就是生命本身。水池有四個面，限制了你的活動範圍。你不知道世界除了水池之外，還有什麼。

現在，想像你從水池中浮了上來，發現水池其實存在於更大的水域中。這個水域廣大到你看不見任何邊際。邊際並不存在。

水池就像你的人格。當你置身其中，就別無所有。水池就是一切。

更廣大的水域就像你更崇高、更健康的本質。你知道水池的存在，也能在需要時汲取。面對重複性的事務時，水池就足夠了。但你明白水池的極限，海洋才有無限的可能性。

如同身處於水池中，受困於人格就會讓我們的觀點狹隘且限縮。我們很容易陷入人生的鬧劇，在各種情境下情緒飽滿、起伏不定。

當你愈來愈覺察自己對人生特定情境的互動方式，並且和內在感受有更深刻的連結，你的觀點就會愈來愈開闊。假如你更加覺察，不再受制於內在的衝動，就能解放人格對你的控制。你對當下發生情境的本質更加清楚，不再受制於自身有限的觀點，或是情境對情緒的觸發。你能從更寬廣的角度，觀察運作中的人格。隨著正念的練習，你開始感受到選擇權，能決定要對事物做出什麼反應。這樣的能力是最難能可貴的禮物。

透過九型人格，你將覺察當人格結構自動運轉時，會發生什麼事。於此同時，這套系統也能幫助你脫離對人格的完全依賴，與自我更開闊且真實的面向，建立更深刻的連結。在這一方面，我認為必須先區分「**擁有**某種人格類型」和「**是**某種人格類型」的差異。舉例來說，「我擁有第○型人格」和「我是第○型人格」並不一樣。當你覺察到自己擁有某種類型，意味著你知道自己不只是某種人格的模式，並注意到這樣的模式，以及內在更開闊的本質。

Chapter 3

學習如何「進行」人生
——揭開自尊編碼內在邏輯的神祕面紗

　　活著最簡單的方式，就是順著自然的日常生活。我們幾乎都會以為，自己進行人生的方式就代表生命本身。

　　隨著漸漸成長，我們自然而然地認同自己面對人生的方式，並認為這就是生命的現實。許多人都震驚地意識到，**自動化的思考和行為模式，其實是面對生命中痛苦和挑戰的核心策略**。然而，這樣的核心策略通常會創造出更多的不快樂和不滿足；這是因為我所謂的自尊編碼，而它源自於內在分裂的自我認知。我們可以用基因編碼的譬喻來理解這樣的編碼：其中乘載著重要的訊息，假如缺乏自我覺察，就會影響整個神經生理狀態。

　　在自尊編碼中，涵蓋一套無形的法則或內在邏輯，形塑了我們的人格結構和組織，假如它沒受到干預，更會影響我們的生命經驗。我們只要更加覺察自尊編碼的存在和運作方式，就能降低其影響力，進而得到更多的選擇空間。換句話說，提升對這種現象的自我覺察，讓我們能得到「解碼」的鏡片，看清自己的核心應對策略。了解自尊編碼的無形法則

及其內在邏輯，就能化解我們過去數十年來的信念和自我概念，也能讓我們對自己懷抱著最深沉的寬容，原諒自己未能在更年輕時就理解這潛藏的動力，以至於長期抱著自我挫敗的態度、行為和決策。

九型人格的每一種類型都各自圍繞著特定的自尊編碼，具有該人格者所能理解的特定內在邏輯。當你在思考自己的人格類型時，必須記得你無須為自尊編碼和內在邏輯的發展負責，因為這是生而為人無法避免的一部分。

自尊編碼不代表你本質的真實全貌。隨著時間過去，揭開內在邏輯神祕面紗的過程，可以幫助你為當下的自己負責，並找到未分裂的完整自我，讓你更輕鬆地展現真實的天賦，為自己和他人帶來助益。

▶ 辨認注意力的焦點

我們從注意力的焦點（Focus of Attention）著手解開自尊編碼的無形法則。九型人格都有各自特定的組織生命的方式，並圍繞著他們認為必要、正確且真實的自我和生命核心概念。你的生命以什麼為中心，其實與你注意力的自然焦點有關。圖表3-1揭露了不同類型的人的注意力焦點，也就是人格運作最活躍地投入的領域。它概略性地反映出不同人格者自動化的思考內容、行動觸發，或是無意識投入大量能量的領域。

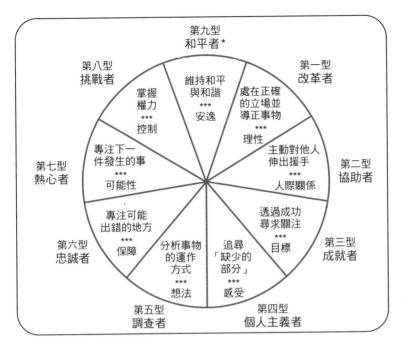

圖表3-1　九型人格者不同的注意力焦點
人格類型名稱來自里索和赫德森的版本。

　　讓我們花點時間，看看注意力焦點如何運作。首先，想一想生命中有哪些領域足以吸引個人的注意力。可能性太多了，我們的心智無法一次全部關注。或許可以說，在先天神經生理學的影響下，我們的人格會創造出特定的屏障，控制注意力的方向，讓我們對特定領域有著極高的興趣。注意力焦點會使生命的可能性受到限縮。

注意力焦點會使生命的可能性受到限縮。

　　限縮的副產品，則是創造出一套期待。我們自然地預期其他人擁有跟我們相同的注意力焦點，而這樣的期待會影響我們對周遭事物的詮釋，形塑我們傾聽和追尋的重點。當我們情緒高漲時，注意力的焦點就會更顯著、明確且固化。當然，不同的注意力焦點，也會影響我們和其他人的關係。

看看以下這個例子：

雀兒喜和諾蘭是一對四十多歲的夫妻，都是專業人士，對於度過週末的方式常有衝突。雀兒喜熱愛動態活動，列出了一張清單和丈夫分享，都是她感興趣的刺激活動，或是他們可以共度週末的地點。她希望諾蘭對這些探索和可能性也感到同樣興奮。然而，當諾蘭看見清單時，關注的焦點卻是可能遇到的困難。在諾蘭答應前往任何地方之前，會謹慎地檢視潛在的問題。他希望雀兒喜能理解一起旅行可能產生的後果。老實說，他寧願待在住家附近。每當他們無法達成協議，雙方的情緒就會愈來愈激動，彼此也愈來愈堅持自己對如何度過週末的想法。雀兒喜強烈提議出遠門，諾蘭堅持提出旅行可能發生的問題。他們的觀點益發狹隘，變得只能從自己的角度看整件事。

回顧圖表3-1，你會發現某些注意力的焦點令你感到意外，甚至有一點愚蠢。但對於聚焦該領域的人來說，絕非如此。或許你會注意到特定的某個領域，並心想：「沒錯，我當然是這樣。每個人不都是這樣嗎？這才不是人格類型，人生就該是這樣。」

我在主持某次工作坊時，簡短地討論了第三型人格者如何專注在目標上。一旦達到某個目標，就會有下一個目標取而代之。這種人格者會感受到強烈的衝勁，希望成功達到每個目標。對他們來說，目標就是成功和認同的象徵。

其中一位參與者說：「我實在不明白。每個人都專注於目標。這就是生命的一部分。我不懂這怎麼能歸類為特定的類型？」她又補充說，當她的下屬對目標追求的程度不夠時，就會令她挫敗。

工作坊結束時，她意識到追求目標對她來說之所以如此自然，是因為她屬於第三型人格。這就是她投入大量注意力的領域。

對於其他人格類型的人來說，目標的重要性可能有所不同，而且不會是注意力的焦點。事實上，他們可能得非常努力，才能找到認為值得追求的目標。

注意力焦點也反映出，不同人格類型者的內在世界可能有極大的差異。假如我們愈無法覺察差異的存在，就愈可能受苦於內在的掙扎和人際的衝突。當我們有所覺察後，將獲得更多理解的可能性，也愈不會堅持自己的作法是最好，甚至是唯一的方法。

在本書的第二部分，我們將探討注意力焦點如何定義每種人格類型的注意力範圍。

提示

假如你和故事中的女性有類似的反應，或是認同其他人格類型的相關敘述，都請以此為找尋自身人格類型的線索。假如某個描述讓你覺得：「我當然會這樣！每個人都這樣，或者都該這樣！」那麼，你就要對相應人格的描述格外留心。

▶ 九種「進行」人生的方式

每種人格者都有特定的注意力焦點，此外，其內在邏輯也會創造內在的統整性。對此，我們別無選擇，因為這套內在邏輯的模板，從生命初始就與我們同在了。

來看看它如何運作吧。

重大失落

第一章提過，在你人生旅途的最早期，在你開始思考或說話之前，就會有語言及認知前的經驗，感受到自我和靈魂所深愛的特質分離。失去連結會讓你感到受傷、疏離和孤獨。**自尊的結構開始發展，試圖模仿你真實的本質，保護你不暴露於失落的痛苦。當然，這樣的模仿永遠不會成功。**

面對人生早期無法避免的痛苦，你開始用相當特定的方式，來了解自己和世界的關係。

成年以後，當自尊嘗試複製你任何重要的本質時，通常只會造成內在的困惑及混亂，因為它很難區分虛假的版本和對該特質的真實經驗。舉例來說，假如你屬於第九型人格，自尊的結構就會試圖重現「同心齊力」的經驗。事實上，在**本質**的層次上，你知道「**合一**」的真實樣貌。然而，第九型人格者的人格結構對這樣的信念產生執著，並投注大量的心力去追求；接著，任何會威脅到內在合一感的經驗，都會被排拒在外。那些模仿的經驗，需要大量的努力和反應。但當我們在當下感受到更深刻的真實，那麼真實的經驗自然會浮現，不需要什麼能量。

不過，我們通常不相信，自己可能感受到真實本質的毫

> 面對人生早期無法避免的痛苦，你開始用相當特定的方式，來了解自己和世界的關係。

不費力。內在的人格編碼影響力太過強大，我們都忘了自己實際上與更高層次的本質有著深刻且親密的連結。在心理和靈魂的旅途中，失落代表從最初的統整性經驗，轉變為雙重性。我們覺得自己分裂了。舉例來說，從基督信仰的角度來看，這被稱為人類的墮落。這樣的轉變對幼小孩童的敏感靈魂造成了毀滅性的打擊，也被稱為原始災難（primal catastrophe）[1]和原始恐怖（primal terror）[2]。

在這裡，我們則稱為「重大失落」。

自尊編碼的基本內在邏輯與身分三角

還記得第一章對核心信念的描述嗎？核心信念形塑了我們對人生的基本假設。唯有更深入地自我理解，才會開始意識到核心信念真的存在。然而，核心信念對於我們的自我認同和面對人生的方式，都有著強大的影響力。

基礎上來說，當一個人的核心信念在生命最初期無意識地浮現時，就會在人們心中創造出匱乏感，或是在個人與其他人或大環境的關係中造成弱點。當然，這種「不夠好」的感受，對曾經幼小的我們來說太痛苦、太難以忍受。因此，自尊會採取策略來保護這個幼小的孩子。最終，小孩會長大，變成青少年，然後成年。除非這個成年人覺察到核心信念，並一再加以質疑探詢，否則核心信念會持續用內在邏輯來形塑他的人生。雖然我們很難承認這件事，但人類會持續用年幼時的經驗來過濾自己的人生，除非我們對主要的核心信念有所覺察，並展開療癒的過程。若希望達到情緒和靈魂的成熟，我們就必須有更深入的自我理解。

大致上來說，內在邏輯的運作方式是這樣：

雖然我們很難承認這件事，但人類會持續用年幼時的經驗來過濾自己的人生，除非我們對主要的核心信念有所覺察，並展開療癒的過程。

九型人格的每種類型，都附帶特定的核心信念，或是自尊對於生命運作方式的基本假設。因此，你的主要人格類型會具備特定核心信念。

　　九種不同的核心信念會導致不同人格者渴望不斷得到特定的經驗。舉例來說，第二型人格者可能希望與生命中各式各樣的人保持溫暖的連結，因此習慣對人們伸出援手，付出奉獻。第五型人格者希望了解事物運作的方式，需要大量的個人時間來專注於增進理解。換句話說，每個人都希望得到自己認為能帶來快樂與滿足的事物。

　　你所追求的是理論上能帶來滿足的經驗，並且會付出很大的努力來滿足。舉例來說，假如你想要的是安全感，無論去到何方或做什麼事，都會努力為自己創造安全感。你很可能會檢查是否有現存的問題，並對於可能出錯的部分保持警戒。或許你會注意該如何在危險發生時，快速逃出建築物，或是想知道在不同情境中，人們預期你會有怎樣的表現。

　　或許你無法理解，為何對安全感的追求如此重要，但你就是會迫切地追求它。當你這麼做時，會覺得是忠於自我。但我們很難看見在這種行為背後運作的信念。以上述的例子

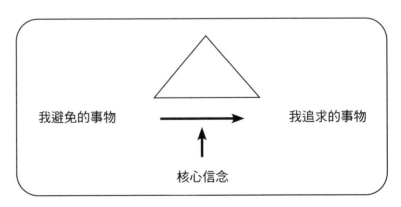

圖表3-2　身分三角的基礎

來說，核心信念是「你不安全，沒有任何事物值得信任」。即便你和每個人都一樣安全無虞，仍會在每個情境中都有著強烈渴望要「確保」做好萬全的準備。

於此同時，與強烈渴望相對但並存的，是**我們極力避免**的經驗。根據不同的九型人格類型，我們想避免的經驗與追求的正好相反。舉例來說，假如對你而言最重要的是感受自己的力量和控制，那麼你就會竭力避免自尊所認定的相反情況：弱點、限制或脆弱的感受。

事實上，光是想到可能要經歷相反的狀況，就會帶來相當程度的焦慮、恐懼和抗拒。我們會覺得必須竭盡所能來避免這種相反的狀況，因為這既無法接受又極度危險。然而，真正受到威脅的，其實是我們的自尊。

內在邏輯持續運作。為了滿足人格所追尋的內在兩極性，以及人格極力避免的情況，我們會運用看似完美又顯而易見（至少對人格來說如此）的應對策略，讓我們持續試圖滿足特定需求，並避免相對不樂見的狀況。我們不太常意識到自己的應對策略，這就像是滿足生命要求的內建方式。

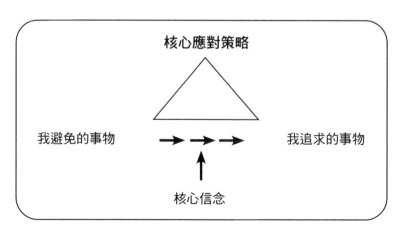

圖表3-3　身分三角的發展

從核心信念中會衍生出三種元素：你所追求的、你所避免的，以及你天生的核心應對策略。在這三種元素互動之下，便形成了特定的自我認知。根據你最認同的人格類型，這種自我認知也就是你對自己的理解。

根據主要的九型人格類型，這三種元素會創造出內在的程式，並且屬於自尊編碼邏輯的一部分，我稱為「身分三角」；它會反映出一個人進行人生的主要方式。當我們清楚看見這樣的程式，就能覺察自己對生命的自動化、不斷重複的反應。當我們對這天生的程式更熟悉也更覺察時，就能邁出珍貴的一步，降低對自動化模式的依賴，並體驗到人生新的可能性。這些都能幫助你改變與自己、他人和環境的關係，最終得以與自己更高層次的本質有更緊密的連結。

圖表3-4的例子，顯示第三型人格的身分三角。讓我們來看看，如何將身分三角的概念應用在這一型人格上。

舉例來說，第三型人格的女性擁有的核心（無意識）信念是「人生是一場比賽」，她必須成為最頂尖的人，除了成就之外，她沒有其他價值。

她**追求**的是價值，相信獲得價值的方法就是設定目標。此外，這些目標必須符合她渴望獲得認同之對象的價值觀。她覺得自己的目標似乎永無止盡。一旦達到某個目標，就立刻用另一個目標取而代之。

她希望**避免**的是被視為失敗者。對她來說，失敗會增強她最大的恐懼，讓她覺得自己的內在毫無價值。她避免讓自己身處於成功機率太低的處境，無論是參加學校表演的試鏡、投入運動競賽，或是應徵她真正喜歡的職位。

因此，她應對的方式就是重塑自己的形象，讓自己在任何環境中都能成功。她可以快速地從團隊中生產力最高的成

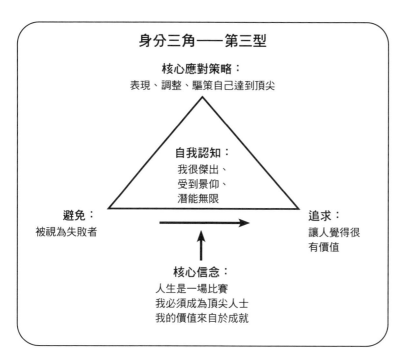

圖表3-4　第三型人格的身分三角

員，轉換為最柔軟出色的瑜伽學生，再變成優雅又激勵人心的主持人。

　　我們將在第九章對第三型人格有更深入的全面討論，看見這樣的變化如何增強她「傑出、受到景仰、潛力無限」的自我認知，並了解核心信念、強大的情緒動力、心智的習慣及內在批評等因子的結合，如何讓她受困於封閉的追求／避免／應對循環系統中。換句話說，內在邏輯會不斷運作，直到我們覺察到它，並帶著好奇和寬容，真誠地討論為止。對所有人格者來說都是如此，內在邏輯會成為自我敘事的基礎，以及面對生命的方式。

　　內在邏輯會建構出內在的「二選一」兩極性。對這名女性來說，她很輕易地相信著，假如表現無法達到或超越成功

的標準，就無法贏得別人的欽佩。即便達到自己的極限或筋疲力竭，她也會覺得自己是個失敗者。當然，展現出脆弱的一面或疲態，也是她無法接受的。

這兩種選項都不算是圓滿，但還陷在身分三角中的人，很難覺察到還有其他選項存在。

必須提一下，「傑出」和「受到景仰」都是很棒的特質。問題不在於例子裡的女性擁有這些特質，而是她相信自己就是這樣的人。當我們對於特定的方式產生依附，就會錯失了生命其他的可能性。我們會限縮了自己的成長，讓自己無法感受到最真實，也最能滿足靈魂的自我。當我們過度依附特定的方式，就會失去自我和生命的連結。

讓我們繼續來看，例子中的內在邏輯如何運作。這位第三型人格的女性有了固定的自我認知，對於可以接受和無法接受的事物也清楚劃分。她過度強烈地遵循身分三角，覺得自己總是在公眾形象和內在匱乏之間拉扯。

由於她受困於這兩極之間，假如無法有所覺察，必然會覺得欲振乏力。她會覺得迷失，因為她並未與真實的自我有所連結。

當我們漸漸忘卻更開闊、自由的自我，就會與覺察且活在當下的珍貴內在力量失去了連結。當我們看不見這股內在力量，一種特定的能量驅動力就會啟動，用九型人格的語言來說，這樣的驅動力就是「激情」（passion）。

這股驅動力，或者稱為激情，是內在邏輯的一部分，就像引擎那樣為內在邏輯提供燃料和動力。假如我們不夠覺察或正念，這個引擎就會得到更大的動力。如此一來，你將愈來愈遠離心靈最深愛的事物，也疏遠了最高層次的本質。事實上，激情的動力愈大，你就愈背離靈魂的渴望。過程中，

當我們對於特定的方式產生依附，就會錯失了生命其他的可能性。

你前進的方向將與真實的喜悅、平靜、愛、生命力和滿足完全相反。

讓我們回到前面的例子。第三型人格者的人格驅動力稱為「虛榮」（vanity）。這可以理解為自尊希望被視為個人成功的唯一理由。虛榮的能量以「我的成就」為中心運轉。舉例來說，這個美好、具有天分又激勵人心的女子，在人格的影響下，希望自己的成功，或是丈夫和子女的成就，能成為注意力的焦點。她非常努力地提高自己的生產力，達到最高的標準，卻因此看不見全局，也忘了真實的自己。她忘了成功的因素有很多，包括許多已知和未知的力量都支持著她，更重要的是，生命有許多除了成就以外的事物。

許多人對這樣的體悟都感到震撼。內在邏輯對我們的人格來說很有道理，或者換句話說，我們的自尊能理解這個邏輯。人格的觀點是緊縮限制的，因此看不見內在邏輯正帶領我們走上錯誤的方向。

注意

這個例子是封閉性人格系統的運作，如同我們在第一章探討過的。

在我們從更寬廣的角度審視之前，一切都感覺非常良好且正確。但是當我們擁有更多舒緩和覺察的空間，就會發覺內在邏輯反映了生命最大的難題：**人格注定將我們帶往特定的方向，讓我們更加渴望、挫敗和不滿足。**人格的運作原則，在某個程度之下似乎都還有效益，但假如它未受到質疑和檢視，終將讓我們承受痛苦。正如湯瑪斯·摩爾（Thomas More）所言：「靈魂的艱鉅旅程和人生的艱鉅旅程方向是相反的。」[3]這也難怪我們會感到內心拉鋸了。

在覺察自尊編碼內在邏輯的過程中，最微妙的地方就在於，假如缺乏照亮的指引，邏輯通常潛藏於我們根本意想不到的地方。

根據第二部分的敘述，辨識出最能引發共鳴的內在邏輯，將能有效地幫助我們看見人格的運作機制，以及你曾經對自己抱持的看法。或許這也能幫助你進行自我分類，或體認你的人格類型。

你愈能覺察到內在邏輯的運作方式，它對你的影響力就愈小，你也就愈自由。少了覺察，人生很可能持續令你失望或不滿，任何積極正向的變化也難以持續下去。

＊ ＊ ＊

覺察自己主要的人格類型

假如你對九型人格這套深奧的智慧體系相對陌生，那麼辨識出自己的主要人格類型，將使你得到最大的益處。或許有些讀者可以立刻找到自己的主要人格類型，但大多數人都必須經歷一段過程。不過，投注的時間和努力都是必要的，這能幫助你找到自己的根基。假如你已經知道自己主要的人格類型，也請保持開放的心胸，因為許多人會誤以為偏好的人格類型就是自己的人格類型，實際上卻無法正確反映出自己的人格特質。

有無數的策略都能幫助你找到自己的主要人格類型，以下是我的推薦：

- 持續閱讀這本書，第二部分中將特別強調九種人格類型。讀完之後，你很可能已經找到最符合自己的類型，或是將選擇限縮到兩、三種。
- 假如條件允許，可以參加九型人格的線上或實體課程。
- 與受過專業訓練的九型人格教練，安排九型人格分類的面談。這位教練會建議你上網進行九型人格評估，讓你有更深度的見解。（詳見本書最後「參考資訊」的部分。）

尋找主要人格類型的訣竅

沒有人希望被框架限制。找到自己的主要人格類型，就是脫離人格模式所創造的框架最重要的第一步。當我們拓展自己的正念能力，放下過去的自我認知，將不再受制於框架。這個過程稱為人格模式的**去認同化**（dis-identifying）。

我們都擁有九型人格中每種人格的某些面向，因此，你很可能會對大部分人格的某些特質感同身受。**不同人格之間最大的區分，在於潛藏的動機因素**。藉由聚焦這些因素，我們可以找到自己的人格類型。

唯有自己才能替自己分類。雖然其他人可能會說：「你應該是第○型。」但請別太認真看待。之所以說唯有自己能判斷自己的人格類型，是因為其他人都看不見我們行為背後的動機因素。你的經驗只有你自己知道，因此，只有你能說：「沒錯，我覺得自己最符合這一型人格。」

我也建議你，不應該替其他人的人格類型分類或提出看法。畢竟，就連九型人格的專家也可能判斷錯誤。相反的，

你可以向親友推薦這本書或其他資源，邀請他們加入自我探索的行列。

有時候，你可能希望自己擁有與實際不同的主要人格。這稱為「人格嫉妒」！我們沒辦法選擇自己的人格類型。每個意識領域、每種人格類型，都有著獨特的天賦和挑戰，沒有哪個類型比其他類型更優秀或更糟糕。每種類型都有著獨特的旅途，既深奧且神聖。

請記得，找尋自己的人格類型是一個過程。試著對自己的發現抱持開放的心胸。當你更進一步了解九型人格，並持續自我覺察，終將找到和你的內在經驗及個人史有著最深刻共鳴的類型。

社交風格分群

如果要透過一口氣學習九種人格的內在世界，來尋找屬於自己的類型，一時之間可能讓人難以負擔。有個方式能幫助我們掌握這樣的知識：將九種類型分為三群。雖然有許多種分群的方式，但我覺得「社交風格分群」（Social Style Clusters）很有幫助，這也是本書採用的區分方式。這些分群是以九型人格先驅凱倫‧荷尼（Karen Horney）的研究為基礎。

荷尼是心理治療師，她發現，人們在許多社交情境中都感受到相當龐大的壓力。雖然對於這類壓力，我們會想要粉飾太平，實際上卻帶來真實的內在不適。荷尼發現，人們主要會使用三種策略[4]來降低陌生社交互動所觸發的焦慮。

由於我們身處的世界瞬息萬變，時常得面對嶄新、陌生或不自在的社交情境，這提供了我們觀察自己互動方式的機

會，也讓我們更了解自己如何進行人生，或許還能幫助我們找到自己的主要人格類型。

面對社交上的不適

荷尼提到，我們在童年時期，主要會發展並使用三種基本策略或解決方式，來面對社交上的不適：退縮（resignation）、開朗（expansiveness）或守規（compliance）。即便成年以後，我們依然會無意識地使用這三種策略。

練習

花些時間思考以下的情境：

你準備加入一場公眾或專業的會議、派對或其他社交集會，成員包含一些你認識的人，以及一些完全陌生的人。在這個團體裡，你沒有特定需要扮演的角色。

注意：你內在的反應可能不同於參加好友或熟人的聚會。因此，在這個練習中，請想像你走進充滿點頭之交或陌生人的房間裡。

看看你是否能根據下方的訊息，想想自己對於這個經驗的反應：

- 對於身體的反應，你注意到什麼？
- 你有哪些想法？
- 你的情緒狀況如何？
- 你注意到自己很可能會有怎樣的行為（而不是你認為應該有什麼行為）？你的外顯行為有多少是反映了內在經驗？

- 舉例來說，你是否覺得不太舒服，卻加以掩飾，希望有所貢獻？你是否安靜地打過招呼，就找個地方坐下來？你是否會自信地走向主持人或主辦人，並自我介紹？

對於這個情境的誠實反思，或許能幫助你看見自己面對陌生人際互動壓力的習慣性方式。

假如你仔細觀察，或許會發現自己的壓力和焦慮程度提高。這很常見。有關人際溝通的情境，通常伴隨著隱藏的潛在不適。

你是否注意到食物在這類場合的重要性？的確，人們可能會餓，但食物也是強大的社交潤滑液，不僅有安撫功能，甚至能讓人們從社交的不適中轉移注意力。

要記得，有些人會迅速掩飾這種不適，甚至快到連自己也沒注意到。

九型人格的先驅唐・里索和羅斯・赫德森，在自身與荷尼的研究之間找到連結。[5]他們發現，九型人格分別有三種人格，對應到荷尼的每一種人際應對策略。我發覺，這種九型人格的解讀方式，能幫助某些人找到主要的人格類型。

以下是三種社交風格分群，對應到三種九型人格類型：

1. 第一種分群稱為「個人」或「獨行」風格（里索和赫德森則命名為「退縮」類型），由第九型、第四型和第五型組成。這與荷尼的「退縮」策略相符，代表個人會遠離他人，或在他人面前退縮。對於這些人格類型者來說，退縮包含離開壓力過大的互動情境。這樣的退縮通常是無意識的，但是身體、心理或情緒上仍有感受，並

且會內化為獨立解決問題的傾向。在前述的練習中，這類人很可能會進入會議空間，安靜地打聲招呼後就找位子坐下，於此同時卻覺得有點尷尬或格格不入。這個分群將在第二部分的第六章到第八章討論。

2. 第二分群是「肯定」或「自信」類型。里索和赫德森認為第三型、第七型和第八型（他們稱為「果斷」類型）都屬於此類。這一類型對應荷尼的「開朗」或積極策略，個人會朝著他人前進。

   任何屬於這三種人格類型的人，都會將能量外放，積極與他人互動，或許聲音也很大。外表上看起來，這類人很可能散發個人的魅力和影響力，但內在或許負擔著推動進度或達到理想結果的壓力。在前述的練習裡，這類人或許會很有自信地走向主持人，握手並自我介紹。這個類群會在第二部分的第九章到第十一章介紹。

3. 第三分群是「服務導向／責任」類型，包含第一型、第二型和第六型，里索和赫德森稱為「負責任」類型。這對應了荷尼的「守規」策略，個人會向他人前進。屬於這些類型的人，會從環境或其他人身上觀察線索，理解不成文的「互動規則」，並以此為應對的依據。由於感受到責任帶來的壓力，這類人很難安定下來。在前述的練習中，這類人很可能帶著讓事情順利運作的責任感走進房間，詢問主持人是否需要協助，或是撿起用過的紙杯和餐具，又或者努力讓每個人都有參與感。這個分群會在第二部分的第十二章到第十四章討論。

在第二部分，開始討論每個分群之前，你會先看到對應對策略的詳細描述，或是分群中三種類型人格應對人際壓力

的共通方式。

必須記得的是，每個人或多或少都曾經使用過這三種人際應對策略，只要有意識地在特定情況下運用，每種策略都有其價值和適用性。之所以會造成困難，是因為我們無意識地讓這些策略成為多數情況的自動應對方式，造成選擇性和效力的減退。覺察並發展出面對人際壓力的能力，才能讓我們做出更有益的選擇。

現代社會的變化會讓人際壓力更加惡化，其中包含對社群媒體和電子平台溝通的依賴性提高，以及陌生（多元化）社交情境的增加。這些因素的探究已經超出本書的範疇，但還是必須了解，它們足以影響我們對人際互動的覺察和應對能力的發展。

因果的混淆

假如你難以判定自己的主要人格類型，或許是因為你總是想用個人史來解釋人生經驗，將之歸因於幼年的情緒狀況或居住環境，或是某人對你的特定影響。的確，我們的幼年經驗會影響人生敘事的形塑，但不會是決定我們面對或詮釋人生方式的唯一因素。

以下的幾個例子讓我們看見，人們如何將自己的行為完全歸因於童年經驗，卻不考慮自己人格類型的行為模式：

一名屬於第六型人格的男性，將自己持續思考並努力確保家人安全和保障的傾向，皆歸因於他的成長環境缺乏安全、穩定與保護。數十年來，他累積了大量資訊，證明他需要對家庭可能面臨的威脅保持警戒。即便

客觀看來，情況似乎相當安全，但這些威脅似乎無所不在。他並沒有意識到，持續尋找威脅是第六型人格結構的一部分。

　　一名屬於第二型人格的女性，持續追尋身邊重要他人的認同和讚賞。她會為其他人多付出一些，希望對方能注意到、感受到，且心懷感恩。假如感恩的方式不如她意，她就會覺得自己不受重視、遭到拒絕。她記得，母親總是沒有時間關注她，讓她年幼時就不斷被拒絕。數十年來，她累積了許多遭到背棄的經驗，讓她更確定自己必須不斷付出，才能換得愛與接納。她並沒有意識到，付出過多的傾向反映出第二型人格。

　　一名屬於第四型人格的女性，渴望奢華的生活。她在富裕的環境成長，一直認為就算不工作，也會有足夠的財富過她想要的生活。她在四十多歲時經濟上承受了意料之外的沉重打擊，自覺沒有能力養活自己。她對於學習技術的能力沒有信心，也不覺得必須這麼做。她很嫉妒那些活得比她好的人，因此總是很憂鬱，責怪父母沒有培養她的生存能力。她並沒有意識到，自己的經驗其實反映了第四型人格。

這些例子的主角很容易相信，人生成就完全基於童年的生命經驗。或許你也曾經覺得：「我現在之所以這樣，是因為成長經驗和背景。」然而，人格的結構對於我們面對和回應人生經驗的方式，有著相當重大的影響。

　　在我們找到自己主要的九型人格傾向時，別忘了生而為人，人格的濾網隨時都在運作。這會吸引我們靠近那些與人格結構發生共鳴的特定訊息，在我們的雷達上排擠其他訊息

獲得關注。

　　舉例來說，那位覺得自己總是被拒絕的女性，很可能靈魂對拒絕的經驗格外敏感。從客觀的角度來看，她被拒絕的頻率或許不比其他人高。她只是對於其他人對待她的方式更敏感而已。於此同時，她未能感受到別人給予她的接受和愛，又或是被接納的經驗並不容易留在她心中。

　　找到自己的人格類型有許多好處，包含讓個人過去的歷史不再對現在的自己有如此強大的影響力。當你意識到人生經驗中，有多少是透過人格類型的濾鏡而來，就會讓你不再將部分經驗歸因於其他人，特別是童年時遇到的人。而這麼做之後，你就能做出所渴望的改變。我們不可能改變過去，卻能改變自己的意識。

我們不可能改變過去，卻能改變自己的意識。

　　當你覺察到自己的人格類型，如何限縮了雷達所能偵測的訊息，就能漸漸開拓視野，擴展生命，讓自己更有能力做出向上提升的改變。

　　能和你一起踏上發掘主要人格類型的旅途，我感到十分振奮。其中包含各種奇妙的經驗，從覺察人生苦痛的內在源頭，到經歷自己最高層次的本質。沒有其他旅程會像這趟自我探索一樣，值得你投入時間、覺察和愛。

Chapter 4

創造與自己的全新關係

更加了解自己進行人生的方式，感覺就像是一趟旅程。只要面對新的旅程，我們就必須有所準備。這一章將引導你這麼做。

我的辦公室門上有一張保險桿貼紙，寫著「期待美好的事發生」。在這裡的旅程也適用。當你同意跳脫習慣的自我認知方式，那麼也請記住，假如你還沒準備好，根本就不會讀這本書。你的內在有股動能在鼓勵你繼續向前。

大部分透過九型人格更理解自己的人，都表示他們經歷了許多驚喜、難過、放鬆、羞愧、悲傷、希望，以及某種靈性上的幽默。你也可能經歷一系列的情緒，代表著你與自己正在建立更親密的關係。唯有與自己建立起更深刻且真實的關係，療癒過程才會展開，並讓你完全感受到生命持續演化更新的本質。當我們放下過時的自我認同時，自然就會體驗到生命的流動。

有鑑於此，我們必須仰賴並汲取那些能支持自己的特質。我認為，以下的特質將在這趟靈魂的旅程中能帶來重大的助益。你早已擁有這些特質，我會特別提出來，只是幫助你記得並善用它們。

> 唯有與自己建立起更深刻且真實的關係，療癒過程才會展開，並讓你完全感受到生命持續演化更新的本質。

▶ 五種重要的特質

1. 懷抱好奇心

好奇心這項特質會讓我們從新的觀點看事物，發揮好問的精神，並敞開心胸探索。這不同於內心感受到的必須盡快找出答案的壓力。好奇心意味著願意接受事先不知道答案的狀況。許多人到了一定歲數以前（對你來說是幾歲：二十七？三十六？五十四？六十三？七十二？），都認為自己必須要很了解生命，把一切都搞清楚。然而，如同許多錯誤觀念，這樣的想法只是心智在戲弄你罷了。

好奇心意味著願意接受事先不知道答案的狀況。

大部分時候，我們都不清楚其他人行為背後的原因，不知道自己做決定的理由，也不知道明天會發生什麼事。我們忙碌的心智並不喜歡不知道。

然而，假如實情是我們真的不知道，那麼這樣的我們就只是在編故事而已。我們在心中堆滿感覺很真實的創作、假設和想像，接著就視之為現實地繼續下去。這些虛構事物的基礎便愈來愈穩固，成為我們預測未來的基礎。這樣的結果是，當這些假設和預測受到質疑或挑戰，我們就得迫使自己去捍衛它們。

當我意識到自己不需要事先知道大部分事物時，著實鬆了一口氣。意識到自己所肯定的事物，許多時候都是錯的，讓人同時感到謙卑又釋放。有時候，單純的想法或意見，竟如此容易被誤判為現實！

好奇心讓我們抱持著開放的心胸去提問，幫助我們提振這趟自我覺察旅程的心情，也讓我們不以過度嚴肅的態度面對自己。好奇心讓我們在看待自己的發現時，沒有太多批判

或個人意見的空間。帶著好奇心的實驗，通常讓我們覺得更有趣，也找到更多可能性。你會給自己更多空間，體驗更寬闊的人生和自我。

好奇心看起來是什麼模樣？或許它是從「我想知道……」開始。

- 我想知道假如關注自己內在隱約呼喚的聲音，會發生什麼事？
- 我想知道面對這個狀況，如果嘗試不同的作法，會有什麼新的結果？
- 我想知道假如我讓自己難過，而不是像往常那樣立刻壓抑心情，會發生什麼事？

好奇心也會讓我們在探索自己時，不再執著於特定的結果，因而提高了我們的自我覺察。

我邀請你對自己的經驗感到好奇。如果你想發展全新的自我關係，這將會是重要的因素。

2. 練習強烈的同情心，
將你的習慣模式視為正常

當人們認識人格的概念，特別是關於自身人格無意識的呈現方式時，常常會覺得自己被「發現」了。許多人說，學習自身人格類型的感覺，就像是有人讀了他們的日記。接著，他們常會感覺羞恥或悲傷。

有兩種因素可以幫助緩衝這種感覺。

首先，在這顆星球上的每個人，都有自己尚未覺察的人

格模式。這是完全正常的。然而，多數人並不了解，人格類型可以被改變。因此，讓我們與眾不同的，並不是擁有這些人格模式，而是能採取更客觀的角度看待人格，並在生活方式上獲得更多選擇。若能了解在人格所熟悉的自動反應模式之外，其實還有更多選擇，將會是難能可貴的經驗。

在更加覺察的過程中，多數人發現自己的人格模式並不符合習慣的自我形象，難免令人沮喪。不過，意識到自我形象和實際人格呈現方式的差距，是很重要的一步，這能幫助我們更加覺察，與自己發展出更誠實、健康的關係。

第二個要記得的因素，就是當我們在自己身上有新的發現時，難過、悲傷、羞愧、屈辱或鬆一口氣，都是很正常的情緒反應。你沒有問題。真正的問題是，過去的你以為這些模式代表了你這個人。

多數人在覺察到這些模式竟然對自己的生命具有如此決定性的影響，都會感受到深深地心碎。當造成我們長久痛苦和掙扎的幻想終於揭露時，怎能不感到心碎呢？當我們遠離最珍貴的本質時，生命本身就會令我們心碎。事實上，正是破碎的心讓我們接受更深刻的真相，並與自己及他人建立更親密的連結。

在整個過程中，重要的是對自己懷抱同情心。同情心意味著你盡全力仁慈且不帶批判地看待現在的你，即便有許多痛苦，即便有些面向你寧願視而不見也一樣。別忘了，對現在的你來說難以直視或承受的，都是源自未解的內在創傷。

沒有同情心，就沒有真正的療癒。

在此過程中，會有一項美好的副產品：你會經驗到更多對他人的同情心。想像一下，假如人們都能公開表達並共享同情心，世界會有多大的改變？

自我批判對於減輕任何不適感,沒有任何幫助。事實上,這反倒會讓情況惡化。在過去數十年間,你無疑學會了如何對自己嚴苛。這幾乎就是多數人的本能,根深柢固的程度讓我們難以覺察。然而,這樣的內在批評才是個人和集體痛苦最大的來源,因為我們讓這樣的聲音對人生有了太大的影響。在第十七章,我們將探索如何面對內在的批評。你將學到降低其負面影響的策略,並提升內在真實自我的權威。

現階段,我誠心盼望你能記得對自己寬容。請了解人格模式有自己的生命,只是過去的你看不見。如今,這在你眼中將愈來愈清晰。這會是最棒的禮物。

3. 擁抱全然的誠實

我們很難遇到願意完全誠實面對自己的人。大多數人已經習慣用特定方式面對自己,並要求你跟從他們的自我評估。這反映在人們捍衛自己的許多方式,以及面對歧見或衝突時的互相指責。其中的理由不難看出。

我們在前文討論人格的發展時,提及自尊的結構是為了保護我們,幫助我們面對人生初始經歷的傷痛。某種程度來說,自尊的任務就是將我們隔絕於早期經驗之外,因為自尊深信著——也說服我們——如果看見自己生命歷程的真實與虛假,我們將會無法承受。

以我的人生為例。在我找到自己的主要人格類型之前,一直以為自己很慷慨大方、熱心助人。我是如此深信不疑,以至於在剛開始探索九型人格時,還誤以為自己是第二型人格「扶助者」。

不過,隨著我更深入探索,就發現自己的內在樣貌並不

完全符合外在行為，與我的人生態度也有所不同。這不代表我沒有慷慨這項特質——我有，而且呈現在許多面向。但我發覺，自己並不像第二型人格者那樣關注他人，將其他人的人生放在自己雷達螢幕最主要的位置。我的人格結構在本質上關注於內在，注重隱私，而不是高度參與其他人的生命。最初，我很難看見自己的人格。我早已做了許多心理和靈性的努力，對自己竟如此欠缺自我理解，因而感到羞赧不已。

但很快地，我就發覺真正符合自己行為和生命傾向的人格類型。我鬆了一口氣。啊……我不再感到如此孤獨。我加諸在自己身上的能量得以稍微釋放，而我的生命動力更達到前所未有的自由。這是人生中的重大轉捩點。當然，就跟其他人一樣，我的旅途會不斷地持續下去。

或許你聽過一句格言：「真相會讓你自由。」當我們致力追尋真相，無論是當下的真實或普世的真理時，所遇到最大的難題，就是人格結構會將我們帶往相反的方向，使我們內心無法得到最深層的滿足和滋養。

自尊讓我們過著與真實本質平行的仿造生活。自尊會創造自己的敘事，專注在自己的任務，讓我們愈來愈遠離更深層的真實。「誠實地探問」將幫助我們揭露虛假，看見愈來愈深刻的真實，使我們的內心感到滿足、精神受到滋養並得到解放。這就是我們的任務。

> 人格結構將我們帶往相反的方向，使我們內心無法得到最深層的滿足和滋養。

4.相信過程

我習慣將探索本質的過程比喻為「信任走路」這種團康遊戲。即便當下可能沒有證據，但在這趟旅程中，你必須從根本相信，你正被引領朝正確的方向，在進入全新領域時會

得到支持。

這不同於為了冒險而承受重大風險。信任走路代表你正傾聽內在的聲音，也就是靈魂的聲音。即便很可怕，也會讓你感到更誠實而真確。或許和其他人相比，你在引導下踏出的步伐可能微不足道，但對你來說卻無比真實且重要。舉例來說，習慣躲在門後私人世界的人，如果要關心生病的鄰居，可能會覺得尷尬、羞赧和猶豫。但即使感到不適，他還是這麼做了，並在過程中更了解自己一些。

任何一小步都很重要，對你的靈魂來說更是如此。只要做了陌生但感覺很正確的行為，無論多麼微不足道，都很有意義。這些微小的進步會不斷累積，而你將在過程中對靈魂的引導更有信心，並學習相信自己。

信任也與我們面對生命的方式有關。根據你的生命經驗，以及主要的九型人格類型，你可能會傾向憤世嫉俗和質疑，但也可能對一切感到樂觀積極，常常毫不思考就一頭栽入。從生活方式的角度來看，信任不只是對於其他人或機構組織。這裡的信任和我們過去的概念都不同，包含了更深刻的感受，也就是相信：無論發生什麼事，到頭來都是為了最好的結果。[1]因此，當事情的發展不如我們的計畫時，雖然看不見替代方案，但我們的內在會覺得必須再做些什麼事。此時，與其強迫採取某個行動，我們更該深呼吸，並在當下面對真實發生的事。

我從客戶和學生那裡聽到許多故事，都是關於他們如何在放下長久以來的信念和人生策略，或是面對強烈恐懼並採取行動之後，感受到無比的欣喜與和諧。無論將內在的自由體驗形容為神的恩典、神之手、聖靈降臨或創造性智慧，他們都發覺，一扇新的門或窗已經開啟，讓他們看見自己走在

對的道路上。我發覺，當一個人放下對人格某些既定面向的堅持，踏入未知的領域後，都會有驚喜或深奧的體驗。

5. 鼓起勇氣

當我們冒險進入全新領域，特別是陌生的內在世界時，必須鼓起勇氣。我們需要勇氣，才能檢視習慣的行為和情緒模式之下的層層疊疊，並坦誠面對自己，跨出已知的疆界。有時候，對自己懷抱同情心也需要勇氣，因為這嚴重違反了我們習慣的態度。

如果想激起自己的勇氣，最好找到比勇氣所帶來的挑戰，例如感到不適、恐懼或自我懷疑等更重要的動力。或許你的勇氣來自於好奇心，或期盼得到比當前處境更美好的未來，又或是想減輕內在的痛苦。讓我鼓起勇氣的是內在的驅動力，因為我相信唯有如此才能更真實地活著。對你來說，此時此刻最重要的是什麼呢？

好奇心、同情心、誠實和信任的特質都需要勇氣，但也同時會滋養我們的勇氣。當我們練習這五種特質時，就能在當下好好看見自己，讓自己更真實地活著。

練習

在回答這些問題前，先花一些時間深呼吸，穩定自己的內心。接著，練習讓自己對於作答中的體悟感到欣喜。

懷抱好奇心
- 回想某個意義重大的時刻，或許是讓你真心好奇的情境，或是讓你對某個層面的自己深感好奇。

- 讓你好奇的原因是什麼？
- 你有什麼樣的發現？
- 這樣的發現對你有什麼影響？

練習強烈的同情心
- 回想你感到真實同情的時刻，最好是對於自己。假如想不起來，也可以是對於某事物，或是某個你很在乎的人。
- 感受到這樣的同情心，對你有什麼影響？你是否有什麼改變？

擁抱全然的誠實
- 回想你對自己產生全新但又極度真實的體悟之時刻。或許你用截然不同的眼光看待自己。或許你從愛你的人那裡得到一些回饋，化解了你對自己的成見。
- 寫下這樣的經驗。
- 你放下了對自己的什麼成見或誤解？這對你有什麼樣的影響？

相信過程
- 回想你是否曾經放棄讓某件事情以你希望的方式發生，而決定順其自然。
- 發生了什麼事？
- 這樣的經驗帶給你什麼感受？
- 你從中學到什麼？

放下對肯定的執著

以上的五項特質，都有著共通的潛在動力。無論在何種

情況，這些特質都會讓我們稍微放下內在對生命和事物運作方式的肯定。當肯定性減弱，態度也會跟著軟化，而圍繞著身體的保護性張力就會放鬆，讓我們感受到真實的溫柔。練習培養這些特質的人表示，自己覺得內心更開放，感受到生命的流動，內在的掙扎也減少許多。

那些在地震帶設計摩天大樓的建築師都知道，建築結構必須有足夠的彈性，才能降低建築倒塌的可能性。結構的彈性愈大，維持筆直所需要的能量就愈少。假如你在公車或火車上站著，也會注意到相同的現象。在啟動或停止時，如果保持彈性，會比全身僵硬更容易站穩。搭乘飛機時也是，當你在遭遇亂流時放鬆，就比較容易忍受上下震動。

肯定會導致僵化。當我們堅持自己無所不知，認定只有自己的方式是對的，人生就會變得很困難。當我們對肯定性有所執著，就是違背了生活的宇宙所具備的創造性智慧。

對肯定性放手，我們就能更敞開去包容。生命會更自然地流動，欣欣向榮地發展。我們將從全新的定位與自己建立起嶄新的關係。

深度生活需要自我觀察

如果讓習慣模式成為生活的主角，就會帶來高度的限制和痛苦的後果。我們將會背離真實和生命力，再也無法汲取內在的生命流動性。

「深度生活」和「單純地活著」有很明顯的不同。當我們每天做著相同的事，過著相同的生活，而不加以反思，生活就會一成不變、積習難改且無意識地自動進行。如果讓習慣模式成為生活的主角，就會帶來高度的限制和痛苦的後果。我們將會背離真實和生命力，再也無法汲取內在的生命流動性。

如果想與自己建立起更新、更親密的關係，就必須透過自我觀察的能力，更清楚地看見自己。

自我觀察又稱為「正念」，是我們與自己建立全新關係時的得力助手。最初，正念的概念是由宗教靈修所傳授，在二十一世紀之初，得到許多神經科學研究的支持，證實它能幫助我們超越習慣的模式，以及由過去經驗所建構的個人認同。有時，這種意識狀態稱為「內在觀察者」或「公正的見證者」，它不帶有任何批判，並超然於自尊的習慣模式之外。正念是以當下為基礎的狀態，讓我們中立且不帶情緒牽扯地見證當下發生的一切。新興科學研究中，有愈來愈多資料都顯示正念和腦部正面改變的關聯。透過正念練習，你的大腦能以更高層次的運作，帶來許多助益。

自我觀察是專屬於人類的能力，足以改變生命，幫助我們覺察生活方式，並關注內在發生的事。自我觀察會讓我們與自己直接連結，覺察以往潛藏於意識之下的經驗。人們之所以時常感受到與自己失去連結，是因為大多數的經驗都發生在意識之外。將自我觀察融入日常生活的好處，在於能夠讓我們更覺察。然而，如同許多能幫助我們成長的理想能力那樣，自我觀察需要花許多時間有意識地練習。

觀察的三個領域

無論何時，都有無數事件正在發生，讓我們不知道該關注哪一件事。讓我們來看看每種經驗中，可以觀察的三個層次：經驗的「什麼」、經驗的「如何」，以及經驗的「內在經驗」。

經驗的「什麼」

這裡的「什麼」指的是經驗的內容，包含了你、其他

人、特定的任務或活動、地點和事物。有關生活內容的例子，包含了日常瑣事，例如準備送孩子上學、試圖解決商品問題而與公司客服通話、運動、在家準備招待朋友、跟同事進行很有挑戰性的互動、準備星期天的晚餐、試著尋找人生伴侶、籌備跨越整個國家的搬家，或是和上司談判加薪。「什麼」就是由明顯的重大元素或小細節組成，填滿我們的日常生活。「什麼」的列表可以無限延伸。

如果總是專注在「什麼」，能讓我們的心智保持忙碌，但也會讓我們分心，無法得到內心所渴望的深刻經驗。然而，內容是最容易引人注意的，當我們注意到人生一再出現相似的內容，事情就有趣了。舉例來說，你發現人們總是向你求助，而你總是會答應。又或者，你可能會注意到自己憤怒的表現很強烈，而你發怒的對象會不斷退後，甚至離開你的生命。也可能你覺察自己總是會負擔較大的責任，因為其他人都不按照你的方式做事。

反覆發生的經驗讓人感到熟悉正常，卻難以令你滿意。事實上，當極度類似的經驗一再出現時，你可能會感到很無聊。不過，反覆出現的經驗是需要更深入檢視的跡象。「為什麼我又出現這樣的經驗？」

經驗的「如何」

比較難注意到的，是我們面對生活內容的方式，或與之互動的方式。你到底在做什麼？你有什麼樣的行為？如同前面所提到的，我們對行為的想法，通常與實際行為並不完全相符。

如果能更加關注經驗的「如何」，就能打開深度自我覺察、理解和療癒的大門。當我們理解自己為何以特定的方式

行動，就能用新的觀點檢視自己，讓我們離真實更近一步。
我們將以全新的覺察更了解自己。

經驗的「內在經驗」

然而，經驗的「什麼」及「如何」並不是經驗的全部。在內容之下，還隱藏了情緒、記憶、感受和對生命的態度。

九型人格將幫助你辨識和定義經驗內容之下的某些感受。有時候，一些感覺非常個人的經驗，實際上卻是屬於特定九型人格類型的特質。

因此，注意到內容之下的情緒變化，能讓你從該段經驗得到更多資訊，了解你身上到底發生什麼事，以及你為何用特定方式面對特定的情境。

內在經驗的第二個領域聚焦在內在動機，或說是你生命運作的燃料或動力。（第三章探討一部分的內在動力，並介紹每種人格類型的專屬動機和冰山模型。）當我們有所覺察時，這些動力就能幫助我們回答：為什麼我會用這樣的方式表現自己？當我們覺察得愈少，這些動力對我們生命的影響和控制就愈大。培養覺察這些長期內在動力的能力，就能幫助我們創造新的選擇。

內在經驗的第三部分，也是我認為最重要的部分，即聚焦於身體。西方文化中，大多數的人除非生病或疼痛，否則對身體的關注都不夠。因此，包含身體緊繃、疲憊和痛楚、消化道問題和日常的痠痛，都是到了嚴重程度才會引起注意。不過，還有許多微妙的身體感官存在，而且潛藏在日常的覺察之下。假如你能關注這些感受，就能獲得許多益處，因為這些感受涵蓋許多有意義的訊息，也是通往深度療癒的道路。本書的後半部將會再回到感受身體感官的主題。

在內容之下，還隱藏了情緒、記憶、感受和對生命的態度。

即便你在學習九型人格以前，就曾經觀察到某些重複行為不但無效，而且會帶來不快樂，並因此做出改變。九型人格也將提升你的覺察能力，讓你更快發現什麼能提供支持，什麼又會阻礙你。

自我觀察的例子

我們的內在對話中，有很大的比例都圍繞著對於特定情境內容的觀點重述。當然，個人對情境的觀點都是透過人格的濾鏡。換句話說，針對某起事件的內在敘事，對個人來說就會成為真實。

從實務的層面來說，培養自我觀察能力，就是試著將自己的注意力從對情境的觀點敘事，轉移到在情境中的行為。以下是一個例子：

你對某個情境的看法：

你認為自己不准許下屬請假，是個公正的決定，因為對方已經請了好多天假。「她一直在請假。我得要把底線劃清楚。」

觀察你的行為：

然而，當你把注意力轉向行為時，就會發現自己只是用高高在上的態度指責對方。你會注意到，自己在說出強烈批判時，竟出奇地冷酷。

觀察自己的感受和動機：

從自我觀察的角度，你會發覺自己的互動有些拙劣且充

滿情緒。事實上，你注意到自己心中盡是怨懟。下屬請假對你造成了影響，你卻沒有告訴她。你也沒說因為她的缺席，你得承擔更多工作。是的，你覺得憤怒，而怒火讓你對她的斥責更強烈。

觀察你的身體感官：

你注意到自己肩頸僵硬，呼吸困難。

因此，就算你覺得自己有理，卻不滿意這個互動，而且這個互動對職場關係也沒有幫助。

自我觀察能讓你檢視自己在未來希望如何應對這種狀況，讓自己不再基於不滿才採取行動。或許你會發現，另一個選項是對她坦承其缺席所造成的影響，這麼做也能清楚表明你的底線。你會決定不再幫她做事，而是把事情留到她回來再解決。又或者，接下來的一連串對話將導致對方離職。

最終，這段過程會讓你覺察到熟悉且不斷出現的怨懟經驗。這正是對你不再有助益的人格模式。經驗到這樣的怨懟或許感覺很差，但事實是，怨懟就在那裡。

深呼吸會有幫助！當你深呼吸，並做出微小但影響深遠的決定，也就是專注於自己當下的行為、感官或感受，你的整體經驗就會出現變化。你會創造出對當下行為的直接經驗，並覺察到自己表面下的內在變化。事實上，你正面對著當下的自己。

換句話說，內容或敘述不再重要，重要的是你的直接經驗。經過練習，你將愈來愈能善用這簡單但未必容易的過程。當你有能力觀察自己的直接經驗，就能開始療癒，並化解熟悉（但或許無意識）的掙扎。

透過這樣的過程，你能分辨占據生命大量空間的慣性制

透過這樣的過程，
你能分辨占據生命
大量空間的慣性制
約，更能感受內在
的經驗，看見內在
的自己。這就是正
念的意義。

約，更能感受內在的經驗，看見內在的自己。這就是正念的意義。

九型人格會點出這些行為模式，並將你的覺察導向慣性的制約，讓你更輕易地覺察。然而，真正能幫助你破解自尊的內在對話和敘事的，是你內在安靜、中立的觀察者。

當你繼續探索的過程時，請邀請你的觀察者來支援。你會注意到，內在通常還有一個評斷你的聲音。這樣吵雜的內在批評也屬於習慣制約的一部分。當你注意到這樣的運作，請慢慢深呼吸幾次，以便在你和制約之間創造更多空間。

▶ 面對矛盾

珍妮絲習慣掌控全局。她知道自己想要什麼，也努力追求。她可以輕鬆提出要求，並期待交付的事情在她訂下的期限前被完成。她沒時間跟那些不確定自己要什麼、過於多愁善感，或是不把她的底線放在心上的人相處。誰需要這些情緒？她認為這都是浪費時間。

然而，在她充滿自信的外表下，卻感到不安。儘管她絕對不會承認，但其實她並不喜歡自己。在靈魂的層次，她覺得相當悲傷。

學習九型人格後，她了解到自己多麼常把他人推開，讓內心孤立。所有的努力——不讓其他人太靠近，有機會傷害到她——反而造成了她的痛苦。

她有意識地專注讓自己的能量更柔和，可以真正感受到內心，即便這麼做讓她更深刻地覺察了內在的痛苦。但她漸漸向其他人敞開，不再感受到其他人的遠

離，反而注意到人們被她吸引。他們真正在乎她，而這讓她的內心感受到最重要的療癒。

當我們深入探索人格隱藏的面向時，會遇到許多難題。如同第三章所討論，我們會發現自己長久以為的真實，竟然與實際上完全相反。進入更深刻的經驗，就意味著加深與內在靈魂生命力的連結，這樣的經驗通常會跟自尊的傾向互相衝突。生命的外在力量和靈魂渴望的方向，往往背道而馳。

我們所面臨的難題，可能會對人格和社會的迷思帶來挑戰，這能讓我們增強對於不協調的創造性張力的承受力，也減輕了我們長久以來抱持的批判和羞愧。由於我們的九型人格類型充滿了自相矛盾的本質，假如你在學習的過程中沒有遭遇矛盾情況，代表你可能還未找到自己真正的主要人格。

▶ 深度生活的兩大核心目的

接下來，你將練習我們討論過的五種特質，踏上療癒／覺醒的蛻變旅程：

- 懷抱好奇心
- 練習強烈的同情心
- 擁抱全然的誠實
- 相信過程
- 鼓起勇氣

當你這麼做，將會發展並開拓自我觀察的能力，而重要

的事也將會發生：你的注意力開始改變。

注意力的改變為什麼重要？

因為這會改變你的自我認識！

學習深度生活的目的之一，是擺脫對小我的認同。換句話說，就是一步步得到自由，脫離自尊結構持續的要求，並感受及擁抱自己更高層次的本質。當你意識到「你的方式」就只是占據了生命渺小的一部分，你的觀點和經驗就會大幅改變。

隨著觀點的改變，你對自己更寬容的態度，將會幫助你化解人生初始的痛苦情緒。在覺察和同情心的支持下，你不再需要捍衛自己太強烈的自尊，也無須再批判自我和他人。如果你對一切都堅持按照自己的方式，就得消耗過大的能量，當你學會放手後，就會感受到龐大的壓力釋放。

假如我們考量一下批判自己、人際關係、工作、家庭、社群和整個世界（通常還是誤判）的最終成本，就會發覺我們面對的力量足以造成嚴重的傷害。這令人相當驚恐。

於此同時，當我們持續擺脫自尊的要求，就有可能汲取更大的潛能和更高的智慧。時常有學生或客戶告訴我，當他們放下舊的模式，感受到內在的能力時，就覺得自己好像長大了。唯有如此，我們才能覺察並真正擁有更開闊的本質。

深度生活的第二個核心目的，是強化我們內在對事物間之連結的經驗。

我很喜歡優勝美地國家公園步道入口刻的約翰・繆爾（John Muir）格言：「當我們試著單獨挑揀出任何事物，就會發覺它和宇宙中的一切都互相連結。」用比較沒那麼高雅的方式來說，就是：孤立感是**小我**所產生的幻覺。

你以前一定讀過互相連結的概念，假如你曾經直接感受物我合一的狀態，就會知道這足以改變人生。當我們困在九型人格類型的內在世界裡，就會感到孤獨，這是自尊狀態的本質。我們會有意無意地在許多層面經驗這樣的孤立感。當我們愈能放下對人格限制性本質的認同，就愈能與真實產生連結，並正確地感知一切。隨著這樣的感知，你會對於人類共同的制約經驗和挑戰產生同情心。

從實務的層次來說，深刻的自我了解會讓你自然覺察自己對他人及環境的既有和潛在的影響力。我們能超越「內在魚缸」，在大海般的環境中優游自在。

因此，我們可以說深度生活是覺醒的方式，立基於培養活在當下的能力。九型人格提供的是自然且精準的結構，能揭示那些阻礙你活在當下的可預期模式。此外，九型人格也幫助你體驗到唯有當下能給予的寬闊感受。隨著覺察、自我觀察和開闊心胸的提升，陌生感會逐漸消失，取而代之的是與自己更深刻且真實的能力之連結，讓你實現自己天生的力量和真正重要的目標。你的目的會愈來愈清晰。你的專屬旅程也屬於人類共同的靈魂覺醒旅途的一部分，讓我們得以汲取更高的智慧。我們都是這場蛻變不可或缺的一部分，也都受到了召喚。

Part 2

九種「進行」
人生的方式

nine variations on how to "do" life

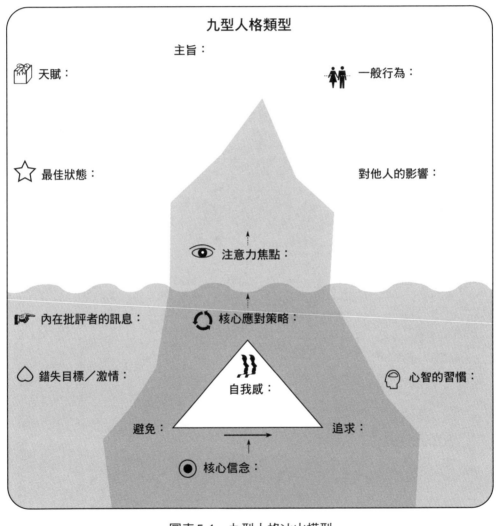

圖表5-1　九型人格冰山模型

Chapter 5

冰山：人格的建築藍圖

　　我們可以將人格的結構理解為：許多彼此關聯的元素建構而成的統整性框架，再配合內在邏輯和自尊編碼，反映出個人的內在經驗，以及其自我表達的方式。人格的每個元素或面向，都會相輔相成。當我們允許人格自主運作，就會形成封閉或不受干預的系統。

　　榮格將人類的經驗比喻為一座冰山。在水面上的部分是我們的意識層面，也是其他人所看見的。但我們都知道，冰山大部分都在水面下。而人格也是如此。

　　因此，冰山模型幫助我們了解組成人格結構的不同元素。水面上的是我們可以看見的，或是在人際關係中最容易感受到的；水面下的則是構成並驅動人格的元素。水面下的就是形塑我們行為的動機。

　　如果想要更深入了解行為的動機，並做出重大的改變，我們就必須對水面上和水面下的部分都有所覺察。這些元素的結合，讓我們了解到九型人格中任何一型人格者的經驗和情境。

　　本書這個部分對九種人格的描述，將專注於第二章所提過的人格的不同層級。看過每一型人格的冰山模型後，你將能找到最符合自己的主要人格，或至少限縮你的選項。

▶ 九型人格冰山模型

圖表5-1的冰山圖中，在波浪紋水面上的是有關行為和態度的描述；在水面下的是，當每種人格類型處於在健康和活動的一般狀態，也就是在人格掌控下的情況中，形塑並驅動個人行為的動力。

當你閱讀每種人格元素的描述時，請回頭參考這張圖。在第六章到第十四章，我們將透過這個通用的框架，來呈現每種人格類型的具體資訊，幫助你找到最能引起共鳴的類型。假如你已經知道自己的類型，也能得到一些新的觀點。

主旨

在模型頂部的中央，是這個描述性的主線，或稱為「主旨」，掌握了每種人格類型的特色，反映的是特定人格類型的人面對人生的獨特傾向。

舉例來說，第九型人格的主旨是「大家不能好好相處嗎」，這與其他類型的主旨都相當不同。有些人認為，主旨有助於他們找到自己的類型。

閱讀每個類型的主旨時，問問自己是否有所共鳴。如果有，它又如何反映了你與自己和他人的關係。

舉例來說，假如你很認同「大家不能好好相處嗎」，你會發現自己通常想淡化可能造成衝突的對話，或是乾脆直接逃避。

▶ 水面之上

天賦、日常習慣和挑戰

天賦與最佳狀態（當我心胸開放且健康狀況最佳時）

水面上的這個部分包含了**行為和態度的描述**，代表的是個人處於該人格健康狀態的情況。這讓我們了解到，該類型人格者能為自己和他人帶來怎樣的禮物。

在較為健康的狀態下，我們不會為了創造這些行為，試圖讓某件事情發生。這些行為是自然而然且毫不費力地顯現。我們會經驗到自己擁有的人格，卻不受制於人格。

你可能會發覺，你的人格類型中最健康狀態的天賦，就是你深刻欣賞、渴望或珍惜的，即便在你的日常生活中還不明顯。雖然九種類型的人最健康、自由狀態下的特質都讓人羨慕，但是與你的主要人格相關的特質，將是你最喜愛的。

處在健康狀態，也就是活在當下時，水平面下的人格元素對於形塑我們經驗的影響力就會降低。我們能開始療癒並釋放那些在一般或不健康的狀態時，所出現的強迫性能量和痛苦。

一般行為（當我受到人格控制時所展現的特質）

我們會注意到，根據個人對熟悉的人格結構的依附程度，每種人格類型者的行為、情緒表現和生命傾向，都可能有相當大的差異。冰山模型右上角的部分，描述的是個人受制於人格時的狀況。

在這樣的狀況中，人格佔據的空間較大，讓你難以專注當下。比起真誠地回覆，你比較容易做出自動的反應，這是

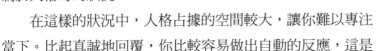

出自你的習慣，而且欠缺創新開放的觀點。當我們提升了對自尊創造之生命的依附程度，就可能遇到更多困難與痛苦。

在這樣的狀態，水面下的動力較為活躍，會以你最無法意識到的方式，形塑並限制你的行為、思想、情緒和經驗。

一般狀態（也就是你的人格掌控了你）中，你所展現的特質可能讓你感到相當熟悉，因為多數人在多數時間都處在這個狀態。

必須注意的是，每種人格在最不健康、運作效能最低的狀態，也會有對應的特質，但這不是本書的重點。不健康和健康的人格特質，看起來幾乎完全相反。舉例來說，第一型人格者在健康狀態會有很高的道德標準、公平，且充滿喜悅和感恩。但不健康的第一型人格者卻會嚴厲地批判自己和他人，做出背德的事，在情緒、身體和心理上都相當僵化。這類的特質和其他行為，會造成本人和身邊的人強烈的痛苦。

注意力焦點（當我依附於人格時的注意力焦點）

第三章已經介紹過注意力的焦點。注意力的焦點出現在冰山模型的正中央，就在水平面上。讓我們再來仔細看看。

能量會跟隨著我們的注意力。當我們習慣性地專注在特定的事物上，覺察和興趣的範圍就會縮小。如果覺察到自己對於想法、感受、行為投入多少能量，並對該事物付出了多少精力和追求，你一定會感到震撼。

在每種人格類型的冰山模型中，都簡短地敘述了注意力焦點不斷限縮的後果。值得注意的是，我們的注意力焦點活躍的程度，和活在當下的程度息息相關。愈能專注在當下，就愈能拓展注意力，而不是持續限縮。

向上的箭頭：

在注意力焦點的上方，有幾個向上的箭頭，指著冰山頂端。這些箭頭（以及旁邊的敘述）指的是注意力焦點所形塑的「認知－情緒」特質，這會受到水面下潛藏的動力所驅動。我們將看到當人格的控制提高時，這些「認知－情緒」特質就會變得更明顯，對我們的助益則不斷降低。

這一系列的特質，會幫助我們覺察每種人格特質在無意識中展現的特定模式。這些資訊或許能幫助你找到自己的主要人格，因為相同的人格者通常都會有相同的模式。

人格對其他人的影響（＋與－）

我們的行為、態度和整體的能量導向，都會影響與他人的關係。這個部分簡短地敘述每種人格對其他人帶來正面影響（一般來說，就是處於較健康的狀態）及負面影響（通常是在效益較低或不健康的狀態）。我們心理和情緒的健康狀態愈不佳，負面影響就愈大。當我們處於一般的健康狀態，以及對人格普通的依附狀態時，通常不會注意到自己對其他人的影響，因此會驚訝地發現事情的結果和我們的意圖並不相符。

事實上，**我們對其他人無意間的負面影響，帶來的後果會與我們靈魂所追尋的恰恰相反。**

當我們受到人格所控制時，會發現自己不斷試圖讓其他人按照我們的意思做事。我們希望別人支持自己自尊的安排。假如意識到自己無意間造成別人的痛苦，可能會讓我們相當難受。

▶ 水面之下

你會發現，水面之下包含了人格的許多維度。我們很少會有意識地覺察到內在世界的這些部分。然而，在學習的過程中，我們就能開始看見。在此提醒，觀察人格結構的這些面向如何在我們身上呈現時，也應該抱持著第四章所討論的五種特質。

首先，簡短介紹這些元素各自代表了什麼意涵。從冰山圖的最底部，我們將開始了解水面下發生了什麼事。

核心信念

對於自己和他人及整個世界的關係，每種人格都有著特定的核心信念。每個人對自己在世界上的定位，都是以核心信念為基礎。核心信念就像是生命運作的核心原則，在沉默中影響著人生的許多層次。

核心信念通常存在於意識之下，並且在童年最初期就已經形成。核心信念在語言和認知能力出現以前，就成為幼童生命的一部分，或許會因為幼年經驗和個人的後續發展而持續強化。核心信念是人格結構的中心，幾乎不容質疑。然而，即便核心信念以往似乎對我們影響深遠、無法撼動，但我們必須意識到，核心信念其實並不精確。

身分三角

前面已經看過這個三角形。在冰山圖中，三角形位於水面下方，反映的是人格結構中不同元素的互動。我們可以藉

此看出，元素的互動方式如何創造出統合的內在自我經驗。

我所追求的

　　讓我們來看看身分三角的右下角。自尊結構的目的，是為了追求它認為能帶給我們快樂的事物。人格類型會試圖重新掌握那構築靈魂最珍貴的本質，因為這個本質在人生最初期就被切斷。這樣的經驗在認知和語言出現之前就已經存在，通常不存在於我們的立即意識中。自尊所追求的，永遠不可能獲得滿足，但自尊並不知道這件事，只會愈來愈無所不用其極地想創造出靈魂珍視的本質。最好的狀況下，自尊只能用差強人意的版本，複製出你真正想要的。假若無法達成，在努力的過程中，你的生命就更加痛苦。

　　以下是你會遭遇的困難之一。

我所避免的

　　根據你的主要人格類型，有些經驗會是你不計一切代價避免的。這樣的經驗和自尊所追求的恰好相反。對你的心智和自尊來說，朝這個方向前進的話，一點意義也沒有，甚至非常可怕。但事實上，你所避免的事物卻是讓你完整的重要拼圖。這出現在身分三角的左下角。

我的核心應對策略

　　每種人格類型都專精特定的行為和態度策略。這些策略位在三角形上方的頂點，能讓人格完整。特定的策略會成為你人格類型的專屬語言，而且看起來正好能幫助你得到最大的滿足。人格類型的核心策略將是你最容易理解的，也實際反映出人格所避免或追求的事物。然而，由於這樣的策略幾

乎都是自動運作，無論有效或適當與否，都不會進入我們的
意識之中。它們會與人格相輔相成，讓你愈來愈遠離最高層
次的健康和彈性。

自我感（我是⋯⋯）

每種人格的身分三角中，都有自我感的部分，代表的是
每種人格看待自己的方式。這大幅削減了我們看見真實自我
的空間。大多數人的自我認識都受到扭曲，可能過度高估或
低估，與事實不盡相符。當我們的注意力焦點限縮時，這樣
的僵化認知就會更加鞏固，讓我們只感知到符合觀點的資
訊，而忽視了其他的經驗和可能性。

本書整理出的每種人格類型的獨特觀點，是基於唐・里
索和羅斯・赫德森在每種人格最佳健康狀態時的觀察。有趣
的是，許多人都認為自己屬於人格較健康的狀態，實際情況
卻未必如此。

真正的考驗在於，自尊所追求和避免的、核心應對策略
所反映的，還有自我認知所認同的情況，正是讓我們受苦、
不安，以及內在和外在掙扎的來源。

錯失目標（激情的能量動力）

這是人格結構最強大的元素，創造出的能量動力讓我們
遠離生命的更高層次；某種程度來說，這樣的能量讓我們與
更開闊包容的本質背道而馳。以九型人格的語言來說，這稱
為每種人格的「激情」（Passion），但不要和口語的用法搞
混，這並不是描述對某事物或某人極度熱愛的狀態。以一般
用語來說，「錯失目標」指的是一股扭曲的隱藏情緒，在自

我認同中扮演重要的角色。這是內在結構的內在元素，就像是心理的壁紙那樣。因此，這很難從內在看見。在學習這項元素的過程中，我們會得到許多非常個人的領悟，有時可能會覺得難受。有些人曾經提到，這個過程讓他們覺得自己被揭穿了。

　　要了解這種元素，可以想像成它覆蓋了我們內心最深處的傷口，[1] 在保護的同時，也讓我們遠離了靈魂最深愛的一切。當這項元素愈活躍，我們就離自己的本心本性愈遙遠。或許我們應當記得，每個人必定經歷過自身人格類型相關的激情，而大約九分之一的人口都有著與你相當類似且令你深感共鳴的經驗。

心智的習慣（人格的執著）

　　每種人格類型的心智都有特定的習慣模式，稱為該類型的「執著」，出現在冰山模型的最右邊。這樣的心智習慣是自尊自動化、不容質疑的解決問題方式。這樣的模式早在童年最初就已經形成，為的是彌補我們與真實本質失去的連結。當我們仰賴這些執著來解決大部分的人生狀況，會使我們自我設限，無法在蛻變的道路上繼續前進。唯有覺察到這些執著對我們的影響力，才能幫助我們邁出新的一步。

內在批評者的訊息（我的內在批評者所堅持的）

　　我們可以把內在批評者，也就是九型人格中的「超我」（Superego），想像成內化的威權，代表的是在人生最初就與我們共存的規則、標準和期待。後面的章節會對內在批評者

有更深入的探索。現在，請先看看冰山模型的左側水平面下方。你會發現內在批評者的訊息對人格結構影響很大，目的是為了確保人格剩下的部分都在掌控中。這些訊息告訴人格，哪些事可以做、可以說、可以感受，哪些不行。假如違反了規則，就會收到嚴厲的回饋。

本書列舉了每種人格的內在批評者的具體訊息，都是來自里索和赫德森的早期九型人格著作。[2]

以上描述的每種元素，都影響了我們對自我的整體經驗和想法。核心信念、激情的情緒力量、心智的習慣（執著）和內在批評者，都在意識之外強化著我們的身分三角。

九型人格的額外資訊

這個部分的資訊並未呈現在九型人格冰山模型上，卻能提供不同的管道和方式，幫助我們判斷自己的人格類型，並繼續成長蛻變。

我的壓力源

每個類型都有特定的壓力來源，對其他類型者來說可能不痛不癢。因此，唯有當我們受到人格的掌控時，特定的情境才會造成威脅。壓力的來源也會造成我們的不適，進而引發預期之內的反應。當人格放鬆時，我們就能比較中立客觀地看待這樣的壓力來源（除非是真正危及性命的情況）。

當我最限縮和僵化時

當一個人覺得彷彿沒有任何選擇，人生黯淡無望時，往

往往會展現出極度限制性的行為、情緒和心智模式。他們幾乎無法觸碰到現實，因此可能會傷害自己或其他人。當一個人處於這種極度緊迫的狀態，有時仍可能在社會中正常運作，有時卻沒有辦法。多數人都曾經歷過這樣不健康的時刻，但持續的時間往往不長。假如持續處在這樣的狀態，很有可能出現相對的失序和失控。為了支持這樣的人或他們身邊受到影響的人，通常會需要醫療的介入。

不同人格類型之間的動力關係
──與壓力點、整合點和自我隱藏層面的直接連結

在此，我們要擴展對於生活方式的覺察。

接下來，介紹人格類型的每個章節，都會以另外兩種人格類型的說明作結。請記得，九型人格是動力的系統。不只每種類型內部會有變化流動，**不同類型之間也會有可預測的動力流動**。這一點清楚地反映在九型人格圖表上。

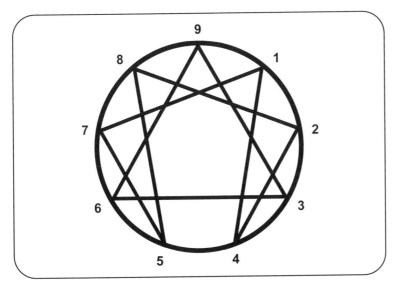

圖表5-2　九型人格

每種人格類型在圖形內部，都以線條和另外兩種類型相連。因此，內部的線條連結到圖形外圍的每個人格類型。九型人格系統最大的特點是，圖形的本身和數字所代表的人格，都不是隨機分派，而是代表了人格在人類生命中自然的流動。這樣的流動是我們多面向本質的向外成長，因此，通常不會想著要變成另一種人格，這是不能強迫的。無論我們是以自動導航的模式回應日常生活的要求和機會，或是有意識地做出重大改變（進步或退後），內在的動力都在運作。這也不代表我們的主要人格改變了，只代表和某個點相關的特質或行為得到表達罷了。

舉例來說，第三、第六和第九型在內部以三角形相連。這三種類型的人，都會在特定的時刻經歷和另外兩型相關的內在狀態，或是呈現那兩型的外在行為。舉例來說，第三型

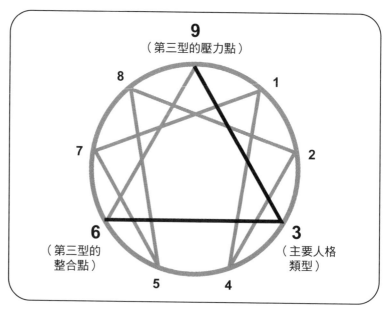

圖表5-3　第三型人格的壓力和整合點

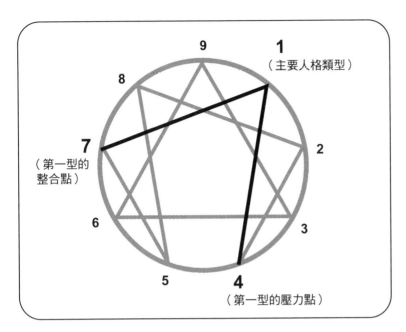

圖表5-4　第一型人格的壓力和整合點

人格者可能會經歷與第九型相關的內在狀態和外在行為，也就是「壓力點」。同樣的，此人也會經歷與第六型相關的內在狀態和外在行為，因為這就是第三型人格的「整合點」。（請參見後續幾頁對整合點與自我隱藏層面的介紹。）

再看一個不同人格類型的例子。在特定的情況下，第一型人格者可能會經歷與第四型（壓力點）、第七型（整合點）相關的內在狀態和外在行為。

那麼，這些流動什麼時候會發生呢？好問題！

當我們承受相當的壓力時，通常會碰觸、感受並表達出**壓力點的部分特質。這個點就像是安全閥，可以在我們主要人格類型的特質不足以應付生命需求時提供幫助。假如壓力時間持續延長，我們也可能誤以為這就是自己的主要人格。**

另一方面，主要人格類型的整合點所包含的特質，則可以幫助個人接近更完整的生命。許多整合點的特質，可能會讓我們覺得陌生，甚至有點排斥。舉例來說，第八型人格者會強烈依賴力量和權力，因此可能抗拒第二型比較柔軟、關愛的特質，但第二型正是第八型的整合點。

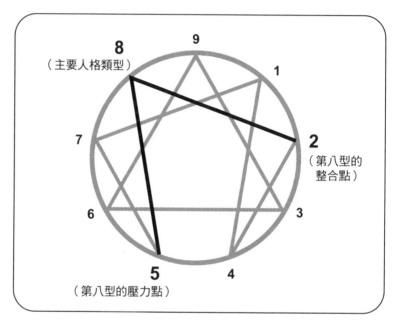

圖表5-5　第八型人格的壓力和整合點

當我們受到人格所控制時（也就是處在一般的健康狀態），我們會以「自我隱藏層面」這個詞，來指稱我們所展現的那些與整合點相關的特質。假如我們以自身主要人格類型為出發點，往整合點的方向找尋，九型人格圖就能幫助我們預測這些特質。這種人格的隱藏面向還有許多稱呼，例如「安全點」[3]或「靈魂的孩子」[4]。

我們很難在自己身上找到自我隱藏層面，找尋的過程通

常也很痛苦。我們對這類特質有許多批判，因而極力抗拒，無法忍受其出現在自我形象中。我們可能會說：「我絕不可能這麼做。當其他人這麼做時，我也難以忍受。」因此，這些特質只能存在於陰影中，雖然是我們的一部分，我們卻寧願視而不見。然而，這不代表它們就不存在，只是我們不去看見而已。

舉例來說，第三型人格者在一般的健康狀態中，可能相信有志者事竟成，對目標展現出相當的信心和動力。然而，這樣的人可能同時暗中或不自覺地感到不安、缺乏自信和焦慮。這些並不是一般狀態中第三型人格者會有的態度和行為；相反的，這些應該出現在第六型人格者身上。不意外地，第六型人格就是第三型人格的整合點。然而，這些特質對第三型人格者來說太過陌生，自然會想否定它們的存在。不過，當自我覺察擴大時，這些人將會注意到自己在整合點（也就是第六型）的經歷。拓展自我覺察，需要很大的寬容，通常也需要外界的專業協助。如此，我們才能辨識、療癒並擁抱自己內在的完整人性經驗。

整合點提供了許多自我挑戰的特質，幫助我們在心理和靈魂上都更成熟。如果想讓靈魂更完整，我們就必須溫柔地自問，該如何經歷及感受過去在整合點所抗拒的特質。

九型人格不會為我們指出方向或時間，只是呈現了我們朝著壓力點和整合點的流動，整合點又包含了我們的自我隱藏層面。假如你覺得自己已經找到主要的人格特質，請再看看兩種相關人格的描述，或許能讓你更肯定。

再次提醒，**我們都可能經歷九種人格所有的特質和能量，但是我們的主要人格、壓力點和整合點這三種類型的結構，將會是最令我們熟悉，對日常生活的影響也最遠大的。**

▶ 悉心探索自我認識

九型人格是能幫助我們探詢自我認識、自我認同和自我深化的強力工具。

隨著你繼續閱讀，就會發覺無論主要人格為何，每個人都能經歷到範圍廣大的人格特質光譜。每個人都可能在光譜的健康到不健康之間運作。這樣的想法讓我感到無比謙卑。這樣的覺察讓我明白，其實並沒有自己和他人的區別。也就是說，當我們注意到其他人處在效益不足的狀態時，就會體認到這樣的狀態或許也存在於自己身上。

請記得，**最能影響我們在光譜上之位置的因素，是我們當下的特質**。在下一章，我們會對此有更深入的討論。

值得注意的是，我們應該帶著體貼、開放的好奇心和自我照顧，來面對人格類型的描述。如果是第一次看見自己內在心理的結構，可能會覺得很不安。你可能覺得自己有意識或無意識的祕密被揭露了，因此感到難堪。這是正常的，但也是提升覺察的必經之路。

重申前面章節所提過的，重要的是，我們不該用九型人格為他人貼標籤；換句話說，不要告訴別人，你覺得他們是哪種類型。九型人格最大的幫助，在於我們的自我探索和蛻變，以及追求最健康的自我和人際關係。

讓我們開始探索九型人格所描述的生命和意識狀態吧！

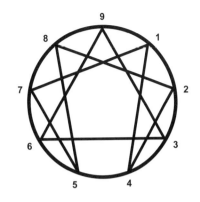

介紹九型人格類型

下一個章節，我們將關注九種不同人格的生命狀態，以及特定的內在與外在特質。這些類型將根據前面提過的「社交風格分群」，以每三種一組來分類。

在每一分群的開頭，我會簡單介紹三種類型共通的主要特質。我們會從「個人／內省」的類型分群開始，然後是「肯定／自信」類型，最後則是「服務／責任」類型。

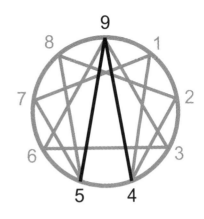

社交風格分群一

▶ 個人內省型人格：
第九型、第四型、第五型

共通的主旨

這一分群的人會在積極的社交、實體、情緒、心靈或知識等層面中，將能量抽離，藉以應對人際關係伴隨的壓力。

這三種類型者受到人格所控制時，會展現共通的人格結構，不再積極投入外在現實。第九、第四和第五型人格者，通常需要個人的冷靜時間，與內在的避風港或世界連結，以得到足夠的安全感，逃避外在讓他們難以承受的要求。

假如你的人格屬於這個分群，或許會偏好獨立作業，有私人的辦公室，或是在與他人互動前，有足夠且單獨的準備

時間。

這三種類型的人格結構，會讓他們以各自的方式**消失到內在的世界中**。舉例來說，或許你很難和自己的身體保持連結，或是跳脫內心的幻想及抽象概念。或許你很難把自己的點子或理想化為實際，推動持續且有目的的行動。

這三種類型的人時常覺得自己格格不入，無法融入其他人或團體。他們覺得自己在情緒、心靈或心智上優於其他人，同時卻覺得團體裡沒有自己的容身之處。因此，假如你屬於第九型、第四型或第五型，或許會覺得無法融入社會常軌。這樣的孤立感會讓你無法全心投入任何事，也因此失去了人生的決定權。

能夠自我反思，並享受獨處，無疑是健康美好的特質。然而，假如**退縮的應對策略**被自動化，成為習慣模式，就會讓你的生命無法存在於客觀的真實世界。你的生命會在缺少你參與的情況下度過。

從能量的角度來說，這類型的人格結構通常會帶給人被抽離行動的感受。這類人可能實際上或象徵性地袖手旁觀，有時則試探參與度的最低界線在哪裡。當現實世界要求太多的注意力時，他們就會退縮收手。他們會感受到心理或情緒的空洞，或是覺得自己與身體分離。他們的行動比較笨拙僵硬。

這三種類型的人未必很安靜。在他們的舒適圈裡，他們也能表達自我，喋喋不休。然而，這些人的性格中有某些因素，讓人感到難以靠近、無法接觸。

假如你在自己身上看到這樣的特質，那麼你內在蛻變很重要的一部分，就是遠離「抽離感」，轉向「進入自己的身體和世界」。

Chapter 6

第九型人格——和平者

　　尋找一位人生教練，對潔西卡來說是很重大的決定，因為她不習慣採取符合個人需求和利益的行動。事實上，她一直以來都不太清楚自己到底想要什麼。相反的，她的態度向來是順其自然。

　　幾個月前，擔任專案經理的她被資遣了，因此決定轉換跑道。在轉換期，她希望能釐清對自己來說重要的事，以及理想的職涯方向，再來選擇新的工作。她也希望有足夠的信心和內在力量，讓她得到動力去追求自己的理想。

　　在教練引導的過程中，她有些悲傷又鬆了一口氣地覺察到，與第九型人格相關的特質正主宰著她的生命：

- 她總是順應其他人，配合對方的興趣和觀點。
- 她把自己從生命中抹去，很少認真看待自己的想法，總覺得自己無關緊要。
- 她極度厭惡衝突，並開始注意到自己竭力避免衝突的後果。
- 她總是等待事情發生，卻不會主動採取行動來追求理想的結果。

在引導過程中，一項重要的課題是與自己的身體建立起有意識的連結。她發覺除了疼痛以外，自己幾乎無法覺察身體的任何感受，而真實存在於體內的感受，對她來說更是完全陌生。她花了一段時間努力練習，終於開始與身體建立全新的連結，也改變了對自己的關係。這讓她有了立足之地，更有能力了解自己想要的，也培養了對後續行動的信心。

▶ 第九型人格所經歷的內在統一

你的真實本質

假如你屬於第九型人格，你會自然地受到「全即是一」的理念所吸引。雖然某些人會覺得這很「空泛虛偽」，但你的靈魂知道無論周遭發生什麼事，這個理念都是真實的。人生可能嘈雜又無法預測，可能有許多天然或人為的災難、動盪和改變，但當你活在當下、認真投入時，在內心最深處，卻可以感受到一切事物都緊緊相連。

當你與本質失去連結時，或許就不會意識到：自己擁有不屈不撓的力量，就是應該存在於當下。你的存在不可或缺，能使一切完整。

你的人生故事：與內在和外在世界連結

在生命最初期，你的自我感和在世界上的定位，就已經決定了。你將這樣的經歷內化後，影響了與自己和他人連結的方式，以及你獨特的存在方式。假如你屬於這種人格類

型，那麼以下簡短的童年故事，可能會讓你感到熟悉。

　　從生命最初期，你就是一個乖巧的小孩。你很好相處，不惹麻煩。不知怎地，你知道自己不該有太多意見，也不能太難搞。只要聽話服從，你就能和生命中的重要他人和諧相處，互相連結。如果不服從，則意味著你會失去連結。

　　很少人會問孩童時期的你想要什麼。事情都是由其他人決定，你會乖乖聽話，並依此改變自己。假如你想表達自我，或許就會感受到類似的訊息：「小女孩要表現出乖巧的樣子，意見不要那麼多。」

　　或許你聽過大人說：「別這麼說。你不是那個意思。」你感受到自己和家人的情感連結，是建立在你配合他們的期望和優先順序。或許你會感受到類似的訊息：假如你追尋自己的夢想，可能會有很糟糕的事情發生，而且說不定會波及其他人。

　　很快地，你就不再記得自己到底想要什麼。說「悉聽尊便」要簡單多了。如果沒有自己的意見或重視的事物，就會感到自在安穩。

　　即便是表達興奮或其他強烈情緒，都會讓你感到不安。表達憤怒更是無法接受，你也無法忍受別人對你生氣。由於你無法向外表達自我，只能在內在尋找安慰和安全感。沒有人真的知道你的想法和感覺。你開始覺得自己像個隱形人。你總是保持低調。

　　由於表達自然的憤怒讓你不安，你有時會在不知道原因的情況下，情緒非常低落。你覺得自己的存在似乎微不足道。

人生的中心思想開始變成不表達自己，不展現自己的力量或意志。你開始否認，甚至是抹滅很大一部分的自我。

但你看不見的是，你的存在其實非常重要，你的聲音、想法和對世界的投入，都會帶來很大的改變。你看不見的是，當你為了自己挺身而出，也能幫助其他人改變生命，並讓你感受到生命的豐沛。

你的重大失落

幼小的時候，在意識和語言能力建立以前，你的經歷就讓你與靈魂所渴望且相符的本質疏離。這樣的痛苦龐大到難以承受，因此自尊結構開始形成，扮演了你在早期失落中的守護者。

我們都記得，自尊試圖模仿我們的真實本質，卻永遠不會成功。因此，**第九型人格的結構嘗試為你創造出「全即為一」的經驗**。事實上，就本質來說，這是真實的。然而，人格卻扭曲了「全即為一」的真正意涵，並將扭曲後的一切奉為聖旨，不容質疑。

當自尊漸漸強大，就必須滿足更多條件才能達到平靜，例如「每個人都守規矩，否則我就走人」。想要用保持內在和外在平靜的方式待人處事，是很自然的；想要逃離不和諧或棘手的狀況，以避免感受孤立或關係破滅，也是很正常的。然而，如果這兩種能量被濫用，就會讓你遠離自己的真實本質，覺得自己總是受困於熟悉的泥沼中。

在你能夠「物我合一」之前，必須先發展和表達獨特的自我。你的想法、才能和特定的生命經驗，都不應加以隱

藏。即便這可能讓你很不自在，但學習接納、尊重和表達自己的觀點、意見與看法，都是自我發展不可或缺的部分。

　　以下是第九型人格的重大失落和痛苦：無法覺察自身存在的重要性，以及自己對世界投入所帶來的影響力；因此，你彷彿成為背景。你的獨特性消失了。當你的光芒無法閃耀時，你更會覺得自己微不足道。

▶ 第九型人格自尊編碼的內在邏輯，以及身分三角

第九型人格的核心信念

　　核心信念固定後，就會形成無意識的濾鏡，只接收那些符合自尊信念的資訊。不幸的是，這樣的濾鏡會錯失或排除那些可能為我們提供替代觀點的訊息。這樣的信念成為形塑個人與生命連結的核心守則。

　　每種核心信念都是虛假的，感覺卻相當真實，所以我們必須帶著同情心地自我覺察。最重要的是寬容和真誠。

　　對第九型人格者來說，核心信念是：為了維持「全即為一」的整體感，必須要抹滅自我，如此才能避免自己從連結和慰藉中切斷。

　　這樣的信念如何展現於人生中？以下可能是你曾經想過、說過或做過／沒做過的事：

- 我就是沒辦法抽出時間去做。
- 我沒做也沒關係，反正不重要。

- 參與這個對話太困擾了。待在這裡比較舒服，反正我也沒有那麼多能量。
- 聽著，我們都在同一艘船上。不必大驚小怪。

這樣的核心信念造就了「身分三角」，快速地反映出我們如何度過人生。我希望你看看以下的描述，是否與你的經驗相符。

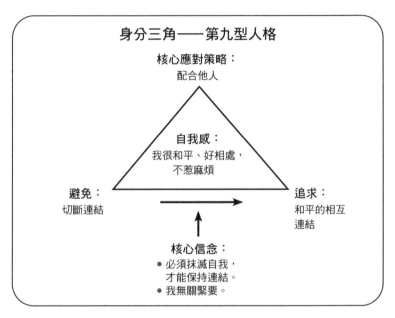

身分三角——第九型人格

核心應對策略：
配合他人

自我感：
我很和平、好相處，
不惹麻煩

避免：
切斷連結

追求：
和平的相互
連結

核心信念：
- 必須抹滅自我，才能保持連結。
- 我無關緊要。

圖表6-1　第九型人格的身分三角

第九型人格者可能會認同以下由身分三角所構成的內在邏輯：

　　我**追求**與自己和世界的和諧連結。我對於其他人的能量都很敏銳，也會克制自己的能量，以確保周遭人都感到舒適平靜。當他們表現出放鬆的樣子，我就會感到

安詳。

　　我會盡全力**避免**與重要他人斷絕關係的情況。我覺得，要是反對他們、引發衝突或提出不同的意見，他們可能會無視、離開或甚至「拋棄」我。人生中最困難的事，無疑就是表達對他人的憤怒，或捲入衝突。

　　因此，我的**應對方式**就是配合其他人的希望、意見和指示。至於我自己的希望，我總是很委婉地表達。我認為就算不開口，其他人應該也能知道我的期望；假如沒有，我可能會傳達出話中帶刺，但還算委婉的訊息。有時，我會被動攻擊。

　　作為我應對策略的延伸，我發覺自己的生命都是以維持情緒上的舒適、平靜與和諧為中心。假如我可以遠離負面情緒，保持冷靜，就能感受到內在的平靜，至少暫時如此。

　　這一切都讓我覺得自己是冷靜、和平、隨和的人。這樣的自我定義或**自我感**，最後卻對我造成許多限制，讓我無法覺察更寬闊完整的生命體驗。

第九型人格的覺醒能力：出現並活在當下

　　活在此時此刻，與自己的身體能量（你的生命力）、身體物質（自然的身體，或組成身體的物質）、身體的踏實（和生理感官的連結，特別是身體的中心──肚子），以及身體的維度（你的三維身體所占據的時空）等等建立連結，這樣的覺察建立起足夠的基礎，幫助你無論情況如何，都能參與生命、活在當下，與一切互動。本質上來說，出現就能幫助你打開內心。

當你遺忘並失去與內在能力的連結，就無法再感知你的身體本質，還會在內心將自己從許多經驗中抹除，進而無法再脫離自己的舒適圈。意見差異和衝突都會讓你難受，因此你專注在理想和共通性，試著排除任何可能導致憤怒或其他所謂負面情緒的因子。

不幸的是，即便處境再怎麼難受，唯有堅持活在當下、積極參與，才能打開通往更自由之生命的大門。

第九型人格的冰山模型將上述的內容圖像化。

這個模型一開始是較開闊的特質，是這類人格者的內在天賦。當我們漸漸放下對狹隘自我定義的堅持，就愈來愈能自然地體驗到這些特質。模型也能幫助我們理解水面之上，即第九型人格者可觀察的特質表現。此外，也告訴我們水面之下發生了哪些事，例如當人格控制我們時，形塑並驅動我們各種行為的內在動力。（可參考第五章對於冰山模型的討論。）

解碼第九型人格結構

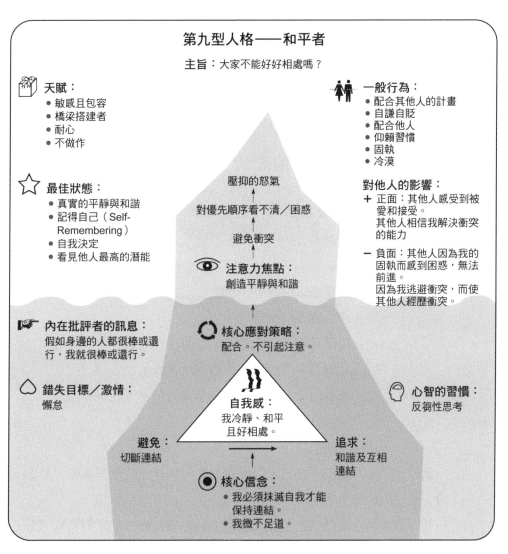

第九型人格——和平者

主旨：大家不能好好相處嗎？

天賦：
- 敏感且包容
- 橋梁搭建者
- 耐心
- 不做作

最佳狀態：
- 真實的平靜與和諧
- 記得自己（Self-Remembering）
- 自我決定
- 看見他人最高的潛能

內在批評者的訊息：
假如身邊的人都很棒或還行，我就很棒或還行。

錯失目標／激情：
懶怠

壓抑的怒氣

對優先順序看不清／困惑

避免衝突

注意力焦點：
創造平靜與和諧

核心應對策略：
配合。不引起注意。

自我感：
我冷靜、和平且好相處。

避免：
切斷連結

追求：
和諧及互相連結

核心信念：
- 我必須抹滅自我才能保持連結。
- 我微不足道。

一般行為：
- 配合其他人的計畫
- 自謙自貶
- 配合他人
- 仰賴習慣
- 固執
- 冷漠

對他人的影響：
- ＋ 正面：其他人感受到被愛和接受。
  其他人相信我解決衝突的能力。
- － 負面：其他人因為我的固執而感到困惑，無法前進。
  因為我逃避衝突，而使其他人經歷衝突。

心智的習慣：
反芻性思考

圖表6-2　第九型人格的冰山模型

163

第九型的主旨

「大家不能好好相處嗎？」是第九型人格結構的主旨。

▶ 水面之上

第九型人格的天賦、日常習慣和挑戰

天賦與最佳狀態（當我心胸開放且健康狀況最佳時）

我對他人的狀況敏感細膩，敞開心胸接納他們的希望。我能接受其他人真實的樣子和狀態。

我是橋梁搭建者。我擅長傾聽，理解不同的觀點，並找到共通點讓人們更接近。

我很有耐心。我能覺察並信任達成特定結果所必須遵循的自然節奏，因此不會強迫加快進程。

我不做作。你看到的就是我的樣子。我很真誠。

無論到哪裡，我都會帶來真正的平靜與和諧。其他人和我相處都很自在。

我記得自己。我會自然地考慮自己的優先順位，並融入日常生活中。

我能自我決策。我會主動採取行動，追求對我而言最深刻的意義和目標。即便需要化解歧見，我也不會偏離道路。我了解到，歧見的化解並不會消弭我內心真正的平靜。

我能看見其他人的潛能，以及他們的可能性。我能在不同的人身上看見共通的部分。

一般行為（當我受到人格控制時所展現的特質）

為了避免火爆場面，我會配合其他人的想法和安排。這麼做簡單多了。

我自謙自貶，刻意淡化自己的貢獻。我保持低調，非必要絕不引起注意。

我配合其他人的希望，以避免可能造成的不適情緒。

我有許多習慣性行為，並時常重複相同的話語。我總是開啟自動導航模式，保持忙碌，就算那會占據我全部的注意力，使我無法追求真正重要的事也沒關係。

我很固執。外表上可能同意其他人的說法，有時卻不會採取後續的行動。事實上，我可能會對他人的建議有所保留，不讓對方稱心如意。

我的外表乍看之下甜美，卻不會讓其他人接近我的內在世界。

我很冷淡、冷漠、麻木。基本上，我缺乏任何行動。

注意力焦點（當我依附於人格時的注意力焦點）

注意：這裡概述的是注意力焦點愈來愈狹隘時，可能發生的狀況。我們活在當下的程度，將決定注意力焦點。愈能活在當下，我們的注意力就會愈開闊，而不會變得狹隘。

當我受到人格所控制時，會專注於創造平靜與和諧，即便只是表面上的。這包含在各種狀況中都尋找光明面來強調，以及淡化或忽視可能造成衝突及其他困難的情況。

我試著創造出能帶來安撫或和平感受的情境。假如我失敗了，造成憤怒、歧見或衝突，我就會退縮逃避。我可能會

變得安靜、在情緒上抽離，甚至是實體上的離開。我很容易忘記對自己來說重要的事。我的思緒有時混亂模糊，與自己的能量和生命力失去連結。

如果陷入困難的處境，或要表達自己的負面情緒，都會讓我覺得和死亡一樣痛苦。當怒火無法壓抑，我會突然爆發，嚇到身邊每個人。

＋ － 我對其他人的影響

＋正面：

- 其他人感受到愛、接受和重視。
- 其他人感受到我的穩定和活在當下。

－負面：

- 其他人因為我外表的良善和內在的抗拒／固執，而感到困惑挫折。
- 因為我嘗試避免衝突，反而造成許多衝突。

▶ 水面之下

如果想了解第九型人格的內在動力，我們就得關注水面下的一切，從最底部往上探討。

第九型人格的核心信念

核心運作守則會影響生命可見與不可見的許多層面。

我相信，必須抹滅自己，才能與他人保持連結。我相

信，假如表達自己的觀點，就會失去與他人在心理和情緒上的連結，而這就像死了一樣難受。因此，我必須忘記自己，忘記我的計畫和想法。

我相信，我的存在並不重要。我相信自己沒有任何特別之處，我的觀點或積極投入都不重要。我的貢獻不會帶來任何影響。

身分三角

我所追求的

我追求和諧的相互連結。

我試著在內心和周遭保持平均且微弱的能量。

我不希望製造麻煩。對我來說，和平代表我得保持冷靜、不受外物影響、和藹親切。

我所避免的

我避免任何可能造成人際關係分裂的事物。

我相信，假如表達自己真心想要的，可能會被拋棄。只是誠實地表達自己，對我來說都是一場豪賭。我認為，任何會破壞其他人內心平靜的事物，都可能迫使我與慰藉的來源分離。因此，我很少表達真正重視的事物，甚至連自己也漸漸遺忘了。

我的核心應對策略

我的核心應對策略就是配合，特別是在衝突的場面。我小心地不引發混亂，假如我真的投入某件事，目的往往都是為了尋找共識。基本上，我很少表達自己，或是用自己的能

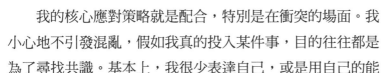

量追求重視的事。這讓我覺得不被看見或聽見。

自我感（我是……）

我認為自己冷靜、平穩、好相處。我認為自己是個和善的人。我希望其他人也覺得我平靜、很好相處，因為我相信這有助於保持連結。

錯失目標（激情的能量驅動力）

我不會完全投入於形塑我生命的事件。我通常會待在活動、團體和事件的最邊緣，而不是全心參與。比起處在畫作正中央，我寧願待在畫框上。讓我引以為傲的是，我能從包含衝突和歧見的情境中抽離。我可能忙碌地投入相對不重要的活動，但在需要表達立場、做決定和採取行動的情況下，卻相當懶散。這種能量驅動力或激情，就稱為「怠惰」。

> **提醒**
>
> 無論你的主要人格類型為何，激情都是人格的一部分，也是驅動情緒生命的動機。激情會掩蓋心靈的傷口，[1] 並且對於你與生命的連結，創造出情緒反應，讓你離靈魂真正摯愛的愈來愈遙遠。所有人格類型都是如此。

心智的習慣（人格的執著）

這種心智的習慣是自尊對人生問題自動化、不容質疑的解決方式。對第九型人格者來說，心智的習慣就是反芻性思

考。[2]反芻性思考指的是透過反覆思考相同的點子或想法，以達到自我安撫的效果。反芻性思考會讓第九型人格者感受到模糊的和平，讓他們不需要擔負自我表達和採取有意義行動的責任。

看起來可能是這個樣子：

多數時候，我都反覆想著同樣的事，在腦中一再重溫。這會讓我想不起生命中真正重要的事，可能因此產生腦霧或混沌感。

提醒

無論你屬於哪一種人格類型，執著都是人格的一部分。執著是你固著行為的動機，也影響你對自我和世界的僵化想法。這會創造出虛假的現實感，也是自尊面對生命問題時自動化、不受質疑的應對方式，因而讓你遠離真實的自我。對所有人格類型來說都是如此。

內在批評者的訊息
（我的內在批評者堅持什麼）

我的內在批評者堅持，其他人必須感覺很好，我才會覺得沒事。內在批評者堅持，假如還有其他人感到痛苦或不適，我就不能覺得美好、快樂或舒服。只要我陷入內在批評的網羅，就會試著完成不可能的任務，希望犧牲自己重視的事，讓其他人都感到舒適。

上述的每種元素，都影響著我們的整體自我感。核心信

念、激情的情緒驅動力、心智的習慣（執著）和內在批評，
都在無意識間強化我們的身分三角。

關於第九型人格的額外資訊

我的壓力源

衝突帶給我壓力。我覺得自己沒有能力面對衝突，我的
心智會變得模糊，也不記得自己想要說什麼。這太痛苦了，
我只想不計一切代價地避免。

做決定會帶給我壓力。當我在不知道自己想要什麼，卻
必須做決定時，會看到問題的所有面向。我偏好由他人來做
決定，但他人的決定往往又讓我不快樂。

當我最限縮和僵化時

我會讓自己抽離，抗拒所有可能造成不適的事物。當事
情開始失去控制時，我甚至不會有所感覺。

我變得頑冥不靈，絕不退讓。

我感到困惑，失去方向。

我覺得軟弱無力、微不足道。

我會消失。

第九型人格者會經歷他們壓力點，也就是第六型人格的
特質。對此，第十四章會有更深入的討論。要特別注意該章
節「一般行為」和「值得注意並觀察的模式」等部分。

第九型人格的整合點，包含自我隱藏層面，就是第三型
人格。關於第三型人格的更多資訊，請參考第九章。對於第
九型人格的整合點，可以特別注意該章節「天賦與最佳狀

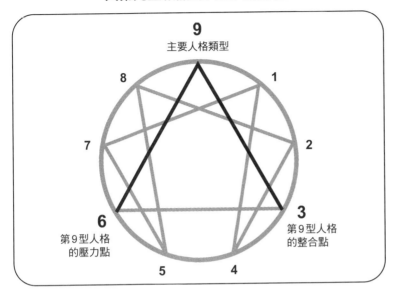

圖表6-3　第九型人格的壓力和整合點

態」的部分。對於第九型人格的自我隱藏層面，則參考該章節「一般行為」的部分。

　　九型人格也可以反方向來看，有助於尋找自己的主要人格：第九型是第三型的壓力點，並且是第六型的整合點。

▶ 覺察讓你偏離道路的行為模式

值得注意並觀察的模式

　　在這個部分，你會看到許多和第九型人格結構相關的習慣模式。這些模式都會提供有用的訊息。這不代表你有什麼缺點或犯了什麼錯，而是像路標那樣，會帶你走向覺醒的道

路。它們會幫助你覺察，並直截了當地切入經驗的核心。最終，你將放下特定且時常造成困擾的習慣性策略，讓自己更加活在當下，放開心胸，得到自由。

習慣性自我貶抑

第九型人格者受到人格所控制時，習慣上會自我貶抑。自我貶抑可能會展現在許多不同的行為上。

- 舉例來說，你是否注意過自己配合他人的時候？不希望讓對方生氣或失望，於是認為保持沉默比表達不同的意見輕鬆。或許你甚至覺得，自己沒有不同的意見，或是不屑有。更有可能，你真的不知道自己想要什麼。

- 你會忘記自己的規畫。舉例來說，在和別人見面談話後，你發覺幾乎都是對方在說話。你得到關於對方的資訊，對方對你的認識卻幾乎沒有增加。你從這樣的對話中會得到什麼價值？或許你會覺得自己主動做出貢獻很沒禮貌，因此總是等待對方提問。

- 你在團隊中有話想說，但不敢開口。因為開口就會引起注意，所以你告訴自己，想說的話也沒那麼重要。當別人把你的想法說出來並得到正面的回應時，你會覺得很沮喪。

- 簡單來說，你忘了自己重視的事物和優先順位。你把這些都推到一旁，讓自己愈來愈麻木。

習慣從即時的投入中抽離

第九型人格者在受到人格所掌控時，習慣讓自己抽離，鮮少參與投入。

假如這是你時常出現的習慣模式，你會注意到自己有以下的傾向：

- 逃避可能造成意見衝突、強烈情緒的處境，甚至連微小的不滿也敬而遠之。
- 無法投入當下的時間與空間，只希望與他人或情境打造過度理想化的關係。理想化代表著內心的空想，讓自己和發生的事物處於虛構的關係。或許這會讓你忽視真正必須解決的問題。

習慣否認憤怒

或許你會先想到：「憤怒？什麼憤怒？」但假如你屬於第九型人格，我鼓勵你嘗試這麼做：

- 讓自己熟悉憤怒的經驗。
  關注自己對憤怒的評估和定義。第九型人格者通常會覺得憤怒是負面的情緒表達，無論如何都要避免，除了自己不動怒，也不願意從別人身上感受到。憤怒讓他們很恐懼。
- 注意別讓自尊利用各種方式告訴你，憤怒是錯的。或許你很難注意到，自己花了多少情緒和身體的能量來壓抑憤怒，但事實是，憤怒是很自然且人性的情緒。對憤怒過度表達或表達不足，都可能帶來負面影響，但健康的憤怒卻能讓你的能量更清晰活躍。健康的憤怒會讓我們感到出乎意料的力量和振奮，能對抗腦霧與困惑。
- 注意自己是否時常想當個好人，與其他人互動時卻又踩剎車。注意身體的抗拒。當你對這樣的抗拒加以探詢，可能會發覺憤怒就潛藏在表象之下。

自我賦能的生命練習

以下的賦能練習，能幫助你轉向自己真實的本質。

1. 問問自己需要什麼、想要什麼

或許得花一些時間，才能重新發現對自己重要的是什麼。畢竟，你長久以來都忽視自己的優先順位，只想確保身邊的人都很好。試著寫下你童年喜歡的事物，有意識地關注能吸引你內心的事物。

2. 與自己的身體建立關係

由於對第九型人格者來說，要持續感受自己的身體或當下的狀態都很困難，因此必須融入實用的身體導向策略，提醒自己關注身體。以下是可行的作法：

- 假如你喜歡散步，練習認真感受自己身體的動作，感受腳踏在地板上的感覺。
- 練習腹式呼吸，或是深呼吸，每天多做幾次。
- 時常去按摩或是進行其他身體保養，幫助你感受自己的身體。
- 找一種能加速能量流動的瑜伽。
- 練習合氣道，強化你的正念，能專注在當下與他人的實際互動。

3. 對自己的優先順位採取刻意、專注的行動

採取堅定、有意義的行動。或許這代表參加課程或工作坊，或是進行心靈的修行，專注在自己的益處和需求上。要注意，你很可能會在感受到重要他人的一絲抗拒時就會想退

縮。但請記得，這都是為了你自己。

每天一開始，問自己最需要關注的順位是什麼。每天都完成一部分對自己來說真正重要的事。

4. 認識自己的憤怒

對九型人格者來說，憤怒很恐怖，所以或許能求助於人，建立安全的空間，讓你練習體驗自己的憤怒。

憤怒不代表你要到處對人大吼大叫，但確實代表你必須允許自己感受憤怒的能量在體內流動，也代表你會感受到最直覺的能量，幫助你朝著健康、創造力和自由前進。

5. 為自己開口表達

無論是一對一的關係或是在團體裡，你都要練習說出自己的想法。

▶ 打造健康的蛻變道路

這本書的主旨之一是：九型人格的目的在於幫助我們真實的本質覺醒。這會帶領我們踏上療癒和蛻變的道路。不過對大多數的人來說，這都需要時間，也需要耐心、信任和信念，並盡可能地活在當下。本書的第三部分將提供對每種人格類型都有助益的過程。當然，每種人格類型者都有專屬於自己的重大過程。

假如你屬於第九型，你的療癒和蛻變之路就會包含：
完全擁抱自己身體的、人類的經驗。與自己的身體重新

連結，有意識地留在自己的身體內，在世界上展現自己的獨特性。

注意到自己潛藏著對注意力的渴望。沒錯，或許過去你否認這種人類的基本需求，但正視並擁抱它是成長不可或缺的。我們很難欣然接受自我隱藏層面被揭露，但只要這麼做，就能幫助你找到內在的力量。從力量的源頭，我們將感受到自己的投入對於世界的重要性。而這也是你的靈魂所渴望的。

提醒

自我隱藏層面會出現在整合點中偏向一般或較低的健康程度。

允許自己自然的憤怒。這不代表要大發雷霆。有時候，你應該誠實和他人分享你的經驗。有時候，你只需要感受體內的憤怒能量就足夠了。或許你會很驚訝地發現，你能汲取更多生命的能量，讓你感受到真實活著的美好。

允許自己被生命所影響。讓你的內在世界受到擾動，讓自己感到心碎，然後擁抱生命。你會發現，全心投入地活在當下，才能帶來內心真正的平靜。

Chapter 7

第四型人格——個人主義者

　　丹妮絲深切地渴望用自己獨特的天賦、洞見、直覺、細膩的情感和創造力，來療癒其他人帶給她的痛苦，這讓她尋求人生教練的引導。她極度渴望能對其他人的生命帶來正面影響，卻不知道該如何採取具體、穩定的步驟，並且實際地維繫自己的生活。

　　她擁有高度的天分和技術，卻覺得自己沒辦法建立穩定的生活結構，在創業方面也很難以務實的步驟，逐一完成那些日常平凡的任務。但現在，她格外渴望能讓夢想成為現實，也表達出對於成果的嚮往。

　　最初，丹妮絲不確定九型人格能幫她什麼。她最擔心的是，自己會被迫進入框架中。然而，隨著深入探究，她注意到自己的許多感受和想法都不是獨一無二，反而與許多第四型人格者相同。這成為她成長的基礎。

　　舉例來說：

● 她意識到，如果光是頻繁幻想自己的事業而不去實現，就永遠不會知道能否經得起現實的考驗。她的創業計畫之所以停滯不前，是因為日常的步驟對她來說太過平庸，很難引起興趣。

- 她注意到，自己時常對自己有灰心或負面的觀感，但這和她想表現出來的樣子剛好相反。
- 她發覺生命中有許多事件都旁生枝節，占據大部分的心力。
- 她發覺假如沒有其他人的關注和敏感的回饋，她就會花許多時間自憐。

丹妮絲最初的成長焦點，在於幫助她找到重回自己身體的道路。

身為習慣充滿強烈情緒之世界的女性，她發覺自己的身體有時會出現意料之外的情況。幾年前，她從危及性命的疾病中康復後，就很難真正信任自己的身體。

有意識地行走、跳舞和其他運動，幫助她注意到自己的感官，並專注在當下，最終更能集中精神面對創業的日常任務。與身體連結後，她就不再如此依賴豐富的想像力，而能專注於日常活動，例如進行必要的電話聯絡和處理法律問題，就算心情不佳仍會照做。她以前覺得太瑣碎的事務，如今則讓她離實現夢想更進一步，能成為成功的專業治療師。最重要的是，她發現自己擁有達成目標的能力，這對她來說至關緊要。

如今，她的成就說明了一切。她充滿創造力，能直達最深刻的生命經驗，美好地反映了生命的意義。

▶ 第四型人格所經歷的內在統一

你的真實本質

假如你屬於第四型人格，就會被生命深度和意義的探究所吸引。你熱愛一切事物的美麗本質，並認為自己是創造力的表現，獨特且層次深入。

當你與本質失去連結時，或許就不會意識到自己的生命並沒有欠缺什麼。你具備一切表達真實自我的條件。即便所謂的日常瑣事，其實也都是生命的面向之一，富含著美麗與意義。

你的人生故事：與內在和外在世界連結

在生命最初期，你的自我感和在世界上的定位，就已經決定了。你將這樣的經歷內化後，影響了與自己和他人連結的方式，以及你獨特的存在方式。假如你屬於這種人格類型，那麼以下簡短的童年故事，可能會讓你感到熟悉。

從小，你就覺得自己和父母相當不同。你想知道自己為何出現在這個家庭。幾乎打從一開始，你就覺得自己不被看見，或是被誤解。你覺得自己在情緒上被拋棄，感到迷失。

由於覺得自己和其他家人格格不入，你開始懷疑自己是不是有問題，或許在根本上就出了錯。你覺得自己似乎缺少了別人都具備的某種原料。或許你花了太多能量在嫉妒他人、和他人比較。你時常感到挫折及沮喪。

幾乎在記憶所及時，你就在尋找自己更深刻的意

義，想知道自己是誰，又該如何融入生命。你試著創造出專屬的環境，以便反映獨特的內在經驗。

因此，能吸引你的總是情緒深度足夠的人。你渴望人們看見你的深度，但又害怕他們會離開。最終，你可能會失望，甚至感到憤怒，因為他們看不見你的痛苦和掙扎。他們怎麼能視而不見？

你在被拋棄和渴望感受被看見之間拉鋸，有時會退縮且自我封閉，有時又會自我揭露。無論哪一種，當你情緒激動時，會覺得最接近真實、完全的自己。

你的生命開始以「自己欠缺了某種重要的東西」為中心運轉。當瞬息萬變的激動情緒成為自我感的基底，快樂就不再真實。

你看不見的是，自己原本的樣子就很好了，生命並沒有缺少什麼。你看不見的是，你擁有自己所需要的一切，而對深度和美麗的熱愛是美好的天賦。你看不見自己美好的本質和天分，因此無法接受自己是平凡卻美麗的人類，天生就與自然的神性相連結。

你的重大失落

幼小的時候，在意識和語言能力建立以前，你的經歷就讓你與靈魂所渴望且相符的本質疏離。這樣的痛苦龐大到難以承受，因此自尊結構開始形成，扮演了你在早期失落中的守護者。

我們都記得，自尊試圖模仿我們的真實本質，卻永遠不會成功。因此，**第四型人格的結構試圖重新塑造出擁有「意義和深度」的身分認同**。事實上，就本質來說，這是真實

的。然而，人格會扭曲「意義和深度」的意涵，並且將之奉為圭臬，或是不容質疑的信條。當自尊日益強大，為了要保持獨一無二的身分認同，就會提出許多要求，例如「告訴我，你看見我靈魂的深度，否則我會既失望又挫敗」。自然且容易感受到的強烈情緒，成為你敏感深刻本質的基礎，你期望獲得他人的肯定。當其他人並未以期待中的方式回應時，你很自然會覺得遭到誤解，並陷入失望、挫折，甚至是絕望，因為永遠不會有人「懂你」。

在你能體驗自己真實的深度和原始的本質之前，必須先學習如何活在對你來說太過平凡且日常的世界。一開始或許你會覺得自己很不真誠，但採取有目的的行動，即便有時違反你的意願，都能讓你對世界做出獨一無二的貢獻。

以下是第四型人格的重大失落和痛苦：你覺得自己天生就有缺陷，覺得遭到誤解，不被認同。似乎沒有人真正看見你，連神也沒有。你覺得自己總是苦苦向他人證明自己的深度和獨特，同時又覺得自己沒有好好生活的能力。

▶ 第四型人格自尊編碼的內在邏輯，以及身分三角

第四型人格的核心信念

核心信念固定後，就會形成無意識的濾鏡，只接收那些符合自尊信念的資訊。不幸的是，這樣的濾鏡會錯失或排除那些可能為我們提供替代觀點的訊息。這樣的信念成為形塑個人與生命連結的核心守則。

每種核心信念都是虛假的，感覺卻相當真實，所以我們必須帶著同情心地自我覺察。最重要的是寬容和真誠。

對第四型人格者來說，核心信念是：你缺少了某個至關重要的東西。無論這神祕的東西是什麼，如果能擁有，就能讓你的獨特生命展現被看見。少了這項元素，你就會覺得自己帶著與生俱來的缺陷，而這也成為你自我認知的基礎。

這個信念如何呈現在你的生命中？以下是你可能注意到自己有過的思考、言語，或是做／沒做的事：

- 我是隱形人。甚至連我都看不見自己。
- 是不是永遠不會有人了解我？
- 我不需要做日常繁瑣的事，或是按部就班。那是別人該做的，不適合我。
- 為什麼我沒有別人那些美好的東西？但說真的，我也不想要他們的人生。

這樣的核心信念造就了「身分三角」，快速地反映出我們如何度過人生。我希望你看看以下的描述，是否與你的經驗相符。

第四型人格者可能會認同以下由身分三角所構成的內在邏輯：

> 我追求的是想要了解並表達獨特的自我認知。我總是將自己的生命和心目中其他人的生命做比較，覺得自己格格不入。舉例來說，在找工作方面，我比其他人更難找到有足夠意義的工作，也可能有些生理狀況讓我和其他人不同，又或者，我習慣奇裝異服，以便凸顯自己

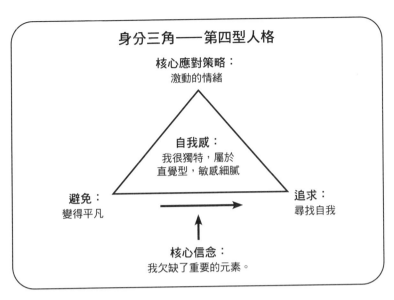

身分三角——第四型人格

核心應對策略：
激動的情緒

自我感：
我很獨特，屬於
直覺型，敏感細膩

避免：
變得平凡

追求：
尋找自我

核心信念：
我欠缺了重要的元素。

圖表7-1　第四型人格的身分三角

的與眾不同。

　　我會盡全力**避免**平凡的經驗。這樣的經驗可能和死亡一樣難受。雖然我羨慕別人所擁有的，但一體兩面的是，我覺得他們的日常生活既膚淺又缺乏意義。對我來說，最困難的就是過著別人覺得正常的生活，被迫遵循傳統的標準。我的內在會不斷衝突。

　　因此，我的**應對方式**是認真關注並放大我的情緒體驗。這帶給我深度和真實感。情緒愈是強烈或誇大，我的自我認同就愈強烈。換句話說，在任何時間點，我的情緒通常都帶點負面成分，例如匱乏或憂鬱，這就是自我認同的基礎。我很熟悉這些較為黑暗的狀態。

　　作為我應對策略的延伸，我發覺自己的生命都是以對於深度、痛苦和強烈的敏感為中心。我希望其他人能看見我的原創性，如此才能感受到生命符合自己的預

期。我在內心創造出充滿想像力的豐富情境，讓自己幾乎不需要面對現實生活。真希望其他人能看見我的獨特，讓我至少能暫時在內心得到自我認同。

這一切都讓我覺得自己是獨特、直覺且敏感細膩的人。這樣的自我定義或**自我感**，最後卻對我造成許多限制，讓我無法覺察更寬闊完整的生命體驗。

第四型人格的覺醒能力：情緒平衡或是寧靜

與內心建立真正的連結，能讓你敞開地接受生命的美好、深奧和神祕。與內心的連結，並不等於認同你的情緒狀態。情緒來來去去，但和內心真實的感受相連結，能幫助你用新的觀點感受自己，帶來意想不到的經驗，讓你看見自己身上的一些真實。

當你遺忘並失去與內在能力的連結，與他人的比較就會放大，讓你開始嫉妒其他人所擁有的。

你已經遺忘了平凡經驗的豐富和深度，但唯有再次想起，才能讓自己的生命更自由。當生命更自由，你才能感受到生命的美麗、意義和與眾不同。

第四型人格的冰山模型將上述的內容圖像化。

這個模型一開始是較開闊的特質，是這類人格者的內在天賦。當我們漸漸放下對狹隘自我定義的堅持，就愈來愈能體驗到這些特質。模型也能幫助我們理解水面之上，即第四型人格者可觀察的特質表現。此外，也告訴我們水面之下發生了哪些事，例如當人格控制我們時，形塑並驅動我們各種行為的內在動力。（可參考第五章對於冰山模型的討論。）

解碼第四型人格結構

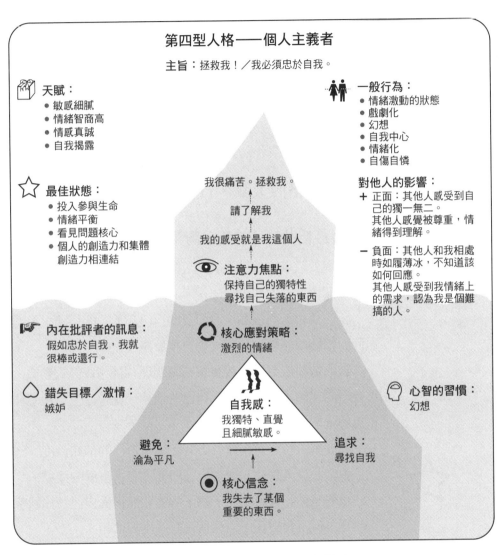

第四型人格——個人主義者

主旨：拯救我！／我必須忠於自我。

天賦：
- 敏感細膩
- 情緒智商高
- 情感真誠
- 自我揭露

最佳狀態：
- 投入參與生命
- 情緒平衡
- 看見問題核心
- 個人的創造力和集體創造力相連結

內在批評者的訊息：
假如忠於自我，我就很棒或還行。

錯失目標／激情：
嫉妒

我很痛苦。拯救我。

請了解我

我的感受就是我這個人

注意力焦點：
保持自己的獨特性
尋找自己失落的東西

核心應對策略：
激烈的情緒

自我感：
我獨特、直覺且細膩敏感。

避免：
淪為平凡

追求：
尋找自我

核心信念：
我失去了某個重要的東西。

一般行為：
- 情緒激動的狀態
- 戲劇化
- 幻想
- 自我中心
- 情緒化
- 自傷自憐

對他人的影響：
+ 正面：其他人感受到自己的獨一無二。
  其他人感覺被尊重，情緒得到理解。

− 負面：其他人和我相處時如履薄冰，不知道該如何回應。
  其他人感受到我情緒上的需求，認為我是個難搞的人。

心智的習慣：
幻想

圖表7-2　第四型人格的冰山模型

第四型人格的主旨

「拯救我」和「我必須忠於自我」，是第四型人格結構的主旨。

▶ 水面之上

第四型人格的天賦、日常習慣和挑戰

天賦與最佳狀態（當我心胸開放且健康狀況最佳時）

我對於環境的情緒和其他人的經驗感受很敏感，也能夠理解和關懷，並對他人伸出援手。

我的情緒智商很高。我能覺察自己和他人的情緒，並透過面對情緒的經驗和互動，來自我療癒及療癒他人。

我的情緒很真誠。我願意花時間理解情緒背後的動機，不會否認或誇大。我愈了解自己的情緒，就會產生更多想法和見解。

我能用獨特、有創意的方式，表達自己的情緒深度。

我全心投入生命，覺得自己與他人有著堅固的連結。

我的情緒和緩且平衡。我了解並欣然接受自己情緒狀態的改變，但不會對任何一種情緒有過度的依賴。

我可以直達問題的核心，看見情境背後的情緒性思考和反應。我可以提出情緒上難以回答的問題，並且有能力陪伴陷入痛苦的人。黑暗之處不會令我恐懼。

我個人的創造力和人類集體創造力相連結。這可以幫助其他人看見他們生命的深度。

一般行為（當我受到人格控制時所展現的特質）

我可能很情緒化，即便對於日常瑣事，也會感受並表現過度強烈的情緒。

我有著豐富宏大的幻想生命，感覺比日常生活有趣多了。我有時會不屑面對日常生活，因為這一切顯得太膚淺或平庸。

我沉浸在自我和情緒中，無法區分生活與情緒。情緒是我生命的基礎，情緒就代表我這個人。

我可能很情緒化，而且相當戲劇化。人們很難知道我會有什麼反應。我亢奮時會極度亢奮，低潮時也極度低潮（而且低潮的頻率遠高於亢奮）。

在自憐方面，我覺得自己很可憐，因此尋求他人的同情和諒解。假如未得到滿足，我會覺得自己再度被誤解。

注意力焦點（當我依附於人格時的注意力焦點）

注意：這裡概述的是注意力焦點愈來愈狹隘時，可能發生的狀況。我們活在當下的程度，將決定注意力焦點。愈能活在當下，我們的注意力就會愈開闊，而不會變得狹隘。

我專注在感覺自己的特別、與眾不同。我的獨特源自於與生俱來的欠缺狀態，這讓我和其他人格格不入。我缺少了某種其他人都擁有的東西。

我會（無意識地）嘗試創造出能反映我對各種情緒的獨特深度和敏感。我深刻認同自己的感受，因為這就是我生命的真實。

於此同時，我密切注意其他人的反應。一方面，我希望

其他人能真正理解我，知道我內在欠缺的感受；但另一方面，我又隱約覺得那是不可能的。

假如我沒能得到苦苦追求的理解，就會變得多愁善感。我的情緒有時比實際事件更早出現，舉例來說，在手上的任務或人際互動進行前，就先有了情緒。我的情緒，特別是過去的痛苦感受，對人生有著強大的影響力。我會透過情緒來重新經歷過去，並定義現在的自己。這麼做時，我的獨特感就充滿了痛苦。我盼望有什麼人或事物，能將我從痛苦中拯救出來。

＋ 我對其他人的影響
＝

＋正面：
- 其他人感受到被理解、被看見。
- 其他人受到我的真誠和原創而深刻啟發。

－負面：
- 其他人不確定我的情緒，因此如履薄冰。
- 其他人因為我情緒上的要求和渴望關注，而筋疲力竭。他們可能會覺得我很難搞，因此選擇離開。

▶ 水面之下

如果想了解第四型人格的內在動力，我們就得關注水面下的一切，從最底部往上探討。

第四型人格的核心信念

核心運作守則會影響生命可見與不可見的許多層面。

我相信我缺少了什麼東西，因此不再完整。我相信因為缺少了這個重要的東西，我和其他人都不同，沒有人能理解我或是幫助我。我的獨特也讓我無須承擔他人的期待。一般的生活規則都不適用於我。

身分三角

我所追求的

我追求的是知道自己是誰，並且擁有特殊、深刻的自我認同。

我總是將自己的生命和心目中其他人的生命做比較。我不明白為什麼其他人的生命中能擁有我所欠缺的人事物。這加強了我內心的獨特性。在我的定義中，自我認同需要的是深刻的情緒狀態。

我所避免的

我避免淪為平凡。

其他人認真投入的日常體驗，並不符合我的標準。雖然我嫉妒其他人擁有的，另一方面，我卻覺得他們的日常生活太過膚淺，缺乏意義。如果被迫得到日常的經歷，或是變得平凡，不再特別，對我來說就像被宣判死刑。

我的核心應對策略

我的情緒形塑了我的經驗。情緒愈強烈，我就覺得愈細

膩而有深度。我會追尋理想的情境或他人，以彌補內在所欠缺的東西。我也追求其他人的關注和理解。這會使我的人際關係產生疏遠或緊繃，卻也讓我覺得忠於自我。

自我感（我是……）

我認為自己獨一無二、直覺又敏感細膩。我希望別人看見這些特質，並向我反映，讓我的自我認同得以強化。

錯失目標（激情的能量驅動力）

當我對其他人感到嫉妒時，就會偏離目標。我總是將自己的人生和心目中其他人的生命相比，覺得他們都過得比我輕鬆。我認為其他人都比我更擅長融入群體，基本上我就是個邊緣人。

提醒

無論你的主要人格類型為何，激情都是人格的一部分，也是驅動情緒生命的動機。激情會掩蓋心靈的傷口，[1] 並且對於你與生命的連結，創造出情緒反應，讓你離靈魂真正摯愛的愈來愈遙遠。所有人格類型都是如此。

心智的習慣（人格的執著）

我總是幻想已經發生的事會有其他發展，而且與現在截然不同。我的幻想彷彿擁有生命，比外在現實更真實。我花許多時間和能量來思考理想的生命。我豐富的幻想被放大，

輕易地成為生命的焦點。幻想愈是宏大,我就愈難採取任何讓幻想開花結果的行動。因此,我幾乎沒辦法做任何事讓生命推進。

內在批評者的訊息
（ 我的內在批評者堅持什麼 ）

　　為了讓自己覺得很棒或還可以,我必須忠於自我。[2]這意味著遵循自己的感受,因為對我來說,那就是真實。假如我覺得難過,就必須表現得難過,甚至得有點戲劇化,才代表忠於自我,並能得到內在批評者的獎勵。只要我受困於內在批評者的羅網,就會持續陷入情緒的漩渦,無法得到寧靜完整的生命。

　　上述的每種元素,都影響著我們的整體自我感。核心信念、激情的情緒驅動力、心智的習慣（執著）和內在批評,都在無意識間強化我們的身分三角。

關於第四型人格的額外資訊

我的壓力源

當我覺得其他人低估或誤解我時,我的壓力就會增加。當其他人不符合我情緒上的期待,甚至讓我失望或拋棄我時,我的壓力會顯著增加。被拋棄的感覺會更加深我的內在信念,那就是:我缺少了某種重要的東西。

當我最限縮和僵化時

我的情緒會癱瘓,陷入憂鬱。

我會徹底與他人和自己孤立。

我會自我厭惡,深受幻覺折磨。

我會感到絕望,出現自我毀滅傾向。

與第四型相關的其他人格類型

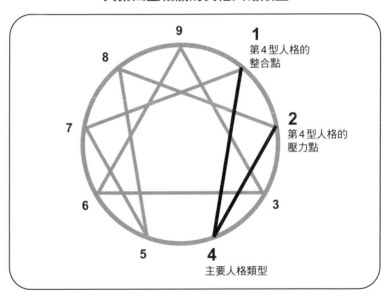

圖表7-3　第四型人格的壓力和整合點

第四型人格者會經歷他們的壓力點，也就是第二型人格的特質。對此，第十三章會有更深入的討論。請特別注意該章節「一般行為」和「值得注意並觀察的模式」等部分。

第四型人格的整合點，包含自我隱藏層面，就是第一型人格。關於第一型人格的更多資訊，請參考第十二章。對於第四型人格的整合點，可以特別注意該章節的「天賦與最佳狀態」部分。對於第四型人格的自我隱藏層面，則參考該章節「一般行為」的部分。

九型人格也可以反方向來看，有助於尋找自己的主要人格：第四型是第一型的壓力點，並且是第二型的整合點。

▶ 覺察讓你偏離道路的行為模式

值得注意並觀察的模式

在這個部分，你會看到許多和第四型人格結構相關的習慣模式。這些模式都會提供有用的訊息。這不代表你有什麼缺點或犯了什麼錯，而是像路標那樣，會帶你走向覺醒的道路。它們會幫助你覺察，並直截了當地切入經驗的核心。最終，你將放下特定且時常造成困擾的習慣性策略，讓自己更加活在當下，放開心胸，得到自由。

習慣讓情緒控制你的經驗

- 注意你是否讓情緒的狀態決定當下或甚至一整天經驗的基調。當你沉溺在低落或憂鬱的感受時，這種情況特別容易發生。

- 是否有人說你很陰鬱？當你有某種情緒時，是否會明確對外表達，讓其他人知道你的感受。
- 注意你是否會誇大自己的情緒狀態。當你反覆述說相同的故事，或是不斷想重新經歷一段經驗時，特別容易發生這種情況。又或者，這會反映在你渴望事情以不同方式發展的時候。

習慣創造出幫助你維持相同心情的環境

- 這或許代表為了完成特定的任務，必須天時地利人和，也可能你需要特定的椅子或特定的顏色。你可能會利用異國風情或不尋常的事物來增強心情。
- 或許你會注意到，自己過度沉溺於某件事──可能是食物、性愛或藥物──來強化你的情緒。注意你是否覺得自己和其他人不同，不用遵守常規。

習慣讓幻想帶你遠離現實

- 第四型人格者可能會花大量時間在幻想自己理想的生活、伴侶和處境。舉例來說，你會幻想更理想的身材、更體貼的伴侶、更高薪的工作，或是更擅長某件事。或許你會注意到，自己會抗拒那些不符合幻想或理想的事物。
  你是否覺得，現況有時候根本配不上你呢？

習慣在人際關係中充滿戲劇性

- 注意你是否對人際關係有所期望。假如你覺得其他人過得比你好，你的行動或許都會帶著嫉妒。或者，你可能會把自己的痛苦轉移到朋友身上，期望他們把你從不快

樂中拯救出來。你是否期待別人照顧你和你的問題？

- 你可能會因為退縮或隱瞞一些訊息，或是不願意表達情感，而和伴侶發生爭執。第四型人格者會注意到，自己時常在人際關係中製造衝突，然後再追求情緒化的世紀大和解。

習慣比較和嫉妒

- 你是否覺得其他人的生活比你容易，或是你的生活和別人相形見絀？第四型人格者習慣將自己與他人做負面比較，並且將這些負面比較擴及生命的其他部分。
- 你是否時常覺得挫敗或易怒？這些情緒都源自你將當前的情境，與理想或幻想的情境相比。注意這些現實和幻想的比較，如何影響你的能量以及你採取行動的意願。

自我賦能的生命練習

以下的賦能練習，能幫助你轉向自己真實的本質。

1. 建立與身體的關係

第四型人格者通常會與身體分離，因此，固定練習正念的身體運動會很有幫助，例如瑜伽或其他有意識的身體活動。這會讓你的身體參與整個經驗。

騎馬、跳舞、合氣道和其他互動型的運動，也能幫助你進入身體，你會體驗到感官刺激和平衡，並且從身體永續的角度和其他人事物連結。

2.覺察你真正的天賦與才能

第四型人格者通常在辨識並擁抱自己真正的才能時，會面臨挑戰。

你應當專注地放下那些讓你貶低自己的自我對話。相反的，採取有意義的行動，用自己的才能來改變世界吧。

3.在平凡中尋找不凡

第四型人格者容易受到異國、特異的事物所吸引，反而忽略了心目中平凡事物的美好本質。學習欣賞生命中的小事物，也就是活在當下的天賦，並享受你所擁有的一切。

4.對其他人產生興趣，投入互動

尋找能幫助他人的方式，並採取有意義的行動。這能轉移你的注意力，讓你不再自我沉溺在其中，並找到平衡的互動方式。許多第四型人格者都發現，到認同的組織擔任志工，會為他們帶來正面的助益。

5.看見感受的本質

感受來來去去，除非我們有意識或無意識地緊抓不放。雖然感受能帶給我們有用的訊息，卻不能定義我們的本質，也不會反映現實。

記得，不同的人對於相同情境的反應，可能與我們的截然不同。

▶ 打造健康的蛻變道路

這本書的主旨之一是：九型人格的目的在於幫助我們真實的本質覺醒。這會帶領我們踏上療癒和蛻變的道路。不過對大多數的人來說，這都需要時間，也需要耐心、信任和信念，並盡可能地活在當下。本書的第三部分將提供對每種人格類型都有助益的過程。當然，每種人格類型者都有專屬於自己的重大過程。

假如你屬於第四型，你的療癒和蛻變之路就會包含：

練習不要演出情緒鬧劇，了解自己有能力成功面對生命的經驗。當你放下執著，不再要求每個人都看見你的缺失，自然就會意識到，自己不需要被拯救。

注意自己是否充滿批判性，或堅持完美主義（這屬於第一型人格者的一般狀態）。這沒關係。你會覺得是其他人對你要求過高，但請注意不要如此嚴以待人。要真心接受這樣的覺察，看見自我的隱藏層面並不容易，不過，一旦你這麼做了，就能不再以受害者自居，並且能擁抱內在權威比較健康的層面。這樣的特質能幫助你體驗到更多生命的奧祕，而這是你所熱愛的。

提醒

自我隱藏層面會出現在整合點中偏向一般或較低的健康程度。

意識到即便最平凡的事物，也有著美麗。雖然每個人都是獨一無二的，但人類也有許多共通點，這都是生命最正常的一部分。

　　擁抱自己的寧靜和原諒的本質。

　　允許自己的內心因為生命的一切而深深感動。你會發現，真正的自我認同遠比你能想像的還要寬廣開放。

Chapter 8

第五型人格——調查者

　　丹尼爾是一名工程師，具有強烈的創業導向，曾經受雇於某家新創階段的高科技公司。由於公司進入穩定成長階段時，希望他能接受主管職，帶領新進員工，丹尼爾便前去尋求人生教練的引導。雖然他很努力幫助公司在技術層面突破，但對於組織的擴張卻沒有太多想法，也不知道除了設計新的生產策略之外，自己是否有這樣的領導能力。這種和其他人更密切合作的角色，讓他相當恐懼。

　　他表示，希望自己能快速掌握與人合作的要領，但又不希望涉入辦公室環境常有的明爭暗鬥。他只希望專注於最重要的事——為公司設計最頂尖的產品，取得市場上的成功。

　　一位人生教練帶他認識了九型人格系統。其中堅固的知識基礎引起他的求知欲，但他也受到更深層的靈性層面所吸引，希望學習更多。

　　在教練引導的過程中，丹尼爾領悟到更深刻的意涵和覺醒，了解了第五型人格的結構。他發覺：

- 自己很難持續投入對話，特別是涉及特定過程的對

話。他意識到自己會從互動中抽離，希望保有一些隱私和個人空間。他時常因為他人的情緒能量而感到難以負荷。

- 自己對準備會議所投入的時間愈來愈長，在目標上達成共識的時間也是。他希望能做萬全的準備，不要因為同僚出乎意料的問題而亂了手腳。

- 自己被創新的想法圍繞時，會感到興奮。但接著，他也發覺自己的生命原來是以振奮的創新思考為中心，甚至影響了對其他層面的心力。

- 當某人打斷他的私人思考時間，或是希望他參與某些無關緊要、令他不屑一顧的任務時，他會變得極度暴躁和焦慮。

他開始覺察到，自己如何逃離那些需要情緒和社交互動的情境。但很顯然，這無助於瞬息萬變的工作場域，或是他生命中的其他面向。

丹尼爾的人生教練引導主題之一，是學習與身體重新連結。他很少運動，對身體的覺察程度很薄弱。他發現按摩能讓自己真正感受到身體，這是以前的他幾乎不曾體會過的；他也嘗試以身體為基礎的冥想。這些策略都幫助他重新回到當下，並嘗試以新的方式和他人互動。他練習在辦公室規定明確的每日開放時間，讓同事可以直接對他提案。一段時間後，他在社交上的不自在消失了，內心也更能向自己和他人敞開。他開始意識到，技術專家、同事和人類的身分都同樣有價值，並不會互相排斥。

▶ 第五型人格所經歷的內在統一

你的真實本質

假如你屬於第五型人格，自然會對清明和深刻的生命理解，以及開闊安靜的內心所吸引。一般人難以看見潛藏在生命表象之下的基礎結構和動力，但當它被照亮之後，卻能帶給你新的洞見。你的心靈平靜得令人驚訝，可以清楚看見並理解每個當下的意義。

當你與本質失去連結時，或許就不會意識到：除了內在的了然之外，你還擁有柔軟的內心，驅使你和他人更深度地連結。你會找到生命的位置，而你對世界帶來的貢獻，既包括又超越了你的心理認知。你有著柔軟、令人喜愛的內心，能受到最深刻的感動，也能深刻地感動他人。

你的人生故事：與內在和外在世界連結

在生命最初期，你的自我感和在世界上的定位，就已經決定了。你將這樣的經歷內化後，影響了與自己和他人連結的方式，以及你獨特的存在方式。假如你屬於這種人格類型，那麼以下簡短的童年故事，可能會讓你感到熟悉。

年幼時，你就充滿了超凡的好奇心。你會受到特定事物吸引，並花無數個小時獨處，試著理解事物的運作方式。你對於其他人的能量很敏感，強度高的活動和談話都令你難受，你也害怕家中環境的情緒太高張。有時，你不知道該如何融入家庭，或是在不了解的環境中保護自己。

唯一帶給你安全感的地方，是你的內心。世界有太多需要尋找答案、需要好好理解的難題，你覺得時間永遠不夠用。因此，退縮到內心安全又有趣的避風港，是再自然不過的選擇。在那裡，你永遠不會被拒絕。

即便還是個小小孩，你就已經覺得家裡沒有自己的位置，彷彿你在餐桌上的位子被坐走了，因此，你持續向自己的內心尋找安全和安慰。你所處的環境情緒愈是緊繃，就愈要從自己的情緒和個人需求抽離。

你覺察到父母對你有更多要求。你曾經聽他們說：「來吧，我們得讓你認識一些新朋友。」或「我希望你更外向、更積極，好好和別人相處。」雖然你渴望父母的愛，但你真正想要的是獨處思考的時間，而父母卻似乎無法接受。

你覺得自己沒有足夠的能量去完成別人對你的期待，因此只能盡可能地保存能量。選擇不參與投入，而是靜靜觀察。

豐富的想像力讓你對自己和世界產生了強烈的焦慮，對未來充滿黑暗的想像。

你對其他人的期待不高，只希望能夠獨處。你幾乎就要說：「假如你們對我沒什麼期待，我對你們也不會有太多期待。」這能幫助你在情緒的親密和滋養上保持一些距離。

你生命的中心思想漸漸成為：保護自己的唯一方法，就是活在自己的腦袋裡，愈聰明愈好。你的心智是你自信心的基礎。

你沒發現的是，你有能力活在世界上，採取行動追尋你的目標，並做出獨一無二的貢獻。你沒發現的是，

你有足夠的能量和資源，投入並體驗完整的生命及內心的甜美。

你的重大失落

幼小的時候，在意識和語言能力建立以前，你的經歷就讓你與靈魂所渴望且相符的本質疏離。這樣的痛苦龐大到難以承受，因此自尊結構開始形成，扮演了你在早期失落中的守護者。

我們都記得，自尊試圖模仿我們的真實本質，卻永遠不會成功。因此，**第五型人格的結構試圖重新塑造出「清明和深刻理解」的身分認同**。事實上，就本質來說，這是真實的。然而，人格會扭曲「清明和深刻理解」的意涵，並且將之奉為圭臬，或是不容質疑的信條。當自尊日益強大，就會要求我們的心智去理解這個世界，處理、分析、記憶和儲存各種資訊。

你的內心除了帶給你安全感，也開始對你有所控制，讓你想要逃離可能對安全感造成威脅的情境。然而，「過度分析」和「逃避主動投入」這兩種能量，都遭到過度使用，讓你離自己的真實本質愈來愈遠。

你的身體是智慧的來源，進而幫助你具體地專注在當下。然而，當你的心智已經充滿混亂的能量時，就很容易和身體失去連結。你也會失去與心靈的連結，再也感受不到自己最真誠柔軟的內心。

以下是第五型人格的重大失落和痛苦：當你失去與真實知識來源的連結，就會覺得自己被拋棄在巨大未知的世界中。到處都沒有可以辨識的路標，讓你找不到自己的位置，

整個世界讓你難以承擔。這種在黑暗混亂生命中迷失的經驗，帶給你無比的恐懼。

▶ 第五型人格自尊編碼的內在邏輯，以及身分三角

第五型人格的核心信念

核心信念固定後，就會形成無意識的濾鏡，只接收那些符合自尊信念的資訊。不幸的是，這樣的濾鏡會錯失或排除那些可能為我們提供替代觀點的訊息。這樣的信念成為形塑個人與生命連結的核心守則。

每種核心信念都是虛假的，感覺卻相當真實，所以我們必須帶著同情心地自我覺察。最重要的是寬容和真誠。

對第五型人格者來說，核心信念是：在這個不友善的陌生世界裡，沒有你的容身之處。你無法指望有人會向你解釋一切。經驗告訴你，任何理解都只能靠自己。你承受強烈恐懼，因為周遭世界是如此混亂。

這個信念如何呈現在你的生命中？以下是你可能注意到自己有過的思考、言語，或是做／沒做的事：

- 我必須想出解決方式。沒有人能給我答案。
- 我希望別人對我的期望不要那麼高。為什麼分享自己的感受那麼重要？為什麼要開會討論不重要的問題？這些對話我完全不理解。或許我真的是一個外星人。
- 和他人互動太可怕了。我不知道該如何建立連結。我不

介意遠遠地觀察，但我還是寧願獨處。

● 我很害怕找不到答案。請再給我一些時間解決。

這樣的核心信念造就了「身分三角」，快速地反映出我們如何度過人生。我希望你看看以下的描述，是否與你的經驗相符。

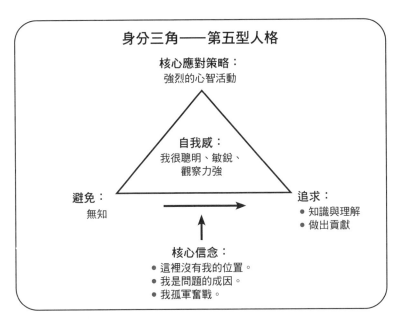

圖表8-1　第五型人格的身分三角

第五型人格者可能會認同以下由身分三角所構成的內在邏輯：

我**追求**的是得到更多知識，對某些主題的了解遠勝於任何人。我喜愛研究，特別是對於被多數人忽略的冷門主題。追求細節的知識和任何領域的奧妙之處，都讓我覺得自己能力很強、充滿競爭力。這些知識成為我對

其他人的貢獻。

我會盡全力**避免**毫無頭緒、一無所知的經驗。為什麼要投入我不能理解的活動或互動呢？這只會剝奪我的能量，讓我覺得渺小又脆弱。

因此，我的**應對方式**是回到頭腦中學習、分析、理解和背誦。我面對互動的方式，就是告訴別人，我對某個主題的知識。我盡量減少自己的情緒需求，對其他人毫無所求，只希望其他人對我也是這樣。我不覺得自己能帶給別人太多能量，否則自己就會耗竭殆盡。我的應對方式，就是把注意力全部放在自己的思考。

作為應對策略的延伸，我發覺自己的生命都是以理解、分析和專注思考為中心。假如我能成為某件事物運作的專家，生命似乎就在掌握之中。在能確定結果之前，我不願意將想法化為行動，因此我很少進入實行階段。假如我能遠離毫無道理的人類活動，持續吸收更多知識，就能暫時得到安全感。

這一切都讓我覺得自己很聰明、敏銳、觀察力極佳。這樣的**自我感**最終卻造成限制，讓我無法擁抱更全面廣泛的生命經驗。

第五型人格的覺醒能力：不依附

與當下的身體和甜美的內心建立真正的連結，能協助平靜你內心的躁動，讓你相信自己在需要時，就能得到相應的知識和理解。當你不再執著於儲存所有知識，就能得到更大的自由。你將不再只是觀察者，而是世界的參與者。

當你遺忘並失去與內在能力的連結，就會開始執著於內

在的資源，不再和他人分享自己。

在情緒上保持距離，依賴心智的專業，會讓你更覺得在世界上孤立無援。你忘記的是，你不只是頭腦而已，與身體建立深刻的連結，是打開自由之門的第一關鍵。

第五型人格的冰山模型將上述的內容圖像化。

這個模型一開始是較開闊的特質，是這類人格者的內在天賦。當我們漸漸放下對狹隘自我定義的堅持，就愈來愈能自然地體驗到這些特質。模型也能幫助我們理解水面之上，即第五型人格者可觀察的特質表現。此外，也告訴我們水面之下發生了哪些事，例如當人格控制我們時，形塑並驅動我們各種行為的內在動力。（可參考第五章對於冰山模型的討論。）

解碼第五型人格結構

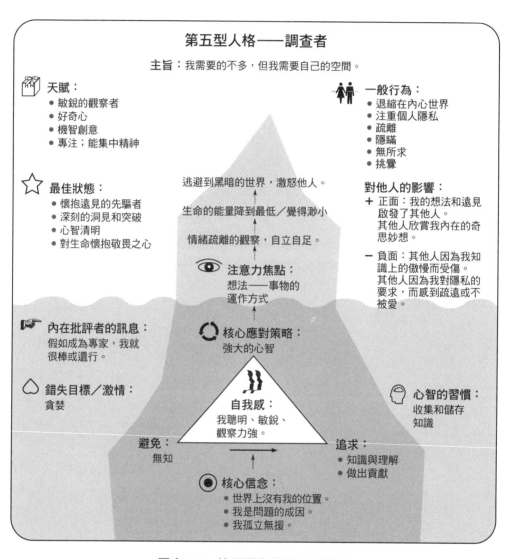

第五型人格——調查者

主旨：我需要的不多，但我需要自己的空間。

天賦：
- 敏銳的觀察者
- 好奇心
- 機智創意
- 專注；能集中精神

最佳狀態：
- 懷抱遠見的先驅者
- 深刻的洞見和突破
- 心智清明
- 對生命懷抱敬畏之心

一般行為：
- 退縮在內心世界
- 注重個人隱私
- 疏離
- 隱瞞
- 無所求
- 挑釁

逃避到黑暗的世界，激怒他人。

生命的能量降到最低／覺得渺小

情緒疏離的觀察，自立自足。

注意力焦點：
想法——事物的
運作方式

對他人的影響：
+ 正面：我的想法和遠見
啟發了其他人。
其他人欣賞我內在的奇
思妙想。

— 負面：其他人因為我知
識上的傲慢而受傷。
其他人因為我對隱私的
要求，而感到疏遠或不
被愛。

內在批評者的訊息：
假如成為專家，我就
很棒或還行。

核心應對策略：
強大的心智

錯失目標／激情：
貪婪

自我感：
我聰明、敏銳、
觀察力強。

心智的習慣：
收集和儲存
知識

避免：
無知

追求：
- 知識與理解
- 做出貢獻

核心信念：
- 世界上沒有我的位置。
- 我是問題的成因。
- 我孤立無援。

圖表8-2　第五型人格的冰山模型

第五型人格的主旨

「我需要的不多，但我需要自己的空間。」是第五型人格結構的主旨。

▶ 水面之上

第五型人格的天賦、日常習慣和挑戰

天賦與最佳狀態（當我心胸開放且健康狀況最佳時）

我很敏銳，觀察時總是心思清楚、客觀。

我對許多事都充滿好奇。學習新的知識和了解生命的運作方式，都讓我感到驚奇。

我機智又有創意。有時會有些調皮，為其他人眼中困難或危險的任務增添一絲幽默感。

我可以全神貫注，直到完成任務。

我懷抱遠見，能成為領域的先驅者。對我來說，新的理解方式和點子總能自然浮現。

我的觀察力能帶來革命性的突破，改變人們對事物的理解，並解決實際的問題。

我的心思很清明，可以不帶情緒反應地客觀看待人生。

我對生命心懷著敬畏，包括生命的奧祕、偉大以及運作方式。

一般行為（當我受到人格控制時所展現的特質）

我注重理性，總是專注在心智上，分析對每個主題能蒐集到的所有資訊。

我注重隱私，喜歡在私人空間獨立作業。我不喜歡其他人來打擾。

我總是和外在活動及內在感受保持距離。我滿腦子都是各種想法，注重心智的運作活躍。我在人際上變得疏離。

我將生理和情緒需求降到最低。舉例來說，我不會花太多時間在打理外表或照護身體上。為了讓生理和情緒能量的需求降低，我對其他人毫無所求。

我注重隱私，只把想法和點子留在心裡。

我有時會激怒別人，特別是當我看見生命的黑暗面時，會強迫別人也跟著面對。我不在乎別人因此不自在。

注意力焦點（當我依附於人格時的注意力焦點）

注意： 這裡概述的是注意力焦點愈來愈狹隘時，可能發生的狀況。我們活在當下的程度，將決定注意力焦點。愈能活在當下，我們的注意力就會愈開闊，而不會變得狹隘。

當我受到人格所控制時，會將注意力集中在內在世界的各種想法，試圖理解事物的運作方式。針對特定的主題，我會盡可能地追求知識。老實說，當我擁有遠超過任何人的知識時，才會有足夠的安全感。

隨著心智的強度提升，我投入生活的能量就跟著降低。我愈來愈不在意身體和心靈的問題。我跟其他人不同，寧願觀察也不願參與。

由於人們的情緒、生命狀況和需求都讓我難以承擔，我變得愈來愈疏離，只能依靠自己。當我對心智以外的自己也不太關注時，就會覺得我的世界很渺小。在整個世界裡，我的存在也很渺小。

我的世界可能變得黑暗，我開始看見其他人沒有能力看見的事。我會帶著苛刻的態度刺激他人，讓自己感覺更孤單寂寞。

我對其他人的影響   ＋
                                                                    －

＋正面：

● 其他人被我的遠見和獨創思考所啟發，創造出了新的可能性。

● 其他人欣賞我內在的活潑機智，以及我對於生命的一些感觸。

－負面：

● 其他人覺得被我貶低，甚至認為我因為知識的傲慢而瞧不起他們。

● 其他人因為我注重隱私，覺得被我推到了一邊，感到不被愛。

▶ 水面之下

如果想了解第五型人格的內在動力，我們就得關注水面下的一切，從最底部往上探討。

第五型人格的核心信念

核心運作守則會影響生命可見與不可見的許多層面。

我相信外在世界沒有我的容身之地。對我來說，就像是桌邊的每張椅子都有人坐了，唯獨我沒有位子。我也相信，沒有人會支持我，我孤軍奮戰。我的生命基礎就是資源的稀缺。我相信自己造成很多問題，因此，少了我的參與，其他人會好過很多。

 ## 身分三角

我所追求的

我追求的是知道更多，對特定主題擁有最多的知識。我會盡一切所能地蒐集更多資訊，凸顯自己的聰明。分享知識是我創造容身之處，以及對世界有所貢獻的方式。

我所避免的

我避免讓自己陷入一無所知的處境，感受到自己的無知。在這樣的情境中，生命的混亂會將我消耗殆盡。如果我無法提供有用的資訊，就會讓我恐慌。如果要在還沒準備好的情況下與他人積極相處，對我來說是最困難的事。

 ### 我的核心應對策略

我的應對方式是專注在腦袋裡，讓自己理解正在發生的一切。分析情況能幫助我應對。面對人際互動，我會分享自己學習的事物。這些主題對其他人來說可能太獨特或冷門。我自立自強，幾乎沒有情緒的需求，對他人也沒什麼期望，

因為我害怕他們也有求於我。我不覺得自己能帶給別人太多能量，因為可能會剝奪並耗盡我自己的能量。

自我威（我是⋯⋯）

我認為自己聰明、敏銳、觀察入微。我覺得自己獨一無二，見解精闢，總是依賴頭腦來得到見解，或是為各種必要情況做準備。在採取行動之前，我總是必須有足夠的心理準備。因此，我不喜歡被迫倉促行事。

錯失目標（激情的能量驅動力）

我必須好好掌握僅有的資源，包含我的能量，因為資源是有限的。我不知道自己是否有足夠的能量，可以撐過一整天的需求。為了避免彈盡糧絕，我在情緒上不能分給他人太多能量。由於我依賴心智來創造安全的結構，便會執著於自己的分析，並預期符合我理解的結果。我提防他人覺察我的感受，有時甚至連自己也搞不清楚。因此，我在情緒和能量上都對他人有所保留，這種激情就稱為「貪婪」。

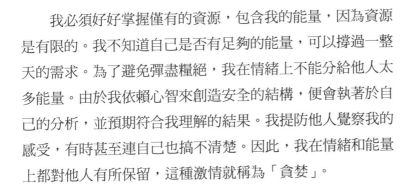

提醒

無論你的主要人格類型為何，激情都是人格的一部分，也是驅動情緒生命的動機。激情會掩蓋心靈的傷口，[1]並且對於你與生命的連結，創造出情緒反應，讓你離靈魂真正摯愛的愈來愈遙遠。所有人格類型都是如此。

心智的習慣（人格的執著）

我活在自己的心智中，並維持心智的活躍。[2]

對於生命，我寧願觀察而非參與。在我心中，思考世界及生命發生的事，和實際參與並無二致。我會在腦中彙整自己的知識，在有需要時隨時提取。我可以帶著權威地複述這些知識，讓聽者漸漸退出我的意識之外。

無論你屬於哪一種人格類型，執著都是人格的一部分。執著是你固著行為的動機，也影響你對自我和世界的僵化想法。這會創造出虛假的現實感，也是自尊面對生命問題時自動化、不受質疑的應對方式，因而讓你遠離真實的自我。對所有人格類型來說都是如此。

內在批評者的訊息
（我的內在批評者堅持什麼）

為了讓自己覺得很棒或還可以，我的內在批評者堅持，我必須精通知識，包括想法、資訊或對特定主題的理解。[3]此外，我的精熟必須以心智為基礎，對任何主題都必須有過人的了解。只要我還陷在內在批評者的網羅中，就會持續用大腦的思想取代現實生活。現實生活存在於身體中，會敞開我們的心靈，帶來好奇心，並伴隨著與他人的互動。

上述的每種元素，都影響著我們的整體自我感。核心信念、激情的情緒驅動力、心智的習慣（執著）和內在批評，都在無意識間強化我們的身分三角。

關於第五型人格的額外資訊

我的壓力源

當其他人在情緒上對我有所要求，或是希望得到我的時間和能量時，就會帶給我壓力。我相信，自己可以利用的能量很有限，假如給其他人太多，自己就會燃燒殆盡。

當我最限縮和僵化時

一切都對我毫無意義。

我會斷絕和其他人的連結。

我會專注在生命的黑暗面，並要求其他人也這麼做。

與第五型相關的其他人格類型

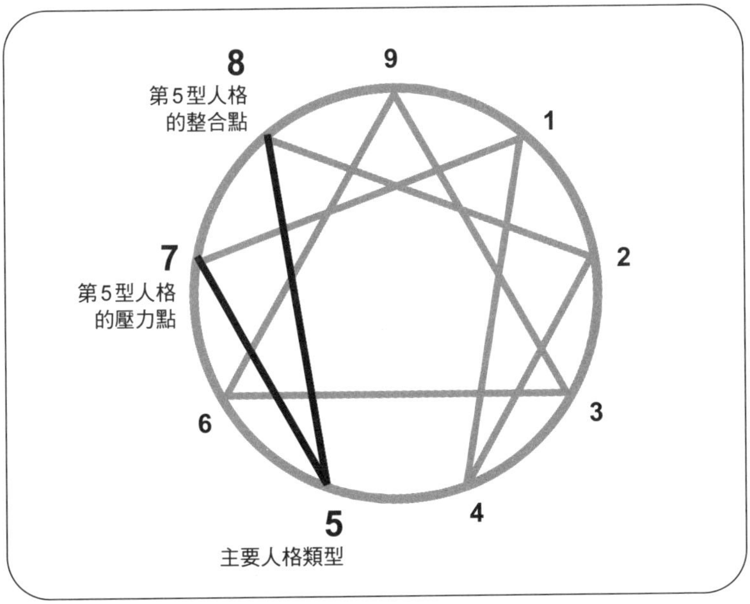

圖表8-3　第五型人格的壓力和整合點

第五型人格者會經歷他們的壓力點，也就是第七型人格的特質。對此，第十章會有更深入的討論。要特別注意該章節「一般行為」和「值得注意並觀察的模式」等部分。

第五型人格的整合點，包含自我隱藏層面，就是第八型人格。關於第八型人格的更多資訊，請參考第十一章。對於第五型人格的整合點，可以特別注意該章節「天賦與最佳狀態」的部分。對於第五型人格的自我隱藏層面，則參考該章節「一般行為」的部分。

九型人格也可以反方向來看，有助於尋找自己的主要人格：第五型是第八型的壓力點，並且是第七型的整合點。

▶ 覺察讓你偏離道路的行為模式

值得注意並觀察的模式

在這個部分，你會看到許多和第五型人格結構相關的習慣模式。這些模式都會提供有用的訊息。這不代表你有什麼缺點或犯了什麼錯，而是像路標那樣，會帶你走向覺醒的道路。它們會幫助你覺察，並直截了當地切入經驗的核心。最終，你將放下特定且時常造成困擾的習慣性策略，讓自己更加活在當下，放開心胸，得到自由。

習慣專注於內心世界的想法

注意你是否習慣退縮回自己的內心世界。

第五型人格者很可能會逃避與外在情境或自我進行直接的連結。他們會以分析、對比、評估、建立模型和心智的評

論，來取代對生命的實際參與及投入。他們很容易就誤以為自己在腦中建立的世界模型，即等於外在活生生的世界。

注意內在世界的想法是否占用了你太多的時間和能量，讓你不願參與外在的世界，好好活在當下。

習慣準備好「準備」

你是否注意到，自己很難好好完成一項計畫或任務，因為你不確定是否所有部分都兼顧了。或許你會發現，即便他人希望計畫終結（可能會帶給你一些壓力），你卻想要做更多研究、閱讀更多資訊。

你發現自己想要不斷練習、練習、練習，而不願意做出最終的成果展演。你發覺自己一再調整一幅繪畫作品，或是修改已經寫好的文章。第五型人格者通常很難覺得自己準備充分。假如你屬於這種人格類型，可以這麼自問：「什麼時候的足夠才是真正夠了？」

習慣最少才是最好

注意你是否習慣把自己的需求降到最低。

你是否常常忘記吃飯？睡覺？上廁所？花時間處理日常瑣事？注意你是否太過沉浸於心智對特定主題的探索，甚至把外在世界都拋到腦後。你會覺得自己的身體似乎不存在，或者對你造成負擔。

你會注意到，在心智投入的能量愈多，就會覺得愈急迫和焦慮。

假如這非常切合你的狀況，你也會發覺自己：

● 面對他人時愈來愈暴躁易怒，或是試圖刺激對方。

- 對自己的時間和能量非常吝嗇，不願意和他人分享。

習慣必須扮演專家的角色

成為任何主題的專家，能幫助第五型人格者應對他們在社交場合的尷尬和不自在。專家成為一種社交的身分認同，也是人際互動的基礎。

當然，其他人格類型者也能成為專家。但值得注意的是，對第五型人格者來說，會覺得自己必須比其他人知道的更多，並讓其他人了解這一點。展現對於主題的專精，或許也是保護自己內心脆弱的面具。

在會議或社交場合中，你會發現都是自己在說話或解釋，你也不太注意其他人的觀點。在你專長的主題上，會跟對方爭論、不屑一顧，或貶低對方的論點。

注意

第五型人格者應該特別自我提醒，要多注意或覺察非心智的運動。覺察的提升是一種專注投入於身體的實踐：覺察自己的身體狀態、覺察自己的情緒經驗、覺察自己和運用心智的相關習慣模式。覺察不同於觀察，它是要在自己和心智運作之間拉出一些距離，懷抱著同情，包容地從新的角度更客觀地觀察。

自我賦能的生命練習

以下的賦能練習，能幫助你轉向自己真實的本質。

1. 用呼吸練習／冥想／正念，來讓心智平靜下來

注意自己的心智何時活躍。當你注意到心智不斷傳來持續且堅持的聲音，就回歸你的呼吸，感受呼吸運動在你體內創造的感受。雖然一開始這麼做可能讓你感到很陌生，甚至有點不安，但一再回歸身體直接的感受，能幫助平衡心智的活躍。

2. 找到你的身體！用運動喚醒它

瑜伽、合氣道、氣功和其他類型的意識運動，能幫助你專注於心智和身體之間與生俱來的連結。和身體連結一開始可能會讓你不自在，甚至覺得有些可怕，因為這對你來說是全新的領域。

這是你所能採取的最深刻的修行。與身體建立起穩固的連結，並覺察自己的身體，都是自由和解放的關鍵。

你的身體是廣大智慧的來源。當你學習透過感官來體驗身體的語言後，就能為你的專業能力和智力又再增添了出色的一筆。

3. 允許你「公正的見證者」進行觀察（當然，不帶批判地），注意你是否傾向相信自己和世界格格不入

允許天生的好奇心去質疑你的信念。

在探索自我信念時，願意與公正的見證者——客觀的觀察者——站在同一陣線。專注你身體浮現的感官，以及內心出現的感受。

你的好奇心是自我理解的旅途中，最珍貴的寶藏。

你是否願意在不知道答案的情況下，回答對自我的提問，並安然自若？

4. 注意你在生命中忽視的事物

你通常會讓自己抽離生命的哪些領域？友誼？經濟？自我照顧？居家環境的照護？

一次針對一個領域，將能量集中於採取較小的步驟，慢慢發展這個被忽視的自我面向。

有些領域對你來說可能很陌生。因此，可以考慮再冒一點風險，找找看是否有可以利用的資源。通常都會有專業的資源能幫助我們，但你的另一大突破會是向信任的人尋求幫助。你會發現，能支持你的遠比你想像的還多。

5. 開始享受內心所知道的，而非心智的知識

當你愈來愈能專注在當下，以身體為中心，就會開始感受到超越心智結構的不同形式的理解。你將會更加相信，自己屬於更廣大人類群體的一部分，並增加來自直覺理解的深度智慧。

▶ 打造健康的蛻變道路

這本書的主旨之一是：九型人格的目的在於幫助我們真實的本質覺醒。這會帶領我們踏上療癒和蛻變的道路。不過對大多數的人來說，這都需要時間，也需要耐心、信任和信念，並盡可能地活在當下。本書的第三部分將提供對每種人格類型都有助益的過程。當然，每種人格類型者都有專屬於自己的重大過程。

假如你屬於第五型，你的療癒和蛻變之路就會包含：

直接體驗生命，而不只是觀察。 從與身體建立真實連結開始，允許這樣的智慧在你內心擴展。不要排拒這樣的體悟，你就能汲取更多的智慧來源。

注意到當第八型人格（整合點）控制你時，你可能變得要求很多，又有些浮誇。 沒錯，或許你覺得自己不占據太多空間，但有時的確會將自身意志強加於別人身上。這樣自我隱藏層面的揭露讓人難以接受，卻能幫助你找到內在的力量，讓你在當下的世界更踏實，也更有權威。

提醒

自我隱藏層面會出現在整合點中偏向一般或較低的健康程度。

當你和身體有了更深刻的連結，就能開始**相信自己內心的柔軟**。你有能力和他人心連心，讓生命及人際關係都更甜美。身為人類社群無庸置疑的一員，你將會找到欣賞並重視你真心貢獻的人。

你能更專注在當下，意識到自己不需要搞清楚一切。 和直覺重新連結時，你會發現自己能在有需要的時候，得到所需要的知識。你相信本能的直覺，能汲取更深刻的智慧，幫助並支持你的提升。

更覺察到當下一切的壯觀和神奇。

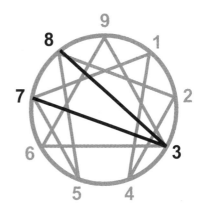

社交風格分群二

▶ 肯定自信型人格：
第三型、第七型、第八型

共通的主旨

在人際關係、對話、衝突或決策情境中，強調並發揮自己的權力和影響力，是這一組分群用來應對人際關係壓力的策略之一。

受到人格所掌控時，第三、第七和第八型人格者有共通的人格結構，也就是外向及發散的能量。這三型人格者通常會直接溝通，有時甚至有些強勢。他們會追求自己想要的，堅持滿足自己的需求。其他人通常很快就發現這些肯定自信

的人：他們的聲音和笑聲會比較大，會帶著自信和果決行動，並散發著個人權力的氛圍。

注意其中的差異

在一般用語中，這樣的自信有時會被稱為「存在感」（presence），但這和我們提到的「存在」（presence）不同，後者指的是活在當下，不依附於習慣模式。展現出自信和強勢的人格，也可能是一種自動化模式。

假如你的人格屬於這個分群，那麼你成為注意力焦點時會感到自在，但情緒上仍與其他人保持距離。對你來說，敞開內心很困難，因為情緒這種東西太過混亂、難以控制，而且會帶給你可怕的脆弱感。肯定自信型的人格通常會暗中覺得，重要的事都發生在他們的生活周遭，甚至覺得自己有責任讓事情發生。

這個分群的人有能力直接、肯定、清楚地溝通，都屬於健康的特質。然而，當肯定的策略成為自動化的習慣模式，雖然能得到自己想要的，卻會付出很高的情緒代價。這樣的策略不只讓人們疏遠你，也讓你疏遠了自己。當你的焦點向外時，就沒有什麼空間來覺察內在的生命了。

能量方面來說，這三種人格類型者通常會給人能量充沛、動力滿滿，甚至相當強勢的印象。荷尼將這種策略稱為**對抗其他人**。這樣的能量很強烈，功能不只在保護自己不受傷害，也能帶來為所欲為的自由。

假如你屬於這三種類型的其中一型，面對的就是雙面刃的難題。在許多文化中，這樣的能量會換來特權、地位和經

濟利益。因此，肯定的能量會受到人格和某些文化所強化，讓人根本不想去質疑。

　　對於這三種類型的人來說，內在旅程最重要的部分，就是從「不斷前進和追求」轉變為「敞開寶貴的內心」。

Chapter 9

第三型人格——成就者

　　迪安深信個人發展和持續學習的力量，因此尋找人生教練，希望能更了解九型人格，以促進自我成長，並應用於她的跨國顧問事業。她勤奮不懈的努力和極高的標準，贏得了顧客滿意度和回頭客，也帶來了讓家人享有舒適生活的高收入。人生至此，她也開始意識到自己的強勢風格所帶來的影響，並發現自己的子女其實需要更多注意力，但她卻因為頻繁出差而有所忽略。

　　在教練引導的過程中，迪安有了以下的發現：

- 她對任何事都抱持競爭心態。她已經想不起來，是否有任何時刻讓她覺得就算只有平均值的表現也沒關係。
- 她希望其他人都認可自己的成功。她發現，即便某項成就已經得到讚賞和回饋，但其滿足感很快就會消退，她需要下一波認同的快感。
- 她有能力快速變成符合其他人期望的角色——最好的母親、頂尖的顧問、理想的客戶、優秀的瑜伽學生等等。
- 她對自己相當嚴厲，從不鬆懈。

隨著建立自我觀察的能力，她也開始看見自己付出多大的努力，才得到認可，成為業界頂尖人物。這是她至今人生的重心。但這種無意識的需求，讓她把自己逼得太緊，也帶來許多傷痛。

教練引導的主題之一，是與她的內心建立新的關係。她太過習慣於訂定和達成外在的目標，所以覺得自己脫離了能帶給她喜悅和快樂的事物。她的第一步包含放慢生命的步調，以得到更多陪伴孩子的有趣經驗。她記得童年時期喜歡音樂，因此報名長笛課程，重拾失去已久的快樂。但關鍵在於，她不為任何人表演，只為了自己的快樂而練習。

▶ 第三型人格所經歷的內在統一

你的真實本質

假如你屬於第三型人格，你的靈魂自然會被生命的珍貴所吸引，不只是你的生命，也包含身邊所有人和一切的生命。你意識到一切的本質都是閃耀的，也熱愛自己生命的閃耀。你的內心和甜美有所共鳴，也意識到自己的價值就在於活著本身。

當你與本質失去連結時，或許就不會意識到：自己不需要做任何事，就能感受生命的價值和可貴。你的內心很偉大，會帶領你走向真實的自己。你不需要為了換得他人的欽佩和認同而表現，就能感受到自己的美好。

你的人生故事：與內在和外在世界連結

在生命最初期，你的自我感和在世界上的定位，就已經決定了。你將這樣的經歷內化後，影響了與自己和他人連結的方式，以及你獨特的存在方式。假如你屬於這種人格類型，那麼以下簡短的童年故事，可能會讓你感到熟悉。

年幼時，你就能同感他人的感受。透過敏感直覺的本質，你感受到父母無法滿足渴望時的失望，特別是最照顧滋養你的人——你生命中的母性角色。你和這個人有著深刻的羈絆，會不顧一切地自我調整，持續討對方歡心，希望能保持你們之間的連結。

父母讓你相信，天底下沒有你做不到的事情。你常會聽到：「我們完全支持你。你表現得很棒。」或是「你是我們的超級明星。」你很快就相信，無論嘗試什麼事，你都必須成功，或是達到極高的成就。事實上，你覺得自己必須是最出色的。或許你還記得，自己曾因為害怕無法成功，或是在特定競賽中奪冠，而選擇待在家裡，逃避上學或參與公開活動。

「被愛」這件事，似乎取決於滿足各種期待。經驗告訴你，你的價值都來自傑出的表現。然而，這其中缺少了什麼。你會自然而然地相信，你的價值是以成功為基礎，而不是建立在你這個人的本質上。

你是家裡的英雄，不知不覺內化了這樣的訊息：「只有還好是不夠好的。」為了不讓家人失望，你會竭盡所能讓自己看起來「勝利在望」。

有時候，你不太確定自己為何採取特定的行動。你很難知道自己真正想要什麼。事實上，這對你來說仍是一個難題。

你的生命中心漸漸成為：你必須調整自己，滿足其他人的期望。你無法接受自己有深刻的感受，或是追尋內心的渴望。這背後的痛苦是，你從來不覺得自己的本質是被愛的。

你沒發現的是，你的內心渴望更加理解自己。你沒發現的是，你的存在本身就充滿價值，而成為頂尖並非被愛和重視的標準。你有著甜美、溫柔又充滿愛的內心，渴望著你的連結。

你的重大失落

幼小的時候，在意識和語言能力建立以前，你的經歷就讓你與靈魂所渴望且相符的本質疏離。這樣的痛苦龐大到難以承受，因此自尊結構開始形成，扮演了你在早期失落中的守護者。

我們都記得，自尊試圖模仿我們的真實本質，但永遠不會成功。因此，**第三型人格的結構試圖重新塑造出本質的聰慧，並創造價值**。自尊認為自己就是聰明的關鍵，因此嘗試提升你的價值，而其方法是無論在生命的任何角色和領域，都驅策你持續追求頂尖。當然，許多文化、公司和環境都強化了自尊的價值觀點，讓你覺得這就是唯一的真理。當自尊開始膨脹時，你就失去與內心真實自我的連結了。

以下是第三型人格的重大失落和痛苦：缺乏對自我本質的價值感。這會讓你和美好的內心失去連結，進而感到空

洞，彷彿你的內心什麼也不剩了。你很容易就會覺得自己像是一個騙子。

▶ 第三型人格自尊編碼的內在邏輯，以及身分三角

第三型人格的核心信念

核心信念固定後，就會形成無意識的濾鏡，只接收那些符合自尊信念的資訊。不幸的是，這樣的濾鏡會錯失或排除那些可能為我們提供替代觀點的訊息。這樣的信念成為形塑個人與生命連結的核心守則。

每種核心信念都是虛假的，感覺卻相當真實，所以我們必須帶著同情心地自我覺察。最重要的是寬容和真誠。

對第三型人格者來說，核心信念是：你的價值來自成就。你必須傑出，而且不能只是擅長少數項目，你在其他人面前做的任何事都必須出類拔萃。

你相信自己是因為有所表現而被愛。你不認為做自己能帶來任何滿足，於是持續朝著一個又一個目標努力。

人生就像是一場比賽，而得到最多獎牌或成果的人才能獲勝。你努力登上顛峰。

這個信念如何呈現在你的生命中？以下是你可能注意到自己有過的思考、言語，或是做／沒做的事：

- 我的下一個目標是什麼？要是沒有目標，我就是個輸家，毫無價值可言。

- 好的，振作起來。我不能讓別人發現我的掙扎，或是狀況不佳。
- 我會竭盡所能當上隊長，或是成為班上第一（鋼琴、游泳、銷售員、副主席之類的）。無論扮演怎樣的角色，我都必須是最好的，沒有任何藉口。
- 或許我今晚很崩潰，但明天會繼續拚下去。

這樣的核心信念造就了「身分三角」，快速反映出我們如何度過人生。我希望你看看以下的描述，是否與你的經驗相符。

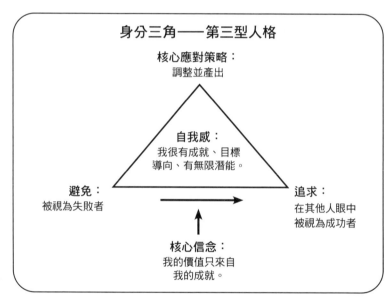

圖表9-1　第三型人格的身分三角

第三型人格者可能會認同以下由身分三角所構成的內在邏輯：

我**追求**的是他人眼中的成功。我追求自己重視的人眼中很有價值的目標。我必須成功達成的目標似乎永無止盡。無論有多少成就，總是有更多目標要追尋。即便受到肯定，對我的影響似乎都維持不久。很快地，我就需要更多目標才能提升自我價值感。

我**避免**的是被當成失敗者：無法達成其他人看重的目標。失敗代表著我本人沒有真正的價值。這樣的信念會一再被強化。我避免讓自己陷入失敗機率很高的處境，無論是參加學校公演的試鏡、運動競賽，或是尋求我真正喜歡的工作機會。

我的**應對方式**是讓自己適應任何環境，得到成果。我很輕易就能自我調整，可以快速地從團隊中高生產力的成員，變身為柔軟度最好、表現最優異的瑜伽學生，再變成優雅又激勵人心的主持人。

作為應對策略的延伸，我知道自己的生命中心就是創造出能帶來成功和認同的情境，並避免可能會暴露自身脆弱的狀況。雖然得到認可會讓我快樂，但快樂總是不持久。我太習慣為自己訂下目標，並竭盡所能讓自己漂亮地達成。達成後，我又會創造下一個目標。為了在對的人眼中建立好的形象，我可能會扭曲事實。

如果我能建立起有能力的成功人士形象，就能感受到自我價值，至少暫時是如此。

這一切都讓我覺得自己很有成就、目標導向、有無限潛能。這樣的自我定義或**自我感**，最終卻會帶來限制，讓我無法覺察和擁抱更完整的生命經驗。

雖然訂定和達成目標都是正面特質，但過度濫用時，會讓我無法覺察內心更深沉的渴望，覺得自己不再

屬於更廣大的生命網絡。當我的生命能量持續聚焦於成就上,我就錯失了真正圓滿的生命。

第三型人格的覺醒能力:真實且誠實的內心

與當下的身體和甜美的內心建立真正的連結,能幫助你感受到自己和他人的柔軟與甜美,以及你內在的可貴。你將直接體驗到,你的真實來自放慢步調,允許內在感受浮現,並傾聽內心的渴望。持續與內心的能量連結,將讓你看見自己本質的價值。這樣的發現會讓你覺察:與內心的真實連結,並不會削減你追求卓越的能力。

當你遺忘並失去與內在能力的連結,就會像倉鼠踏上滾輪那樣無止盡地追逐目標。你會開始追求不屬於自己的名聲。你會認為自己的成功全然來自生產力,卻忽視了其他因素。這些外在的焦點讓你忘記自己的內心到底想要什麼。

必須小心的是,別把與內心建立連結當成下一個目標。其挑戰在於,與內心建立深刻且持久的連結,才能幫助你打開通向自由生命的大門。

第三型人格的冰山模型將上述的內容圖像化。

這個模型一開始是較開闊的特質,是這類人格者的內在天賦。當我們漸漸放下對狹隘自我定義的堅持,就愈來愈能自然地體驗到這些特質。模型也能幫助我們理解水面之上,即第三型人格者可觀察的特質表現。此外,也告訴我們水面之下發生了哪些事,例如當人格控制我們時,形塑並驅動我們各種行為的內在動力。(可參考第五章對於冰山模型的討論。)

解碼第三型人格結構

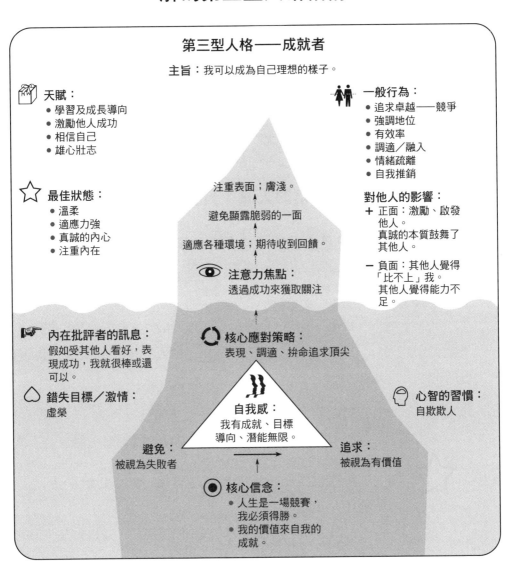

第三型人格——成就者

主旨：我可以成為自己理想的樣子。

天賦：
- 學習及成長導向
- 激勵他人成功
- 相信自己
- 雄心壯志

一般行為：
- 追求卓越——競爭
- 強調地位
- 有效率
- 調適／融入
- 情緒疏離
- 自我推銷

最佳狀態：
- 溫柔
- 適應力強
- 真誠的內心
- 注重內在

注重表面；膚淺。

避免顯露脆弱的一面

適應各種環境；期待收到回饋。

注意力焦點：
透過成功來獲取關注

對他人的影響：
+ 正面：激勵、啟發他人。
  真誠的本質鼓舞了其他人。

－ 負面：其他人覺得「比不上」我。
  其他人覺得能力不足。

內在批評者的訊息：
假如受其他人看好，表現成功，我就很棒或還可以。

核心應對策略：
表現、調適、拚命追求頂尖

心智的習慣：
自欺欺人

錯失目標／激情：
虛榮

自我感：
我有成就、目標導向、潛能無限。

避免：
被視為失敗者

追求：
被視為有價值

核心信念：
- 人生是一場競賽，我必須得勝。
- 我的價值來自我的成就。

圖表9-2　第三型人格的冰山模型

235

第三型人格的主旨

「我可以成為自己理想的樣子」或「無所不能」[1]是第三型人格結構的主旨。

▶ 水面之上

第三型人格的天賦、日常習慣和挑戰

天賦與最佳狀態（當我心胸開放且健康狀況最佳時）

我專注於自我的發展，並全心奉獻自己的成就來改善這個世界。

我擅長鼓舞，能激勵眾人做到最好。我是很棒的楷模。

我相信自己的能力。我用這樣天生的自信來支持自己的成功。

我不需要傷害自己或他人，就能把最美好的自己表現出來。

我對自己和他人都很溫柔。

我適應力強，可以輕鬆適應變化的情境和環境，同時也不會迷失自我。

我很真誠。我和內在的真相保持連結，並以此為決策的基礎。

我注重內在，關注自己和他人的內心。

一般行為（當我受到人格控制時所展現的特質）

對我來說，完美的形象和表現是很重要的。在人生的每個部分，我都充滿競爭心態，追求頂尖。

我很有效率，專注在眼前的目標，盡量不浪費能量在非必要的事務上。

表象很重要。我在意自己達到的地位和成就，以及擁有的東西。

我會掩飾自己的脆弱，盡力表現出胸有成竹的樣子。

我不斷調整自己，滿足心目中其他人的期望。我可以成為變色龍，對別人呈現出特定的形象。

我在情緒上疏離。感情太混亂，我寧願把重點放在追求領先。

我過度自誇，想在別人眼中創造出不實的完美形象，特別是面對特權或位階較高的人。

注意力焦點（當我依附於人格時的注意力焦點）

注意：這裡概述的是注意力焦點愈來愈狹隘時，可能發生的狀況。我們活在當下的程度，將決定注意力焦點。愈能活在當下，我們的注意力就會愈開闊，而不會變得狹隘。

當我受到人格所控制時，會將注意力集中在追求頂尖、創造成功的形象上。這會帶給我價值，因此我投入大量的能量。我追求最高的生產力，以爭取其他人的認同。

當我愈來愈看重其他人的回饋，就愈會在特定情況中，依照他人的反應來自我調整。

這讓我背離真實的自己,失去與柔軟甜美內在的連結,變得愈來愈膚淺和自我誇耀。

+ 我對其他人的影響
−

+正面:
- 其他人受我的啟發和鼓舞,發揮更高的潛能。
- 其他人因為我真誠的本質,深受感動。

−負面:
- 其他人覺得比不上我表現出來的程度,或無法達成我的期望。
- 其他人覺得不受重視、沒有價值。

▶ 水面之下

如果想了解第三型人格的內在動力,我們就得關注水面下的一切,從最底部往上探討。

第三型人格的核心信念

核心運作守則會影響生命可見與不可見的許多層面。

我相信自己的基本價值來自我的成果和成就。我必須成為頂尖——不只是幾個項目,而是我所做的一切都必須臻於完美。

人們喜愛我是因為我的表現。我覺得「單純地做自己」毫無價值,因此我驅策自己專注於追求外在的目標。

身分三角

我所追求的

　　我追求成功，因為成功能帶給我價值感。對我來說，成功的定義就是達成我所重視的人心目中重要的目標。訂定目標、採取行動、讓其他人認同我的成就，這些是我生命結構的重要元素。這讓我保持忙碌，除此之外，我不知道該如何度過人生。我注意到，即便得到認同，這帶來的影響也很短暫。很快地，我就需要更多認同才能感受到自己的價值。因此，我過度鞭策自己，只想登上頂峰。

我所避免的

　　我避免的是我定義中的失敗：無法達到其他人看重的目標。失敗代表我這個人沒有價值。這樣的想法會不斷地被強化。我避免讓自己陷入失敗率高的情境，這可能包含爭取地位較高的客戶、參加主角的試鏡會，或報名馬拉松比賽。

我的核心應對策略

　　我的應對方式是不斷努力，為他人而表現，或是在各種環境中塑造成功的形象。我可以快速改變，從熱門的激勵演說家到讀書會中最棒的成員，或是從最好的父母到非營利組織業績最高的募資者。我也期待親近的人能有頂尖的表現，包含家庭成員或員工。他們反映了我的價值；他們的地位和成就也代表著我。

自我感（我是……）

　　我認為自己有成就、目標導向、潛能無限。雖然這些都

是正面的特質，卻會造成限制，讓我無法接受自己的脆弱，或是在某些事情上表現平庸。

錯失目標（激情的能量驅動力）

我（的人格）迫切地希望被視為成就、成功和任何物質財富的源頭。我希望因為表現頂尖而獲得認同。我並不希望真的體驗到自己的感受，或是關注自己靈性上的本質。這種激情就稱為「虛榮」。

提醒

無論你的主要人格類型為何，激情都是人格的一部分，也是驅動情緒生命的動機。激情會掩蓋心靈的傷口，[2] 並且對於你與生命的連結，創造出情緒反應，讓你離靈魂真正摯愛的愈來愈遙遠。所有人格類型都是如此。

心智的習慣（人格的執著）

假如我要完全對自己誠實，那麼我必須承認，無論是對自己或其他人，我都沒有展現出真實的自我。我戴上特定的面具，創造出心目中別人想要的形象。最終，我開始相信這個虛假的面具，忘了真實的自己。

我可以讓自己成為心目中別人需要的樣子，以換取他們的關注和認同。這就稱為「欺騙」。

無論你屬於哪一種人格類型，執著都是人格的一部分。執著是你固著行為的動機，也影響你對自我和世界的僵化想法。這會創造出虛假的現實感，也是自尊面對生命問題時自動化、不受質疑的應對方式，因而讓你遠離真實的自我。對所有人格類型來說都是如此。

內在批評者的訊息
（我的內在批評者堅持什麼）

我唯一的價值就來自成功和成就。[3]我的內在批評者堅持，我必須用成功來引起其他人的關注，否則就是失敗者，活得毫無價值。舉例來說，假如我不因為特定的行為而得到認同，就會覺得失去價值，必須更努力爭取認同。只要我還陷在內在批評者的網羅，就會犧牲自己內心的渴望，只追求外在的目標和成就，最終導致內在的空虛。

上述的每種元素，都影響著我們的整體自我感。核心信念、激情的情緒驅動力、心智的習慣（執著）和內在批評，都在無意識間強化我們的身分三角。

關於第三型人格的額外資訊

我的壓力源

當其他人希望和我在情緒上親近時，我就會感受到壓力，因為敞開自己的內心太困難了。當我希望自己在每一方

面都有所成就、覺得被迫追尋所有代表成功和地位的象徵
時,也會感到壓力。為了避免這些壓力,我幾乎隨時保持戒
備,不讓其他人看見我的不安、脆弱或缺乏自信。

當我最限縮和僵化時

我會竭盡所能創造出理想的表象。這代表我會在成就上
有所欺瞞。

無論對他人造成什麼影響,我都會選擇最有利的道路。

為了塑造成功的表象,我會利用他人。

我與自己內心的渴望完全失去連結。

與第三型相關的其他人格類型

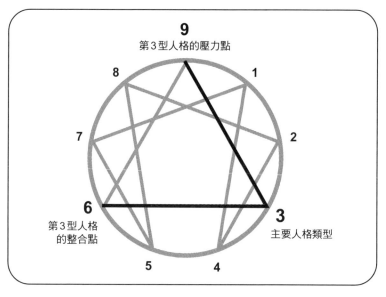

圖表9-3　第三型人格的壓力和整合點

第三型人格者會經歷他們壓力點,也就是第九型人格的
特質。對此,第六章有更深入的討論。要特別注意該章節

「一般行為」和「值得注意並觀察的模式」等部分。

　　第三型人格的整合點，包含自我隱藏層面，就是第六型人格。關於第六型人格的更多資訊，請參考第十四章。對於第三型人格的整合點，可以特別注意該章節「天賦與最佳狀態」的部分。對於第三型人格的自我隱藏層面，則參考該章節「一般行為」的部分。

　　九型人格也可以反方向來看，有助於尋找自己的主要人格：第三型是第六型的壓力點，並且是第九型的整合點。

▶ 覺察讓你偏離道路的行為模式

值得注意並觀察的模式

　　在這個部分，你會看到許多和第三型人格結構相關的習慣模式。這些模式都會提供有用的訊息。這不代表你有什麼缺點或犯了什麼錯，而是像路標那樣，會帶你走向覺醒的道路。它們會幫助你覺察，並直截了當地切入經驗的核心。最終，你將放下特定且時常造成困擾的習慣性策略，讓自己更加活在當下，放開心胸，得到自由。

習慣在人生的每個部分都訂定目標

　　找出以目標為導向的人生可能有什麼正面和負面的後果。當你持續把能量聚焦在創造目標和追求目標上，又會失去什麼？

　　要注意的是，光是想像另一種生活方式，可能都是一種挑戰。有個小訣竅：敞開心胸分辨「強迫性的目標導向」，

以及聚焦在對你來說「觸動內心或有意義」的事物。

注意你是否覺得自己必須成為頂尖人物，表現傑出。這可能讓你不斷自我激勵、自我肯定，或是說服自己接受下一個目標，就像是不斷重複著「我覺得我可以、我覺得我可以……」的火車引擎般的內在聲音。

你會注意到，自己彷彿總是在攀登山丘，甚至是高聳的山峰。你會發現自己努力向前，總是在行動中。你會覺得幾乎不可能在鍥而不捨的內在驅動力下稍微休息。這些經驗都代表你該換檔了。即便只是稍微放慢平常走路的速度，都能幫助你感受到更多的內在空間。

別忘了，這樣的目標導向曾經在你年幼時，保護你的內心不受傷害。

習慣維持成功的形象，其實是龐大的疲憊和壓力來源

假如這是你最主要的習慣模式，或許你會注意到：

- 當你成功時，即便是極度成功，可能還是覺得難過，像是少了什麼。
- 無論成功的程度如何，你都可能覺得躁動，覺得必須再鞭策自己，特別是當你看到別人受到肯定時。你會變得有攻擊性，想搶走別人的光環。

習慣渴望去追求注意

第三型人格者體現了人們普遍對認同和讚美的需求。這個類型的人希望被其他人「看見」。然而，當這樣的感覺消耗了你大部分的能量，可能就讓你忘了自己是誰。

如果更深入細膩地探討這個模式，就會發現你對關注的渴望，其實反映的是更想受到重視，感受自己的價值。假如

你希望更加自我覺察，擁抱真正的自由，就必須先對自己誠實和寬容。

第三型人格者通常都擅長適應不同的情境。

- 當這樣的特質反映的是個人的彈性和反應力，就會是可貴的資產。
- 當個人僅僅為了迎合他人而調適，則可能帶來負面影響。想要塑造出心目中人見人愛的身分和形象，會消耗大量的能量。
- 注意你是否清楚自己的價值、需求和感受。對你來說，什麼事是重要的？當你採取行動去覺察自己的感受時，是否也感到脆弱，甚至有些赤裸？這可能代表你必須更關注自己的感受。

習慣扭曲事實

你是否有時會欺騙他人，甚至是欺騙自己？舉例來說，或許你會為了引起注意，而誇大自己的背景。這裡的對象可能是潛在的雇主、新的交往對象等等。接著，你會發現為了維持最初的故事，你得編織更多善意的謊言。

也許你發現，自己會為了一時方便而編造對自己最有利的故事。有時，欺騙則反映在為了不同的人，戴上不同的面具。造假的傾向是第三型人格者無意識的應對策略，會讓我們遠離真實的自己。

然而，即便你誠實又成功，還是可能潛藏著毫無根據的恐懼，害怕自己名過其實，或是讓自己尊敬的人失望。隨之而來的脆弱感讓人難以承受，因此你會發現自己更努力想變成別人心目中理想的樣子。

自我賦能的生命練習

以下的賦能練習，能幫助你轉向自己真實的本質。

1. 為自己創造專屬的時間和空間，不需要回應任何外在的要求，也無須追求表現

這樣的時間和空間是讓你自我探索的。舉例來說，你會開始思索哪些事能帶給你喜悅。你可以建立祭壇或神聖的空間，與自己最深刻的內心引起共鳴。或許你會想要讓繪畫或寫作課程聚焦在創作的過程和真實自我的表現，而不是最終的成品。這是幫助你將注意力轉向內在的練習。

2. 練習和其他人分享真實的自己

你可以從尋找給你安全感的人開始，跟他們分享你的感受、懷疑和需求。這樣對他人表現真誠的練習，或許會讓你感到脆弱或赤裸，因此請對自己溫柔一點。你會很驚喜地發現，其他人都會珍視你的開放和真實。

3. 對於你成功的渴望懷抱好奇心，無論代價為何

注意自己渴望成功背後的動機為何。對你來說，成功的定義是什麼？誰定義了你的成功？

4. 關注你的內心

當你發現自己不斷自我鞭策時，暫停一下，看看自己有什麼感受。

把注意力從外在世界轉向內在。更熟悉自己內心的感受，練習對自己敞開心房。允許自己的內心放鬆，邀請自己

走入內心。深呼吸。

假如這讓你感到陌生，請尋找可以支持你的人，或許是心靈導師、人生教練，或專注於心靈發展的團體。

當你開始和內心建立更穩固的關係時，注意自己的生命出現哪些改變。

5. 練習問自己：「這個情境下的真實有哪些？」

第三型人格者可能會扭曲某個情境，創造出比較美好或可以接受的假象。這個自動化的過程發生得太快，可能連你自己也沒有意識到。當你想扭曲某個情境，創造正面形象時，想想你是要追求誰的認同？思考一下，如果堅持真實，又能得到怎樣更深刻的價值。

▶ 打造健康的蛻變道路

這本書的主旨之一是：九型人格的目的在於幫助我們真實的本質覺醒。這會帶領我們踏上療癒和蛻變的道路。不過對大多數的人來說，這都需要時間，也需要耐心、信任和信念，並盡可能地活在當下。本書的第三部分將提供對每種人格類型都有助益的過程。當然，每種人格類型者都有專屬於自己的重大過程。

假如你屬於第三型，你的療癒和蛻變之路就會包含：

允許你感受在胸有成竹的面具之下，**隱藏的傷痛和悲傷**。你的內心渴望你的注意力，以及對自己的寬容同情。

把重心從外在轉向內在。開始關注能帶給你感動的事

物，這些才能滋養你的心靈。你不需要事先知道答案。一次一步就好。

無論你對世界展現多少自信心，請注意，你的內在可能缺乏信心，感到焦慮和擔心，特別是在面對自我隱藏層面（也就是第六型）時。這樣的層面被揭露時，你會很難接受，但只要過了這一關，就能感受到真實本質的信心。從這樣的信心，你將了解到在自己的利益之外，對於比自己更遠大的目標有所貢獻時（例如團隊合作），也能帶來快樂和價值。你不再需要當最閃耀的那顆星。

提醒

自我隱藏層面會出現在整合點中偏向一般或較低的健康程度。

體驗如何與自己相處。你真實的內心將會讓你漸漸看見自己真正的價值。

行為和本質不再是生命中各自獨立的面向。你將發現自己真心地活在當下，生命充滿效能。

Chapter **10**

第七型人格──熱心者

　　史丹很有才華、心思敏捷、個性外向。他對於自己的生命現況感到挫折，於是受到人生教練所吸引。他過去在食物與釀酒產業擔任行銷和業務發展的職位，現今則在餐飲業工作，實際發揮對食物、烹飪和菜單開發的熱忱及專業。雖然他熱愛工作，卻覺得職涯的發展不如預期。他時常搬家，存款很少，所以在理財方面面臨很大的挑戰。

　　史丹希望學會更為自己負責。

　　當他發覺自己屬於第七型人格時，開始意識到自己的情況源自於數個長久以來的習慣模式：

- 他總是在行動中，隨時期待著下一步，卻很少專注在自己真正的狀態──他很少「活在當下」。他對於嘗試新事物的興奮，掩蓋了專注於人生真實需求的能力。
- 他發覺自己很難全心投入。對於多元活動都很有興趣，會多方嘗試，卻很快地感到無聊，進而轉向下一個主題。他發現這種情況不只是發生工作上，在人際交往和友情方面也時常如此。

- 假如覺得自己錯失機會，就會焦慮和坐立難安。
- 雖然擅長嘗試新事物，卻很難讓自己好好感受生命重大失落所帶來的悲傷。

　　對史丹來說，教練引導的重點在於放慢步調，專注於自己的感受。除了快樂之外，其他的感受都令他陌生。史丹認為，悲傷和其他負面情緒不只難以忍受，也無法想像它們有任何價值可言。最初，他只想愈快擺脫愈好。但一段時間後，史丹開始了解到，假如不好好面對這些感受，它們就會持續潛伏在表面下；而一旦認真感受它們之後，就能帶領他認識更深刻的自我。

　　第七型人格者時常會嚴重低估一件事所需的時間。雖然很困難，史丹還是練習減少每個星期百分之二十五的活動，讓自己每天多一些空間。當他發覺時間表還是很滿時，就會強迫自己再次減少活動。只要出現安靜的時刻，他就會有習慣性的焦慮；但隨著學習忍受，長久以來焦慮對他的控制力道就減少了。他可以在一天之內融入重要的安靜時刻。令他驚訝的是，這些時刻帶給他的價值超乎想像。

　　史丹也開始覺察到，習慣性的焦慮模式和他在負責任方面的困難有所關聯。當他更認真地看待對自己的承諾，並練習完成重要任務的策略，對生命也產生了嶄新的了解和感激。

▶ 第七型人格所經歷的內在統一

你的真實本質

假如你屬於第七型人格，你的靈魂自然會被每個時刻本然的喜悅和自由所吸引。你熱愛一切事物不受限制、無限寬廣的本質。你和生命中的一切都在持續進化，隨時展現嶄新的豐富。

當你與本質失去連結時，或許就不會意識到：你所熱愛的喜悅和自由都在這裡，只存在於這個當下。你不需要到其他地方，或是改變自己的行為，就能感受到當下的美妙。

你的人生故事：與內在和外在世界連結

在生命最初期，你的自我感和在世界上的定位，就已經決定了。你將這樣的經歷內化後，影響了與自己和他人連結的方式，以及你獨特的存在方式。假如你屬於這種人格類型，那麼以下簡短的童年故事，可能會讓你感到熟悉。

年幼之時，你充滿好奇心和探險的欲望，任何事都想嘗試。對你來說，生命有無數可能性等著你去體驗。

你在不同的活動之間轉換，很少事物能長時間吸引你的注意力。

小時候，或許是三歲左右，家裡發生了一些事，讓你被迫提早和母親（或是類似的養育角色）分離。或許是她回歸職場，或是生病，或是再次懷孕。對你來說，養育你的人不再像過去那樣全心投注在你身上了。她的呵護程度減少，帶給你很大的痛苦，你幾乎無法忍受。

從某一刻開始，你做出無意識的決定：「好吧，我不能再仰賴任何人照顧我了。我得照顧自己。我不要再等待，不再浪費時間來自傷自憐。我要確保能得到自己想要的一切。」

　　另一方面，你下定決心不要再感到痛苦。痛苦就像是浪費時間。

　　你的內在隱約有個無法填滿的空洞，你被養育的需求從未真正獲得滿足。於是，你開始尋找能填滿空洞的東西。

　　即便在這麼年幼的時候，你就能找到無數玩具、遊戲和其他玩伴等等，幫助你分心，忽略自己的感覺。你是個不斷行動的孩子，很容易感到無聊，完全閒不下來。除此之外，生命中有太多有趣的事物值得探索了。你可以是大家注意力的焦點、派對的靈魂人物，或是各種有趣活動的發起者。你的任務是：享受快樂。或許你曾經聽過：「你能不能靜下心，專心在一件事情上就好？為什麼你要一直往外跑？」

　　在有趣事物對你的吸引之下，潛藏著你的痛苦、悲傷和恐懼。你盡全力讓自己的心思活躍，總是尋找下一個轉移注意力的事物。你發現自己不斷往前看，期待發生下一個有趣事件。你保護自己，不讓人真正踏進你的心房，不讓他們看見完整的你。

　　你生命的中心思想開始成為：不應該經歷痛苦，痛苦是沒有必要的。你開始相信，必須把自己照顧好，因為沒有人會真的照顧你。

　　你不知道的是，痛苦非但不會讓你崩潰，反而能帶領你走向更深刻的滿足。你不知道的是，自己擁有最美

好的能力，能經驗內心的深度、豐富和感恩。你不知道
的是，只要活在當下，生命就會充滿活力、充實而無限
美好。

你的重大失落

幼小的時候，在意識和語言能力建立以前，你的經歷就
讓你與靈魂所渴望且相符的本質疏離。這樣的痛苦龐大到難
以承受，因此自尊結構開始形成，扮演了你在早期失落中的
守護者。

我們都記得，自尊試圖模仿我們的真實本質，卻永遠不
會成功。因此，**第七型人格的結構試圖重新塑造出自由和喜
悅的經驗**。你的注意力快速從一件事轉移到另一件事，因此
總是只感受到經驗的最表面。然而，當你不夠深入，就無法
好好吸收不同的情況、個人和情境能帶給你的事物。因此，
你的渴望永遠無法得到滿足。

以下是第七型人格的重大失落和痛苦：你覺得自己所追
尋的真正滿足似乎並不存在，永遠不可能找到。當你隨時處
在搜尋的狀態，內心就會隱隱作痛，因為這一系列的活動都
無法真正觸及內心。

▶ 第七型人格自尊編碼的內在邏輯，以及身分三角

第七型人格的核心信念

核心信念固定後，就會形成無意識的濾鏡，只接收那些符合自尊信念的資訊。不幸的是，這樣的濾鏡會錯失或排除那些可能為我們提供替代觀點的訊息。這樣的信念成為形塑個人與生命連結的核心守則。

每種核心信念都是虛假的，感覺卻相當真實，所以我們必須帶著同情心地自我覺察。最重要的是寬容和真誠。

假如你屬於第七型人格，就渴望被滿足，但這樣的特質是虛幻的，永遠無法觸及。你相信自己必須走入外在世界，或許能在那裡找到滿足的來源。

你不相信其他人能滿足你的需求，或是提供真正的支持；你認為只能靠自己追尋滿足。在所有的活動和努力中，你持續感到寂寞。

這個信念如何呈現在你的生命中？以下是你可能注意到自己有過的思考、言語，或是做／沒做的事：

- 有太多刺激的機會，每一種我都想要嘗試。接下來該做什麼？
- 別要我去處理細節，我很快就會覺得無聊。況且，點子是我提的，剩下的該由其他人接手了。
- 我總希望能抵達那個終點（或是擁有那輛車、體會那樣的經驗等等）。我現在就要為此訂定計畫。
- 當另一半希望我待在家裡做家事時，我會覺得很挫折。

我在週末已經幫過忙,而且還訂了一些我非常想嘗試的計畫。對方為什麼不能理解?

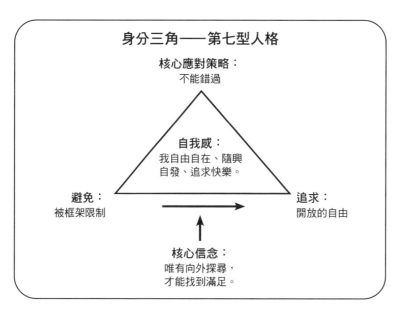

圖表10-1 第七型人格的身分三角

第七型人格者可能會認同以下由身分三角所構成的內在邏輯:

我**追求**的是能隨心所欲的自由。我想嘗試的事情太多,這份清單還在不斷增長,我對每件事都想嘗試。我把注意力放在隨興自發,希望隨時都能做出反應。我必須讓自己的需求得到滿足,似乎任何事都有可能讓我達成目的。假如某件事讓人失望,我就會快速轉移到下一件事。

我**避免**任何可能將我困住的事,例如不舒服或痛苦的情境。伴隨著受困而來的危機感很可怕,其中也包含

無聊的情境或人物。假如不能在想要的時候做想要做的事，我就會覺得焦慮挫折。我會抄捷徑來避開障礙物，讓自己更快達到目標。對我來說，最難面對的就是錯過某些事物的感覺。

我的**應對方式**是確保自己不錯過任何美好的機會。我隨時都在行動，不輕易做出承諾，因為總是有可能遇到更有趣、更好玩的事。

作為應對策略的延伸，我知道自己的生命中心概念就是：最重要的是自由追求不間斷的快樂。假如能專注在讓自己快樂的事物，人生就會很美好。我對各種可能性興奮不已，總是想著接下來可能會如何。我的大腦快速運轉，專注在未來的規畫。在期待未來的同時，我就能避免大多數悲傷或縈繞在內心的不快樂。假如能持續嘗試新的體驗，我就會感到自由，至少暫時如此。

這一切都讓我覺得自由自在、隨興自發、追求快樂。然而，這樣的自我定義或**自我感**，最終卻帶來限制，讓我無法覺察和擁抱更完整的生命經驗。

雖然隨興自發和追求快樂都是正面特質，但過度濫用時，就會讓我無法覺察內心更深沉的滿足、內在的平靜，以及與未知共存的能力。當人生持續聚焦在樂觀和尋求快樂，反而會錯失了真正滿足的人生。

第七型人格的覺醒能力：
清醒和活在當下的美好

你擁有無限潛力，能追求美好和感恩。無論發生什麼事，你都能敞開心胸地深刻欣賞。你能安定下來，享受每個

時刻的驚奇與美好。一旦當你專注在每個當下，吸收自己所有的感受，這樣的能力就得以拓展。你了解生命的深度，並深受影響。這樣的發現還伴隨著另一個體悟：與內心建立真實的連結，並不會影響你的快樂。事實上，反而還會讓快樂加倍。

當你遺忘並失去與內在能力的連結，就會感受不到當下生命的美好，並渴望愈來愈多樣的事物和經驗。你開始覺得似乎怎樣都不夠。你忘了，只要好好專注在當下的體驗，就能得到最大的滿足，這就是通向自由生命的道路。

第七型人格的冰山模型將上述的內容圖像化。

這個模型一開始是較開闊的特質，是這類人格者的內在天賦。當我們漸漸放下對狹隘自我定義的堅持，就愈來愈能自然地體驗到這些特質。模型也能幫助我們理解水面之上，即第七型人格者可觀察的特質表現。此外，也告訴我們水面之下發生了哪些事，例如當人格控制我們時，形塑並驅動我們各種行為的內在動力。（可參考第五章對於冰山模型的討論。）

解碼第七型人格結構

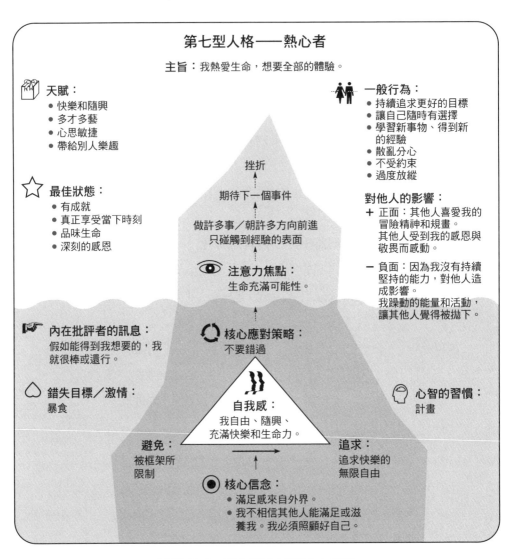

第七型人格——熱心者

主旨：我熱愛生命，想要全部的體驗。

天賦：
- 快樂和隨興
- 多才多藝
- 心思敏捷
- 帶給別人樂趣

最佳狀態：
- 有成就
- 真正享受當下時刻
- 品味生命
- 深刻的感恩

一般行為：
- 持續追求更好的目標
- 讓自己隨時有選擇
- 學習新事物、得到新的經驗
- 散亂分心
- 不受約束
- 過度放縱

對他人的影響：
- ＋ 正面：其他人喜愛我的冒險精神和規畫。其他人受到我的感恩與敬畏而感動。
- － 負面：因為我沒有持續堅持的能力，對他人造成影響。我躁動的能量和活動，讓其他人覺得被拋下。

挫折

期待下一個事件

做許多事／朝許多方向前進
只碰觸到經驗的表面

注意力焦點：
生命充滿可能性。

內在批評者的訊息：
假如能得到我想要的，我就很棒或還行。

核心應對策略：
不要錯過

錯失目標／激情：
暴食

自我感：
我自由、隨興、充滿快樂和生命力。

心智的習慣：
計畫

避免：
被框架所限制

追求：
追求快樂的無限自由

核心信念：
- 滿足感來自外界。
- 我不相信其他人能滿足或滋養我。我必須照顧好自己。

圖表 10-2　第七型人格的冰山模型

第七型人格的主旨

「**我熱愛生命，想要全部的體驗。**」是第七型人格結構的主旨。

▶ 水面之上

第七型人格的天賦、日常習慣和挑戰

天賦與最佳狀態（當我心胸開放且健康狀況最佳時）

我很有趣又隨興。我充滿活力，能在當下自由反應。

我多才多藝。輕鬆地在廣泛多元的主題、任務和活動之間遊走。

我心思敏捷，學習速度快。喜歡和他人鬥智、鬥力，而我的聰敏總是脫穎而出。

我帶給別人歡樂。輕鬆的幽默和快樂總能感染其他人。

我很有生產力、務實且成就豐富。

我真正享受當下。熱愛生命。

無論生命帶給我什麼，我都能好好品味。

對於生命，我懷抱著深刻的感恩和敬畏。

一般行為（當我受到人格控制時所展現的特質）

我會不斷地往看起來更美好的地方移動，而其他地方似乎比我當下的位置更吸引人。

因為擔心有更好的情況發生，我會等到最後一分鐘才做計畫。我喜歡有選擇，才不會受到限制。

我追求各種經驗和事物。或許永遠用不上自己所得到的，但學習的當下，我總覺得自己必須這麼做。

我的能量混亂分散，無法聚焦。我隨興移動，沒有方向感，也很難專注在同一個任務上，好好完成任務。

我不受拘束。我不認為自己必須受限。

我會過度追求歡愉，或想要遠超過必要分量的事物。

 ## 注意力焦點（當我依附於人格時的注意力焦點）

注意：這裡概述的是注意力焦點愈來愈狹隘時，可能發生的狀況。我們活在當下的程度，將決定注意力焦點。愈能活在當下，我們的注意力就會愈開闊，而不會變得狹隘。

當我受到人格控制時，會將注意力集中在外在世界的可能性。我不喜歡受到限制的感覺，只想要隨心所欲。我的注意力總是分散在當下和未來想做的事情之間，因此對任何經驗都只有最表淺的體驗。

當我開始在行事曆上填滿可能帶來滿足的事項，就發覺自己很難在選項中做決定。我通常會從某件事跳到另一件，只想知道那件事能帶給自己什麼。為何不呢？隨興和享受不就是這個意思？

當我同時想朝著更多方向前進，就很難貫徹始終。我很容易分心，讓期待和焦慮的程度都隨之提高。

我變得很挫折，因為沒有什麼事帶給我真正的滿足。這些選擇都出了問題，我開始害怕，或許沒有任何東西能真正滿足自己。

我對其他人的影響

+ **正面：**

- 我的熱情刺激並鼓舞了其他人。
- 我的樂觀和對生命的熱愛，讓其他人也受到感染。

－ **負面：**

- 我投入的程度不足，無法貫徹始終，因此讓其他人感到挫折。
- 我的躁動和對於及時回報的需求，讓其他人惱怒。

▶ 水面之下

如果想了解第七型人格的內在動力，我們就得關注水面下的一切，從最底部往上探討。

第七型人格的核心信念

核心運作守則會影響生命可見與不可見的許多層面。

我不相信任何人能滿足或滋養我。其他人給不了我追尋的東西，我只能靠自己。

我相信真正的滿足來自外在的事物。一定存在著比我現在所擁有的更美好的事物，我只需要繼續追尋就好。一方面，我相信那樣東西就在下一個轉角處；另一方面，我又害怕永遠找不到它。

身分三角

我所追求的

我追求的是隨心所欲的自由。我想嘗試的事物很多，即便當下正在嘗試某件事，我早已開始想著下一件事。我以自己的隨興和彈性為傲，這讓我能在當下立即對新的機會做出反應。雖然有時內心會暗自感到疲憊，我還是持續行動，去認識新的人、尋找新的有趣玩意，或是參與一場又一場新冒險。假如我感受到無聊或失望的可能性，很快就會轉向另一件帶來更大樂趣的事。

我所避免的

我避免的是任何可能將我困住的痛苦情境。對我來說，伴隨受困而來的危機感，簡直和死亡一樣痛苦。當情境太過低迷、安靜，或是人們說話速度過慢，又或是事情進展得不夠快，都會讓我焦慮，失去耐性。假如不能做自己想做的事，我很容易感到挫折。

為了更快達成目標，我會抄捷徑來繞過障礙。

我的核心應對策略

我的應對方式是確保自己不錯過任何美好驚奇的機會。我隨時都在行動中，不輕易做出承諾，因為隨時可能出現更有趣的事。舉例來說，我喜歡和朋友在新開張的餐廳吃晚餐，但還是可能出現更吸引人的邀約。

我總是尋找有趣的新活動和體驗。我的雷達似乎總能偵測到新的機會，而我會熱情回應。我通常不會在同一件事（或是同一個人）停留太久，總是有備用計畫。我的應對策

略讓我持續保持活躍，不斷地做各種事。

自我感（我是……）

　　我認為自己有趣又隨興。總能帶給別人刺激，也持續接收刺激。雖然這些都是正面的特質，卻會對我造成限制，讓我沒有充裕的時間體驗生命最完整的情緒，包含失落時不可避免的悲傷。

錯失目標（激情的能量驅動力）

　　當我試圖用外在的事物和經驗填補內在的空洞時，其實就錯失了真正的目標。換句話說，我的習慣是盡快跳過讓人不舒服的感受。由於認定滿足感來自外在世界，我離自己愈來愈遠。我難以得到滿足，因此愈來愈空虛。我擔心自己會做出錯誤的選擇，錯過唯一真實的快樂來源。於是，我不會只專注於單一選擇，而是盡可能得到更多經驗。這種激情就稱為「暴食」。

　　無論你的主要人格類型為何，激情都是人格的一部分，也是驅動情緒生命的動機。激情會掩蓋心靈的傷口，[1]並且對於你與生命的連結，創造出情緒反應，讓你離靈魂真正摯愛的愈來愈遙遠。所有人格類型都是如此。

心智的習慣（人格的執著）

我總是預期隨時會有比現在更好的事發生。假如下一件事並沒有更好，那麼再接下來的事或許就是我引頸期盼的。這樣的預期心理讓我聚焦在規畫未來，而不是體驗當下。因此，我錯失了許多當下的事物和感受。

無論你屬於哪一種人格類型，執著都是人格的一部分。執著是你固著行為的動機，也影響你對自我和世界的僵化想法。這會創造出虛假的現實感，也是自尊面對生命問題時自動化、不受質疑的應對方式，因而讓你遠離真實的自我。對所有人格類型來說都是如此。

內在批評者的訊息
（我的內在批評者堅持什麼）

當我得到自己需要的事物時，內在批評者就會給予獎勵。[2]當我持續追尋新的經驗和物質享受時，也會受到它的獎勵。內在批評者試著說服我，「不斷地期盼，終將帶來滿足」。只要我還陷在內在批評者的網羅，就會專注追尋下一件事物，而永遠無法得到當下真正的滿足。

上述的每種元素，都影響著我們的整體自我感。核心信念、激情的情緒驅動力、心智的習慣（執著）和內在批評，都在無意識強化我們的身分三角。

關於第七型人格的額外資訊

我的壓力源

當我覺得受限於自己的承諾，無法做其他想做的事，就會感到壓力。然而，當我參與的活動過多，也同樣難以承受，因而造成壓力。當我想要同時拋接太多彩球時，就會陷入瘋狂和混亂。

當我最限縮和僵化時

我會竭盡所能地逃避痛苦。

我衝動且不負責任。

我魯莽失控。

我會崩潰且動彈不得。

與第七型相關的其他人格類型

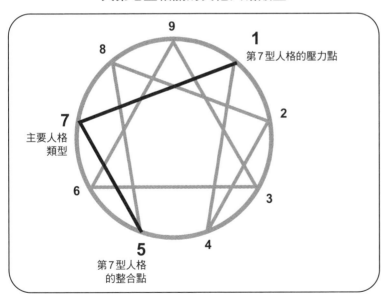

圖表 10-3　第七型人格的壓力和整合點

第七型人格者會經歷他們壓力點，也就是第一型人格的特質。對此，第十二章會有更深入的討論。要特別注意該章節「一般行為」和「值得注意並觀察的模式」等部分。

第七型人格的整合點，包含自我隱藏層面，就是第五型人格。關於第五型人格的更多資訊，請參考第八章。對於第七型人格的整合點，可以特別注意該章節「天賦與最佳狀態」的部分。對於第七型人格的自我隱藏層面，則參考該章節「一般行為」的部分。

九型人格也可以反方向來看，有助於尋找自己的主要人格：第七型是第五型的壓力點，並且是第一型的整合點。

▶ 覺察讓你偏離道路的行為模式

值得注意並觀察的模式

在這個部分，你會看到許多和第七型人格結構相關的習慣模式。這些模式都會提供有用的訊息。這不代表你有什麼缺點或犯了什麼錯，而是像路標那樣，會帶你走向覺醒的道路。它們會幫助你覺察，並直截了當地切入經驗的核心。最終，你將放下特定且時常造成困擾的習慣性策略，讓自己更加活在當下，放開心胸，得到自由。

習慣保持高強度的能量

第七型人格的高強度能量可能以不同的方式呈現。

注意你是否習慣將自己的能量向外界發散。這反映在你的說話速度很快，有時甚至會忘記呼吸。

這會反映在你時常不小心安排太多活動，想要同時出現在很多不同的地點。第七型人格者面對的一大挑戰，在於他們想做的事和想去的地方幾乎沒有限制。

注意你是否因為期待更有趣的事出現，常常延遲做決定，以及推遲和特定朋友的約會。例如，你可能希望在最後一分鐘，買到演唱會門票售罄後又釋出的票。

你是否很難拒絕眼前美好的機會？你會發現，這些機會對你來說都像是一生只有一次那樣難得，彷彿只要放棄，就會錯失極度重要的事物。

觀察你是否逃避某些事，例如無聊或其他負面感受。

這種高強度的向外能量會受到腎上腺素催化，甚至產生陶醉感。對於第七型人格者來說，可能相當熟悉腎上腺素高漲的情況。雖然對生命的各種可能性充滿熱情是很棒的事，但你也會發現自己時常筋疲力竭，或是被壓得喘不過氣。別忘了，這樣高強度的情緒，在你童年之時就成為保護創傷的機制。

習慣帶給他人歡樂，維持活躍

第七型人格者通常扮演著帶來歡樂、提振士氣的角色。他們有時會發現，其他人已經習慣了他們情緒高昂、充滿能量的情況了。

情緒高昂對你有什麼影響？如何改變你對自我的感受？當你身處聚會中心時，對自己有什麼期待。注意情緒高昂對你的人際關係品質，造成了怎樣的影響？

習慣以特定方式面對痛苦和悲傷

當你花一些時間放慢腳步，會感受到什麼？

注意你是否感受到悲傷或焦慮。注意你是否允許自己感受除了振奮和正向之外的其他情緒。

第七型人格者通常會避免一絲一毫的內在痛苦，因為他們擔心會被吞沒，永遠陷入痛苦中。他們通常會繞過悲傷或其他痛苦的內在感受，讓日子就這麼繼續過下去。

打斷悲傷的過程只會將感受埋葬，使其在往後更不適宜的時刻，以更強烈的方式重現。對於除了繼續前進以外的感受，你抱持怎樣的想法？

習慣感到挫敗和不耐煩

注意到你何時會感到不耐煩或挫敗。暫停一下，做幾個深呼吸。不耐煩的感覺如何？你通常都會怎麼做，以釋放或減輕不耐煩帶來的不適。

挫折的感覺如何？你的挫折通常伴隨怎樣的模式？你如何反應？這如何影響你的人生？注意你表達自己挫折的頻率，以及你感受到挫折的頻率。

習慣期待下一件事發生

第七型人格者會將大部分的能量用在預期下一件事上。

你是否常感到期待？注意你何時會聚焦在未來的事件，而不是專注於當下發生的事物。注意期待會帶給你什麼感覺，你是用身體的哪個部分感受？在怎樣的情況下？總是處於期待模式會帶來什麼樣的後果？當注意力都在預期未來時，你會錯過什麼？

自我賦能的生命練習

以下的賦能練習，能幫助你轉向自己真實的本質。

1. 讓內心平靜下來

第七型人格者的內心通常很忙碌，充滿期待和雜念。你可以進行冥想練習，幫助自己重新回到身體，感受身體的感官。這能幫助你將注意力重新聚焦，並減輕內心的壓力。

這樣的練習需要耐心，不可能只靜坐幾次就搞清楚一切；讓內心的雜音安靜下來，是需要投入一生來練習的。

你也會發現，在大自然裡安靜地散步，也有助於平靜。

2. 練習安排新的時間表

第七型人格者通常會發現自己的行程很匆忙，時常遲到。你會注意到，自己在不同的活動之間沒有安排足夠的緩衝時間，或是每個活動和任務所安排的時間都不夠用。

好好檢視自己的時間表。找一個星期的時間，把每天活動和約會的數量減少百分之二十五，看看會發生什麼事。你甚至得把活動的數量減少百分之五十，才能真正享受當下。或許你覺得，減少這麼多活動是不可能的；不過，給自己一點時間適應。包容內心那股要填滿每一分鐘的壓力，並覺察這些壓力的背後是什麼。

3. 持續體驗你的感受

無論是正面或痛苦的情緒，第七型人格者習慣打斷完整的感受過程。請試著直接體驗自己的感受。舉例來說，當你和朋友出現了艱難的對話，注意你在過程中的感受。當你持

續接受不斷浮現的感受時，會發生什麼事？在你體內浮現的感受，帶給你什麼感覺？

你會發現自己必須放慢步調——放得很慢——才能完整經歷這些感受。當你的感受完整時，這些感覺通常會發生變化。一般來說，你的內在會因此敞開，體驗到更自由的自我，以及更深沉的釋放。

4. 享受當下

花些時間覺察你生命當下所擁有的一切，並享受生命的美好。試著感受一下全然接收一切的感覺。你會注意到，與人格影響下的向外發散相比，接受一切的能量很不一樣。

有什麼能幫助你創造更多空間，體驗並擁抱當下？當你真的創造出空間，單純地活著，而不是忙著做什麼事，又會有什麼不同的感受呢？

5. 給自己一個機會

第七型人格者通常多才多藝，但對於緩慢的過程缺乏耐心。因此，他們會避開需要發展性知識或技術培養的活動。但這麼做時，你其實虧待了自己，埋沒了自己真正的能力。舉例來說，你可能等待截止期限迫在眉睫，才開始動手執行某個計畫。這使你沒有足夠時間深入計畫中更精密的部分。或許你最後會產生還不錯，甚至非常好的成果，卻無法讓你真正滿足。因此，花些時間讓自己發展，體驗努力過程中更深入的層面，讓你的能力充分開花結果吧。

當你期望立刻成為專家時，就會給自己壓力。當然，你很聰明，通常能用個人魅力克服新的挑戰。但還有其他方式能分享你的才能。舉例來說，你可以試著放慢從學習新事物

到開設工作坊的時程表。

專注於完成一件事。留意一下當你結束一件事情時的經驗。這感覺如何？

▶ 打造健康的蛻變道路

這本書的主旨之一是：九型人格的目的在於幫助我們真實的本質覺醒。這會帶領我們踏上療癒和蛻變的道路。不過對大多數的人來說，這都需要時間，也需要耐心、信任和信念，並盡可能地活在當下。本書的第三部分將提供對每種人格類型都有助益的過程。當然，每種人格類型者都有專屬於自己的重大過程。

假如你屬於第七型，你的療癒和蛻變之路就會包含：

重新聚焦你的注意力，從向外追求滿足轉向體驗當下的時刻。有意識地覺察自己的呼吸，這能幫助你與當下及身體建立連結。

放下你對於快樂的條件和規則（包含保持活躍、持續前進）。這些條件會把你困在框架中，永遠無法滿足。當這些虛假的條件解放後，你的發現會讓你深感驚喜。

假如你不去覺察或打斷，你的內在批評者就會對你有強大的影響力。你有多努力追求自己喜歡的事物，對自己就會有多嚴厲。學習減輕內在批評者的影響，終將能帶給你內心真正的自由。第十七章將提供許多面對內在批評者的策略。

注意你是否陷入內心的黑暗中（進入整合點／第五型人格的自我隱藏層面）。看見自己很困難，因為這和你對自己

的想法天差地遠。然而，你可能會迷失，變得疏離孤立，也讓其他人難受。當你慢慢覺察並接受這些特質──發現自我隱藏層面的過程──也會覺察讓內心平靜的內在能力。從這樣的平靜源頭，你自然會體驗到更專注清明的自我，也能與自己更自在地相處。

提醒

　　自我隱藏層面會出現在整合點中偏向一般或較低的健康程度。

　　你的內心是無限的智慧來源。透過內心，你將會接觸到許多值得注意的感受。接著，你將會覺察生命最深刻的感恩、敬畏和美麗。

Chapter *11*

第八型人格——挑戰者

盧卡斯在妻子的催促下，前來尋求人生教練。他的態度自信且強硬，直接切入重點。他表示，自己很嚴厲地鍛鍊正值青春期的兒子，希望他們學會為自己挺身而出，不要被別人利用。他覺得兒子們不負責任，態度輕浮，所以希望培養他們良好的職業道德觀念。

但成效卻不彰。兒子們都是好孩子，不太會惹麻煩，卻開始反抗他。因此，他變得更強硬且嚴厲。

他希望自己是孩子們的好榜樣，因此前來尋求更有效的教育方法。

盧卡斯參與了九型人格的初級工作坊，並發覺自己屬於第八型人格。在教練引導的過程中，他也有了更進一步的發現：

● 他並未注意到自己的能量有多強烈，也不知道這樣的能量對其他人的影響。他總是以為這代表了信心，以及清楚自己的方向。他和兒子的關係緊繃，因為他們沒有展現出同樣程度的強悍。但他漸漸意識到，父子之間對世界的感受相當不同。由於他年少時辛苦過，才得到如今的尊敬和地位，他很擔心

兒子們未來的人生會遭受打擊。

- 他總是做好引戰和應戰的準備，就算是面對孩子也是如此。展現自己的立場帶給他許多能量。如今，他覺察到自己不只經歷了人際衝突，而且無疑大部分是因他而起。

- 雖然他很愛家人，卻很難向他們表現出來。相反的，他只會給他們物質上的禮物和特殊待遇，希望他們能理解。

- 他和少數人有著特殊關係，這些人真誠地接納他，對他很好。他發現這讓他更能敞開，有時甚至展露脆弱的一面。這令他欣慰，因為他終於卸下心防。

　　起初，盧卡斯只是很開心有人能傾聽他的心事。一直以來，他總是覺得其他人都期盼他解決問題，或是提供保護。因此，在教練引導的對話過程中不用扮演強勢的一方，對他來說是完全陌生的經驗。

　　教練引導過程的中心，在於幫助他找到表達寬大內心中真實關愛的方式。他嘗試了新的溝通方式，真誠面對兒子們──不需要表現強悍。他開始了解，每個兒子都有自己特殊的需求。

　　在妻子的幫助下，他開始接受新的想法：其他人和他並不是對立的。一段時間後，他練習至少開始相信某些人立意良善。當他更常感受到內心敞開後，也得到了驚喜的回饋，更肯定了其他人對他的情感。

▶ 第八型人格所經歷的內在統一

你的真實本質

假如你屬於第八型人格，你的靈魂自然會被本身的生命力，以及專注在當下的內在力量所吸引。你會在自己身上和生命的每個部分都體驗到生命力，不需要強求。你能在當下活得深刻而美好。

當你與本質失去連結時，或許就不會意識到：敞開的心胸和願意接納他人，都是你內在力量不可或缺的一部分。你的身體在當下帶給你力量，不但能給予你支持，也讓你的內心展現出對其他人深刻的關懷。你不會將其他人推開，相反的，他們自然被你吸引。生命感覺很真實、豐富，而且就在眼前。

你的人生故事：與內在和外在世界連結

在生命最初期，你的自我感和在世界上的定位，就已經決定了。你將這樣的經歷內化後，影響了與自己和他人連結的方式，以及你獨特的存在方式。假如你屬於這種人格類型，那麼以下簡短的童年故事，可能會讓你感到熟悉。

在你最早有記憶時，就一直熱愛冒險、積極活躍，有著充沛的能量，總是追尋自己想要的任何東西，可能是玩具、關注、跳進水池裡，或是盡情玩樂。為什麼大人總是要你安靜下來，慢一點，或是別那麼粗魯？你常常惹麻煩，或許曾經聽過：「別這樣！你真是個壞小孩。」你覺得自己很渺小，沒辦法在這樣傷人的經驗中

真正保護自己。

很小的時候，你就開始注意到誰握有權力，而這個人不是你。有時你會感受到，這些權力被用來對付你，讓你沒有安全感。你學會隱藏自己的感受，認為如果要在充滿惡意的世界生存下來，就必須表現得很強悍。你的家庭生活愈是混亂，你就會變得愈強悍。

年輕時，你會展現自己對於愛的本能需求，卻覺得被斷然拒絕或遭到背叛。在無意識的層次，你下定決心永遠不要再受到背叛。表達對於愛的需求只會帶來痛苦。這樣的背叛經驗成為轉捩點，逼迫你快速長大。

你花了大量的能量，保護自己不受傷害，並否認自己需要其他人的認同和情感。你開始相信，自己必須強悍且獨立。

你生命的中心思想開始成為：不應該軟弱，也不應該真正相信他人。光是想到軟弱，就會讓你不舒服，因為軟弱就是你最大的弱點。

你所不知道的是，你的內心有著了不起的力量。你沒發現的是，即便敞開心胸，你仍然是堅強的人。

你的重大失落

幼小的時候，在意識和語言能力建立以前，你的經歷就讓你與靈魂所渴望且相符的本質疏離。這樣的痛苦龐大到難以承受，因此自尊結構開始形成，扮演了你在早期失落中的守護者。

我們都記得，自尊試圖模仿我們的真實本質，卻永遠不會成功。因此，**第八型人格的結構試圖重新塑造生命力和力**

量的體驗。人格會將你的能量推向外在的世界。對於手頭上的任務，你總是投入了超過實際需要的能量，以取代本質的生命力。你會正面迎接挑戰，甚至主動尋找新的挑戰。對你來說，沒有征服不了的高山。對其他人來說，你是必須小心處理的對象。你的自尊運作方式，就是放大你的能量，不斷地大量輸出。

以下是第八型人格的重大失落和痛苦：在最深層，幾乎是細胞的層次，你覺得外頭總會有人背叛你，因此帶來深刻到難以忍受的痛苦。這讓你無意識地下定決心，要讓自己心如鐵石，永遠不要遭到背叛。在你的一生中，都會帶著這樣深刻的內在傷痛。因此，你不斷推開靈魂真正渴望的，那股與自己、他人的生命完全連結所帶來的生命力。

▶ 第八型人格自尊編碼的內在邏輯，以及身分三角

第八型人格的核心信念

核心信念固定後，就會形成無意識的濾鏡，只接收那些符合自尊信念的資訊。不幸的是，這樣的濾鏡會錯失或排除那些可能為我們提供替代觀點的訊息。這樣的信念成為形塑個人與生命連結的核心守則。

每種核心信念都是虛假的，感覺卻相當真實，所以我們必須帶著同情心地自我覺察。最重要的是寬容和真誠。

假如你屬於第八型人格，你會相信世界是不公不義的。你必須保護自己和那些比你更無力的人，不受到掌權者的迫

害。你不能展現脆弱，否則其他人會占你便宜。因此，你必須表現自己的力量和權力。

這個信念如何呈現在你的生命中？以下是你可能注意到自己有過的思考、言語，或是做／沒做的事：

- 面對威脅時必須當機立斷。我來負責，因為我現在就有能力解決。
- 是的，我當然會冒險。我享受挑戰。
- 我喜歡奮鬥的感覺。就算大聲爭辯，有時太過強硬又如何？總要有人示範該怎麼做。
- 我不會為了自己的說法道歉。當其他人不誠實時，我就會被激怒。

這樣的核心信念造就了「身分三角」，快速地反映出我們如何度過人生。我希望你看看以下的描述，是否與你的經驗相符。

第八型人格者可能會認同以下由身分三角所構成的內在邏輯：

> 我**追求**掌控全局，展現自己的權力。我希望能控制自己所處的局勢和未來。我的生命充滿幹勁，釋放出大量能量，並挑戰所有擋在前方的事物。
> 我**避免**任何讓我顯得軟弱或脆弱的事物。顯露出自己柔軟的一面，對我來說是很大的風險，因為弱點隨時可能被其他人利用。因此，我會不計代價地維持主控權，展現強悍。

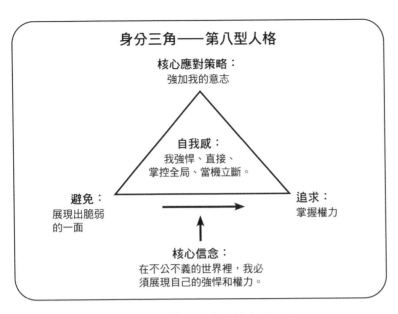

圖表11-1　第八型人格的身分三角

　　我的**應對方式**是強加自己的意志。在任何情況中，我都會發號施令，擴大自己對其他人事物的掌控，最終掌控全局。我的能量愈是擴大，就覺得愈安全。當我強加自己的意志時，會預期其他人乖乖配合。

　　作為我應對策略的延伸，我知道生命中心概念就是：我必須堅強並掌控全局。假如一切在我的掌控中，生命就能完美運作。我能洞燭先機，不讓其他人占到便宜。和其他人保持距離，能讓我不對他們過度敏感。由於與自己或他人的內心都沒有連結，我能輕易地強硬執行自己的意志。假如能持續隱藏自己的脆弱，甚至連自己也不再看見，我就能感覺大權在握，至少暫時如此。

　　這一切都讓我覺得自己很強悍、掌控一切，不需要依賴別人。這樣的自我定義或**自我感**，實際上會造成限

制，讓我無法覺察並擁抱更完整的生命。

　　雖然強悍和直接都是正面的特質，但過度濫用時，會讓我無法與自己細膩和關懷的本質連結，也不讓其他人走進我的內心。當人生持續聚焦在追求自己的極限上，反而會錯失真正滿足的人生。

第八型人格的覺醒能力：真心的力量

　　你擁有無限潛力，能關愛他人。這可能是透過直接的對話，或是主動為他人的利益而行動。只要與身體內在的力量及敞開的心靈保持連結，你對世界就是善的力量。這也代表著：敞開心房並不會削減你的強悍。

　　當你遺忘並失去與內在能力的連結，就會感受不到對自己和他人的細膩體貼。你開始變得強勢霸道，在情緒上與自己和他人都保持距離，你的自我認同也變得過於狹隘。

　　第八型人格的冰山模型將上述的內容圖像化。

　　這個模型一開始是較開闊的特質，是這類人格者的內在天賦。當我們漸漸放下對狹隘自我定義的堅持，就愈來愈能自然地體驗到這些特質。模型也能幫助我們理解水面之上，即第八型人格者可觀察的特質表現。此外，也告訴我們水面之下發生了哪些事，例如當人格控制我們時，形塑並驅動我們各種行為的內在動力。（可參考第五章對於冰山模型的討論。）

解碼第八型人格結構

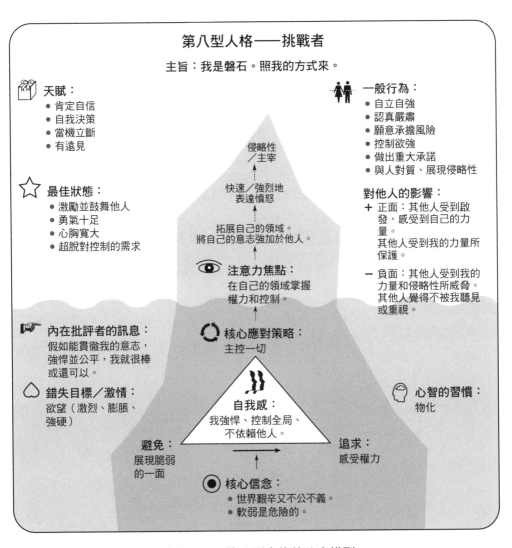

第八型人格——挑戰者

主旨：我是磐石。照我的方式來。

天賦：
- 肯定自信
- 自我決策
- 當機立斷
- 有遠見

最佳狀態：
- 激勵並鼓舞他人
- 勇氣十足
- 心胸寬大
- 超脫對控制的需求

內在批評者的訊息：
假如能貫徹我的意志，強悍並公平，我就很棒或還可以。

錯失目標／激情：
欲望（激烈、膨脹、強硬）

侵略性／主宰

快速／強烈地表達憤怒

拓展自己的領域。將自己的意志強加於他人。

注意力焦點：
在自己的領域掌握權力和控制。

核心應對策略：
主控一切

自我感
我強悍、控制全局、不依賴他人。

避免：
展現脆弱的一面

追求：
感受權力

核心信念：
- 世界艱辛又不公不義。
- 軟弱是危險的。

一般行為：
- 自立自強
- 認真嚴肅
- 願意承擔風險
- 控制欲強
- 做出重大承諾
- 與人對質、展現侵略性

對他人的影響：
+ 正面：其他人受到啟發，感受到自己的力量。
  其他人受到我的力量所保護。

－ 負面：其他人受到我的力量和侵略性所威脅。其他人覺得不被我聽見或重視。

心智的習慣：
物化

圖表 11-2　第八型人格的冰山模型

第八型人格的主旨

「我是磐石」或「照我的方式來」，是第八型人格結構的主旨。

▶ 水面之上

第八型人格的天賦、日常習慣和挑戰

天賦與最佳狀態（當我心胸開放且健康狀況最佳時）

我可以很強勢。我有能力也有自信，能正面迎戰，克服所有障礙。

我能自我決斷。為自己做決定，並採取行動貫徹始終。

我能當機立斷。面對問題時快速反應，提出並執行適當的解決方案。

我很有遠見，具備其他人所沒有的新視野。

我能啟發他人，帶來能量，讓對方獲得信心和勇氣。

我勇氣十足，總是擔任弱勢的保護者。面對不公不義時，我會挑戰當權者。

我寬宏大量，有著溫柔且開闊的心胸。

我將自己的控制欲昇華，轉化為對他人福祉的關注。

一般行為（當我受到人格控制時所展現的特質）

我自立自強，根本不需要任何人。

我不苟言笑。我很直接，看到什麼就說什麼，從不含混帶過。

我時常冒著不必要的風險，因為我喜歡冒險的刺激感。

我控制欲強，不願妥協。我喜歡用權力控制他人，讓他人遵從我。

我會做出過高的承諾。這能讓我在人際關係中占優勢，提升地位、影響力和權力。

我喜愛衝突，侵略性強。我的強烈能量和憤怒往往讓其他人難以承受。

注意力焦點（當我依附於人格時的注意力焦點）

注意：這裡概述的是注意力焦點愈來愈狹隘時，可能發生的狀況。我們活在當下的程度，將決定注意力焦點。愈能活在當下，我們的注意力就會愈開闊，而不會變得狹隘。

當我受到人格控制時，會將注意力集中在自己的力量、權力和對領域的控制。這裡的領域可能包含家庭、資產和財富、工作上的決策，以及人際相處的短暫互動。控制的力道愈強，我就愈能保護自己和重要他人，不受到生命中不公不義的傷害。

當這個殘酷世界裡需要我保護的人愈來愈多，我的影響力和範圍就愈來愈大。我通常會強硬地貫徹自己的意志，明確告誡他人，不應該侵入我的領域。我會快速表達自己的怒氣，但怒氣消散的速度也很快。我不知道為何這會對其他人造成困擾，但事實就是如此。

為了更進一步在威脅中保護重要的人事物，我變得更有侵略性、更強勢，也更有威脅性。我會強勢地勉強他人，實際上也會把其他人推開。漸漸地，我對別人的細膩體貼也就

愈來愈少了。

＋ 我對其他人的影響
＋正面：

- 其他人在有需要時，感受到我的力量、支持和保護。
- 我寬大的心胸和堅定的立場，能啟發其他人。

－負面：

- 我的強勢可能讓其他人備感威脅。
- 其他人覺得不被我看見、聽見和重視。

▶ 水面之下

如果想了解第八型人格的內在動力，我們就得關注水面下的一切，從最底部往上探討。

第八型人格的核心信念

核心運作守則會影響生命可見與不可見的許多層面。

我相信這個世界不公不義。我必須保護自己，不受到其他人不公不義的傷害。我不能顯露自己的脆弱，否則會遭到其他人利用。因此，我必須展現自己的強悍和權力。

身分三角

我所追求的

我追求掌控全局，展現我的權力。我喜歡面對挑戰時感受到的生命力，因為我貫徹行動的能力，就是展現控制力的方式。在工作和休閒時，我都全力以赴，投注大量的能量，並且期待其他人也這麼做。我喜歡突破自己的極限，這樣才能讓生命不虛此行。

我所避免的

我避免任何讓我顯得脆弱或軟弱的事物。我不敢開口求助，或是表現對其他人的依賴，因為這些都是弱點的展現。假如出現弱點，就注定被利用。我向自己承諾，絕對不會再陷入可能遭受背叛或傷害的處境。

我的核心應對策略

我控制一切。我動用所有必要的資源達到目的。在任何情況下，我都會發號施令，甚至加以支配，提升自己對其他人事物的控制。愈是將自己的能量向外強烈傳達，我就感到愈安全、愈受到保護。如此一來，其他人比較不會反對我；就算遭到反對，我還是會態度強硬地貫徹自己的意志。我認為其他人終將乖乖配合。

自我感（我是……）

我認為自己強悍、掌控局面、自立自強。我的意志堅強，總是貫徹始終。雖然這些都是正面的特質，但過度依賴它們，就意味著我很難體驗到完整的生命經驗，其中包含了

傷痛和脆弱。我並未意識到，脆弱其實是堅強的真正源頭。

 ## 錯失目標（激情的能量驅動力）

當我的生命極度緊湊，在行動和人際互動上就會耗費過多能量。當我愈是將能量向外推送和擴張，就感覺愈真實。我的強烈能量會把其他人從我身邊推開，這讓我覺得受到保護。然而，最終只會事與願違。這種激情就稱為「欲望」。

提醒

無論你的主要人格類型為何，激情都是人格的一部分，也是驅動情緒生命的動機。激情會掩蓋心靈的傷口，[1]並且對於你與生命的連結，創造出情緒反應，讓你離靈魂真正摯愛的愈來愈遙遠。所有的人格類型都是如此。

 ## 心智的習慣（人格的執著）

我會物化其他人，[2]讓他們對我來說不要太過有血有肉，或是占據太特別的位置。在我的生命中，其他人只是可能擋路的物體。這讓我輕易將他們視為對於控制權的威脅，進而歸類為我的敵人。這麼做能讓我表達自己的憤怒。

提醒

無論你屬於哪一種人格類型，執著都是人格的一部分。執著是你固著行為的動機，也影響你對自我和世界的僵化想法。這會創造出虛假的現實感，也是自尊面對生命問題時自動化、不受質疑的應對方式，因而讓你遠離真實的自我。對所有人格類型來說都是如此。

內在批評者的訊息
（我的內在批評者堅持什麼）

當我掌控全局時，一切就會很美好。[3]我的內在批評者不允許我區別哪些情況可以放鬆，哪些情況則適合出面領導。只要我還陷在內在批評者的網羅，就會試圖控制其他人，將我的信念強加在他們身上。我總是肩負著照顧其他人的重責大任。

上述的每種元素，都影響著我們的整體自我感。核心信念、激情的情緒驅動力、心智的習慣（執著）和內在批評，都在無意識間強化我們的身分三角。

關於第八型人格的額外資訊

我的壓力源

過度依賴身體的力量，對我造成了壓力，最終導致嚴重的身體問題。當我過度自我依賴、自我要求和控制，我的壓力就會無限飆高。當我竭力隱藏自己的軟弱時，自然也會產生壓力。

當我最限縮和僵化時

我會像個獨裁者，甚至變得殘暴。
我的內心充滿無法控制的憤怒。
我無視法律規矩。

與第八型相關的其他人格類型

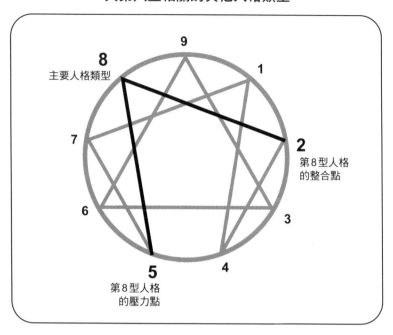

圖表11-3　第八型人格的壓力和整合點

　　第八型人格者會經歷他們的壓力點，也就是第五型人格的特質。對此，第八章有更深入的討論。要特別注意該章節「一般行為」和「值得注意並觀察的模式」等部分。

　　第八型人格的整合點，包含自我隱藏層面，就是第二型人格。關於第二型人格的更多資訊，請參考第十三章。對於第八型人格的整合點，可以特別注意該章節「天賦與最佳狀態」的部分。對於第八型人格的自我隱藏層面，則參考該章節「一般行為」的部分。

　　九型人格也可以反方向來看，有助於尋找自己的主要人格：第八型是第二型的壓力點，並且是第五型的整合點。

▶ 覺察讓你偏離道路的行為模式

值得注意並觀察的模式

在這個部分，你會看到許多和第八型人格結構相關的習慣模式。這些模式都會提供有用的訊息。這不代表你有什麼缺點或犯了什麼錯，而是像路標那樣，會帶你走向覺醒的道路。它們會幫助你覺察，並直截了當地切入經驗的核心。最終，你將放下特定且時常造成困擾的習慣性策略，讓自己更加活在當下，放開心胸，得到自由。

習慣讓自己的能量愈來愈強烈

第八型人格者面臨的挑戰之一，就是他們的生命強度。別忘了，這樣的強度曾經幫助你面對童年最初期的傷痛。

- 注意能量帶給你什麼樣的感覺。你能感受到身體中的能量嗎？
- 注意你如何將能量強加到其他人身上。或許你會感受到，自己正用能量推動他人。注意你的音量大小，以及實際上胸口的膨脹感。
- 當你使用強烈的能量時，是想要從你的互動對象那裡得到什麼？當對方也同樣強烈激動時，你的內在會出現什麼變化？
- 當其他人從你身邊退開，會發生什麼事？當你放鬆自己的能量，就算只有一點點也無妨，會發生什麼事？這會對你的互動帶來怎樣的改變？
- 注意人們如何與你互動。他們通常會向你靠近，還是遠

離你？其他人會保持尊重的距離，或是受不了你的能量而直接離開？

- 當你的能量強大並與他人對抗時，是否讓你覺得更有生命力？這對你的心理、生理和情緒健康，又造成怎樣的後果？對你的人際關係和生命其他層面呢？

- 你希望擁有和控制更多人事物，讓他們都進入你的影響力範圍。當你擴大控制領域時，怎樣的衝動會獲得滿足？這樣的衝動背後，又有什麼樣的動機？

習慣成為磐石

第八型人格者通常覺得必須堅強起來，不只為了自己，也為了其他人。他們認為力量的定義就是不顯露較柔軟的感受或弱點。

- 注意表現強悍會帶給你什麼感覺。怎樣的生理感覺會讓你覺得強悍？極力追求強悍的背後，有什麼原因？

- 成為磐石對你的自我感有什麼影響？

- 注意當你堅定立場時，是什麼感覺？對你來說，改變心意或觀點是否很困難？假使如此，當你選定立場時，對於改變有什麼想法？你覺得自己冒著怎樣的風險？

- 你對自己的人際關係滿意嗎？當你選擇成為關係中比較強勢控制的一方，究竟是滿足了誰的需求？

習慣保護自己柔軟的一面

第八型人格者覺得自己必須表現強悍。他們認為勇敢、直接和強烈的能量就等於力量。

- 當你將強烈的能量和力量劃上等號時，內心有什麼樣的感受？
- 你是否有信任的對象能夠分享真實感受、懷疑或悲傷？其他人能看見你比較柔軟的一面嗎？其他人需要滿足什麼條件，才能進入你的心裡？
- 你如何對重要他人展現你的溫柔和最真心的關懷？試著找出你會使用的字眼及行動。這些人對你的行動和話語有什麼回應？
- 當你允許自己感受溫柔的部分，會有什麼改變嗎？對你的人際關係又造成怎樣的影響？

習慣認為自己在對抗全世界

當受到人格所控制時，第八型人格者會隱約覺得，其他人都在和他們作對，會對他們不公不義，或是利用他們。為了自保和保護重要的人，他們會建立起防禦系統，挑戰那些敵對的人。其他人會覺得你從一開始就排拒他們，於是選擇和你保持距離。

假如你覺得自己的領域和控制受到威脅，是否立刻感到憤怒？有時候，你的怒火會毫無預警地爆發，讓你做出令人後悔的攻擊性行為，可能還必須在事後向其他人解釋。

我們其實很少遭遇真正的危險或威脅。假如其他人無意和你對抗呢？這對你的人際互動有什麼影響？對你的憤怒程度呢？

自我賦能的生命練習

以下的賦能練習，能幫助你轉向自己真實的本質。

1. 熟悉你生命中更平靜的層面

你會很訝異地發現，憤怒未必要向外表達。有時候，讓自己感受憤怒在體內的脈動就已經足夠，不需要採取任何行動或言語。

學著去了解讓你最有反應、最憤怒的情況。有哪些事物特別容易激怒你？你會注意到，自己的情緒在喝酒或服用其他藥物的情況下特別容易激動。

一旦開始覺察這樣的情況，請試著讓自己直接感受憤怒。等待並傾聽。什麼都不要做，安靜地觀察憤怒如何從體內升起，接著通過全身。留意憤怒希望你做什麼或說什麼。慢慢地深呼吸幾次，把空氣吸入腹部，不要受到衝動支配，只觀察你憤怒模式的本質。

2. 用你的能量來做些試驗

你怎麼知道該用多少能量，來完成特定任務或成功談判？無論實際的需求為何，第八型人格者總是使用過多的能量。試試看在面對特定任務或人際互動時，減少你投注的能量或力量。一開始你對此可能覺得很陌生，甚至它帶來你所害怕的脆弱感受。請與這樣的感受共存，看看會有什麼結果。你很可能發現，自己根本不需要耗費以往那麼大量的能量，就能達到目標，甚至成果還比以前更棒。

練習放鬆你的能量，不要對任何事物過度執著（實際上或抽象層面都是）。放手的感覺如何？

你也可以探索自己在意志上所展現的能量，也就是對「必須按照我的方式進行」的堅持。假如事情不如所願，你認為會發生什麼事？

你能夠就這麼接受，而不勉強嗎？你其實有能力在不同

的情境中，使用不同程度的能量。練習分辨究竟需要多少能量。什麼時候足夠就是真的夠了？

3. 假如其他人不是真的和你對立呢？

你自然地相信其他人都是潛在的威脅，也可能想要利用你。你覺得他們和你是不同陣營，是戰場上對立的兩方。但假如這不是真的呢？假如你們其實屬於同一邊，就算對於策略的想法不同，卻有著相同的目標？

這將會如何影響你？這會改變你對待其他人的方式嗎？

你將會驚訝地發現，其實你對他人有著本質上的溫柔。當你敞開心房，允許自己被其他人類接觸和感動，就會感受到自己強大且吸引人的特質。你真誠的內心是出乎意料的智慧和力量來源。許多第八型人格者表示，當他們打開心房時，所在乎的人也會更敞開，希望讓關係更緊密。

能夠有效讓他人接近的方式，就是練習放慢自己的步調，讓能量平靜下來，並真正傾聽其他人的觀點，更進一步理解對方。你也可以分享自己的觀點，但目的不是要讓其他人聽你的，而是希望互相理解，創造雙方都滿意的解決方式和結果。

4. 享受而非控制

你該如何放下對控制的執著，單純地享受？

花些時間在大自然裡，單純讓自己安靜地待著，不去想結果。這對身心的恢復都有很大的幫助。

學習讓自己專注在當下的時空，找到內在的中心。在你的腹部，你可以毫不費力地汲取內在本質的力量泉源。

練習冥想和有意識的呼吸技巧，幫助你減緩內在的緊繃

和壓力。更有意識地行走，放慢腳步，接收外在客觀的世界。你會發現，不需要過度逼迫自己，就能感受到生命力。

當你讓自己冷靜下來，會注意到什麼事？進入自己的內心，又是什麼感覺？你會發覺，其實自己有著不平凡的能力，那就是最真摯的愛。

5. 照顧自己的身體

身體使用大量能量的副作用，就是容易遮蓋身體想傳達的需求和訊號。

如此強烈的生活方式會將身體逼到極限。一段時間後，就會導致嚴重的健康問題。

特別注意你的健康習慣。最近有做健康檢查嗎？你的飲食是否定時定量，或是每天只吃分量特別大的一餐？你是否一夜好眠，或是覺得睡眠愈少愈好？你是否總是活躍，或是能在外出活動和放慢步調之間取得平衡？根據當前健康習慣的不同，你可以向專業人士諮詢，並評估你的健康狀態，看看在健康相關的活動上是否需要做出調整。

更了解哪些事物和活動對你的身體有益，哪些則否，而你的身體其實會告訴你。以此為戒，做出聰明的選擇。

▶ 打造健康的蛻變道路

這本書的主旨之一是：九型人格的目的在於幫助我們真實的本質覺醒。這會帶領我們踏上療癒和蛻變的道路。不過對大多數的人來說，這都需要時間，也需要耐心、信任和信念，並盡可能地活在當下。本書的第三部分將提供對每種人

格類型都有助益的過程。當然，每種人格類型者都有專屬於自己的重大過程。

假如你屬於第八型，你的療癒和蛻變之路就會包含：

發覺你內在的力量，這是讓其他人接近你的重要特質。當你對自己和其他人敞開心胸，會一點一滴地發現，自己充滿了從前所未知的力量。

不再執著於扮演磐石的角色。讓其他人知道，你也有需要支持的時候。對任何健康的人際關係來說，互相支持都是重要元素。

注意你也有自己的需求。你很難在自己身上看到什麼需求，因為這不符合你的自我形象。但你也是個人類，所有人類都需要其他人，也需要被照顧。當你看不見自己的需求，可能無意識地表現出需求和匱乏，因為你正朝著整合點（第二型人格）的自我隱藏層面靠近。然而，當你允許自己看見和表達渴望，並意識到自己潛意識透露的匱乏，就能讓自己更接近驚奇的內在真實力量。從這樣的力量泉源，你會化身為天然的催化劑，對世界觸發正面的影響。

> **提醒**
>
> 自我隱藏層面會出現在整合點中偏向一般或較低的健康程度。

允許自己表達對他人最深刻的關愛。你有美好的能力，可以與其他人連結，振奮對方的靈魂。你對他人真誠的關懷和愛，是你與生俱來的力量與天賦。

接受單純活著的喜悅。你天生就有能力享受及品味生命中微小事物的豐富和快樂。當你看見其他人的笑容、看見滿天雲彩或澄澈藍天、嗅到溫暖秋陽的香氣、看見嬉戲的孩童時，感官就會活躍起來。世界上有無限的可能性，能讓你享受這些最單純的喜悅，為靈魂注入生命力。

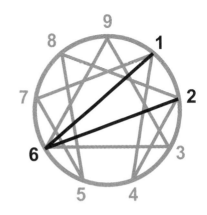

社交風格分群三

▶ 服務導向、負責型人格：
第一型、第二型、第六型

共通的主旨

對於第一、第二和第六型人格的人來說，在應對人際關係伴隨的壓力時，主要策略有兩種：理解參與的規則，以及釐清自己必須做的事。

受到人格控制時，這三種類型的人有著共通的人格結構，也就是內在的責任感強烈。這組分群的人也稱為**服務導向類群**。

假如你屬於這組分群，會注意到自己總認為在顧及自身需求之前，必須先盡認定的責任。你隨時保持警覺，觀察周

遭環境，確保自己遵循各種不言自明的潛在法則，做好所有該做的事。因此，你的自我感是以責任感為中心。自己的心理規則和內在指引都受到不斷改變的心智狀態影響。

這三種類型的人都很難讓內心平靜下來。服務導向類群通常暗自懷抱著優越感，他們覺得自己的做事方式和對別人的照顧，都勝過其他人。你可以信任他們會完成所有的責任義務。

服務他人是一種健康特質。然而，當負責任的應對策略成為自動化的習慣模式，再加上永無止盡的待辦事項，都會造成壓力，甚至使人筋疲力竭。由於責任只會持續增加，這類型的人永遠不會有足夠時間顧及自己的需求，而付出不被看見的感覺也會提升。最極端的狀況下，這些人可能會犧牲自己的生命，持續想把事情做對，堅持其他人的需求都在自己之上，或是對許多外在事物和承諾過度負責。

以能量的層面來說，這三種類型在偵測到環境中「該做些什麼」的訊號時，通常會展現荷尼所謂的「向他人靠近」。他們會透露迫切感，或是隨時表現得相當忙碌，在不知道下一步時就相當焦慮。他們過度急切地想幫助他人，或是在可能委屈自己的情況下，仍選擇負擔過多的責任。他們可能表現得緊繃或坐立難安，特別是在比較平靜的時刻。

對於這三種類型人格者來說，內在旅程中相當重要的一部分，就是盡量減少心理法則對自己的驅策，並體驗到內在的沉靜。

Chapter 12

第一型人格──改革者

　　維若妮卡是專業工作者，目前正經歷中年職涯轉換期。和許多相同階段的人一樣，她被人生教練所吸引。她希望找到生命的目標，也希望感受到內在的平衡。

　　有很長一段時間，她都擔任某大型非營利組織的主管。超過二十年來，她肩負著領導任務導向組織的重責大任。她規畫要卸下領導的職位，希望在組織的最後一年能用不同方式度過。

　　她熱愛自己的工作，投入大量時間，通常會為了值得追尋的目標而熬夜加班。她有一套自己的做事方式，假如不滿意下屬的作法，就會親自接手。

　　維若妮卡在幾年前就認識了九型人格的概念，但最近才重新回顧，因為她意識到答案或許就在其中。她屬於第一型人格的結構，開始覺察到以下的習慣模式：

- 她對自己和下屬都抱著很高的期望。她認為自己的標準很明確，因此當下屬沒能達成時，她就會嚴厲批判，憤怒不滿。當她自己無法達標時，也會嚴厲地自我批判。
- 她認為只要是和自己相關的事，自己都必須負責。

承受的壓力愈大，她就愈覺得自己有責任把事情做好。「假如我做不好，那麼誰來做？」

- 無論做什麼事，她幾乎都視為重要任務。為了追求理想，她誇大了多數任務和計畫的重要性。
- 她時常對事情的發展感到挫折，因此沒辦法真心慶祝組織美好的成果和貢獻。

在教練引導過程中的一項重點，就是練習對自己寬容。她開始發現自己有多嚴格，總是在自我批判，內在的聲音也固執地傳遞著負面訊息。她與一位溫柔的瑜伽老師合作，練習放鬆緊繃的身體。她花更多時間與幾個重要朋友相處，享受他們的愛和寬容。她練習讓其他人溫柔對待她，但這對她來說極度困難。

一段時間後，她對自己愈來愈寬容，也發現自己對待下屬的態度變得柔軟。她能傾聽他們的觀點，不再極力捍衛自己的想法，因此發現他們在多數議題上都和她站在同一陣線，只是表達方式有些差異而已。

她重新建構自己的生活，減少工作時間，報名了攝影課程——這是她的祕密興趣，只不過以前從不嘗試。如今，她最新的課題是練習和內在批評者分開，專注在自己的呼吸、丹田和內心。

隨著愈來愈能專注在當下，維若妮卡也愈來愈能感激生命中微小的喜悅和幸福，並且愈來愈能接受自己。

▶ 第一型人格所經歷的內在統一

你的真實本質

假如你屬於第一型人格，你的靈魂自然會被生命內在的美好吸引。當你的身體、心靈和心智，與上方的光明及下方的土地融合相通時，你的內心就會感受到共鳴。每個事物都有自己的位置。即便世界有紛擾和問題，你那更開闊的視野能看見生命展現的完美。你也對自己的美好敞開心胸，充滿敬畏。

當你與本質失去連結時，或許就不會意識到：不需要強迫任何事情發生，也能體驗到良善美好的本質。當你意識到還有比個人更神聖且強大的力量和智慧在運作，而你只是其中的一部分時，就會感到如釋重負。

你的人生故事：與內在和外在世界連結

在生命最初期，你的自我感和在世界上的定位，就已經決定了。你將這樣的經歷內化後，影響了與自己和他人連結的方式，以及你獨特的存在方式。假如你屬於這種人格類型，那麼以下簡短的童年故事，可能會讓你感到熟悉。

在童年最初期，你就努力想當個好孩子，卻時常覺得自己就是不夠好。隨著漸漸長大，你發覺其他人期待你肩負許多責任，你必須努力達成特定的標準。或許你聽過類似的話：「你可以做得更好。」或「這樣做是錯的，你也很清楚。重新來過。」

你把這樣的期待內化了，認為自己能看出問題，加

以解決。即便年幼時，你就會遵循特定的步驟或內在法則，以降低出錯的可能性。你很難達成自己的標準，當你發覺其他人不像你那麼努力時，就會感到挫折。

你會尋求父親或父親般的角色引導你。然而，此人可能對你太過嚴厲或放縱。尋求不到引導的你，只好開始為自己建立界限，也就是實質上的自我審查。你對自己很嚴厲，在其他人能懲罰或指正你的錯誤之前，你就會先自我懲罰。你花費大量的精力，希望能超越一切錯誤，你也非常嚴厲地自我批判。假如其他人懲戒你，會讓你非常痛苦。

為了幫助其他人，你可能對他們很嚴厲。時至今日，有時你還是覺得自己是唯一會做事的人，是全場唯一負責任的成年人。

你生命的中心思想開始成為：我必須是對的，或是把事情修正，因為無論是犯錯或被批評，都是無法接受的，這會讓你覺得自己一無是處。這對你造成限制，讓你的身體緊繃。你的人生大部分都努力當個好人，因為在你心目中，很難把自己看成好人。

你所不知道的是，你的內在有著與生俱來的良善本質。你並未意識到，生而為人難免犯錯。你不知道，外表上的不完美並不是反映出根深柢固的瑕疵缺憾，只不過是生命自然流動的一部分。你的內心渴望對自己寬容。你可以相信，自己內在強大堅定的羅盤，能帶領你走向更高的人生目的，並享受其中的喜悅。

你的重大失落

幼小的時候，在意識和語言能力建立以前，你的經歷就讓你與靈魂所渴望且相符的本質疏離。這樣的痛苦龐大到難以承受，因此自尊結構開始形成，扮演了你在早期失落中的守護者。

我們都記得，自尊試圖模仿我們的真實本質，但永遠不會成功。因此，**第一型人格的結構試圖重新塑造出生命的完美和正確**。當生命中的許多層面似乎都有不良的結構或失衡的功能，想要創造完美恐怕需要很大的工夫。義務的壓力很大，待修正的事物似乎永無止盡。

以下是第一型人格的重大失落和痛苦：你可能會覺得生命很不幸，有什麼本質上出了錯。你覺得自己必須持續努力，克服錯誤，一肩擔負起龐大的責任。當你內在的良善美好沒有被看見時，你會更強烈地覺得自己有很大的問題。

▶ 第一型人格自尊編碼的內在邏輯，以及身分三角

第一型人格的核心信念

核心信念固定後，就會形成無意識的濾鏡，只接收那些符合自尊信念的資訊。不幸的是，這樣的濾鏡會錯失或排除那些可能為我們提供替代觀點的訊息。這樣的信念成為形塑個人與生命連結的核心守則。

每種核心信念都是虛假的，感覺卻相當真實，所以我們

必須帶著同情心地自我覺察。最重要的是寬容和真誠。

假如你屬於第一型人格，你的核心信念是：「我有缺陷，因此不能相信自己會好好做人。我必須小心不讓自己犯錯。我必須創造自己的規矩，隨時自我審查，才能順利當個好人。」

這個信念如何呈現在你的生命中？以下是你可能注意到自己有過的思考、言語，或是做／沒做的事：

- 我有責任把事情做對，或是加以修正。我會全力以赴，否則誰會負責呢？
- 假如我對自己不夠嚴格，沒有持續自我修正，就有可能犯錯。
- 當然，我有很多意見。我很清楚知道什麼是對的，什麼是錯的。
- 這些人有什麼問題？為什麼想不出解決辦法？

這樣的核心信念造就了「身分三角」，快速地反映出我們如何度過人生。我希望你看看以下的描述，是否與你的經驗相符。

第一型人格者可能會認同以下由身分三角所構成的內在邏輯：

我**追求**的是做正確的事，因此讓自己成為良善的人。我看見需要改進的部分，投入大量的能量來修正。

我**避免**的是犯錯或被批評，這會讓我覺得像個壞人。我會嚴格自我審查，糾正自己和其他人，以避免犯

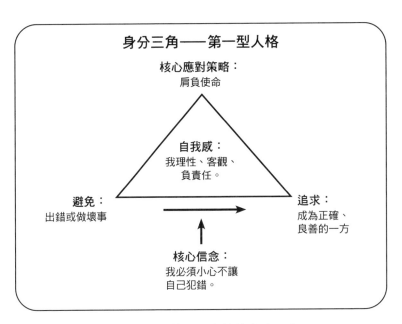

図表 12-1　第一型人格的身分三角

錯的感覺和做錯事的罪惡感。

　　我的**應對方式**是讓自己肩負使命。我的使命伴隨著高標準和讓事情更好的想法，我覺得自己必須有這樣的責任。

　　作為我應對策略的延伸，我知道自己的生命中心概念就是：我必須修正許多事物，也包含自己。我對事物有所不滿時，會心生怨懟，驅使我著手修正。假如可以撥亂反正，我就會覺得自己很不錯，至少暫時是如此。我的人生大部分都努力做個好人，因此可能對自己嚴厲批判，進而波及其他人。

　　這一切都讓我覺得自己理性、負責任且客觀。這樣的自我定義或**自我感**，實際上卻會造成限制，讓我無法覺察並擁抱更完整的生命。

雖然這些都是正面的特質，但過度濫用時，會讓我無法看見並接受自己情緒和心靈的層面。我會壓抑任何不理性的經驗，反而累積了爆炸性的能量。這樣的自我概念讓我看不見自己的觀點充滿無限可能性。

第一型人格的覺醒能力：澄澈的喜悅

你擁有美好的能力，能帶著澄澈的喜悅接受當下的圓滿。當你的心智冷靜，接受當下的一切，內心就會充滿敬畏。當你從這樣的觀點看外在的世界，就會知道一切都正確美好。

當你遺忘並失去與內在能力的連結，就會感受不到對當下一切的寧靜澄澈，內心就會出現怨懟，因為你誤以為有太多事等著完成，其他人卻不願意出力。你覺得自己有責任關注的事情永無止盡，並且愈來愈堅持自己的方式才是對的。你的自我認同因此變得極度局限。

你所忘記的是，你沒有責任要解決全世界的問題。你忘了其他人的觀點也可能是正確的，你的雙眼無法涵納全世界的智慧。接受當下的一切，是通往更自由生命的道路。練習接受並不會減損你對世界帶來正面提升的能力。

第一型人格的冰山模型將上述的內容圖像化。
這個模型一開始是較開闊的特質，是這類人格者的內在天賦。當我們漸漸放下對狹隘自我定義的堅持，就愈來愈能自然地體驗到這些特質。模型也能幫助我們理解水面之上，即第一型人格者可觀察的特質表現。此外，也告訴我們水面之下發生了哪些事，例如當人格控制我們時，形塑並驅動我

們各種行為的內在動力。（可參考第五章對於冰山模型的討論。）

解碼第一型人格結構

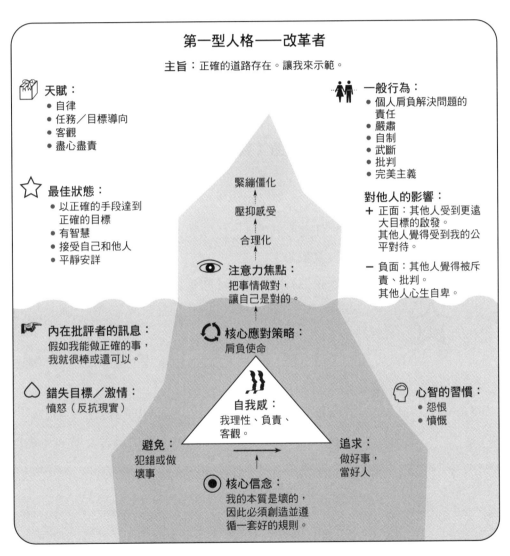

第一型人格——改革者

主旨：正確的道路存在。讓我來示範。

天賦：
● 自律
● 任務／目標導向
● 客觀
● 盡心盡責

最佳狀態：
● 以正確的手段達到正確的目標
● 有智慧
● 接受自己和他人
● 平靜安詳

緊繃僵化

壓抑感受

合理化

注意力焦點：
把事情做對，
讓自己是對的。

一般行為：
● 個人肩負解決問題的責任
● 嚴肅
● 自制
● 武斷
● 批判
● 完美主義

對他人的影響：
＋ 正面：其他人受到更遠大目標的啟發。
其他人覺得受到我的公平對待。

－ 負面：其他人覺得被斥責、批判。
其他人心生自卑。

內在批評者的訊息：
假如我能做正確的事，
我就很棒或還可以。

核心應對策略：
肩負使命

自我感：
我理性、負責、客觀。

核心信念：
我的本質是壞的，
因此必須創造並遵循一套好的規則。

錯失目標／激情：
憤怒（反抗現實）

避免：
犯錯或做壞事

追求：
做好事，當好人

心智的習慣：
● 怨恨
● 憤慨

圖表 12-2　第一型人格的冰山模型

307

第一型人格的主旨

「正確的道路存在。讓我來示範。」是第一型人格結構的主旨。

▶ 水面之上

第一型人格的天賦、日常習慣和挑戰

天賦與最佳狀態（當我心胸開放且健康狀況最佳時）

我很自律，懷抱高尚的理想。我的原則會引導日常生活和決策。

我是任務導向的人，追求更高的目標。我參與有關世界福祉的重要議題。

我客觀地看待事物，不帶情緒或批判。

我的道德感強烈。我的內在羅盤會清楚地指出道德上的對錯。

結果很重要，但手段也是。所以我不會因為前者而犧牲後者。

我很有智慧。我的智慧能思考所有的可能性。

我接受自己和他人。我了解人類並不完美，但不完美不會減損我的良善。

我的內心寧靜安詳。

一般行為（當我受到人格控制時所展現的特質）

我覺得自己有義務把事情做對。這樣的義務感支配了我的思考。

我很嚴肅，認為生命充滿負擔，所以沒時間留給不正經的追求。

我很自制，壓抑內在的衝動。

我對於一切都會發表意見。我的思考和發言重點都是**應該做什麼**。

我輕易批判他人。我也不斷自我批判。我的所有想法和行為都受到自己的批判性檢視。

我花許多精力和時間來避免犯錯。我追求完美，時常因為無法達成而對自己失望。所以，我會更努力嘗試。

注意力焦點（當我依附於人格時的注意力焦點）

注意：這裡概述的是注意力焦點愈來愈狹隘時，可能發生的狀況。我們活在當下的程度，將決定注意力焦點。愈能活在當下，我們的注意力就會愈開闊，而不會變得狹隘。

當我受到人格控制時，會將注意力集中在把事情做對，即便只有我在意怎樣是對的。會引起我注意的，都是需要改善、改變或修復的事物。這意味著我必須透過口語和文字的溝通，來確保自己是對的；我必須搜尋環境中的線索，來判斷對話中是否透露了我必須做出改變。

犯錯對我來說簡直是致命的，所以我會為自己的決定找理由，不留下質疑或不確定的空間。「因為」是我最常用的詞彙之一。

我不相信自己的身體或感覺。這兩者似乎都混亂又不理性，因此我會試圖壓抑。

愈是壓抑內在的經驗，我就變得愈緊繃僵化。我的身體常常隱隱作痛，也愈來愈難享受生命的任何層面。

＋ ─ 我對其他人的影響

＋正面：

- 我的正直、道德和對更高目標的追求，能啟發他人。
- 其他人欣賞並感激我的關懷和公正。

─負面：

- 其他人覺得被批判、抨擊，而心生自卑。
- 其他人為了不被批判，必須自我監督和設限。

▶ 水面之下

如果想了解第一型人格的內在動力，我們就得關注水面下的一切，從最底部往上探討。

第一型人格的核心信念

核心運作守則會影響生命可見與不可見的許多層面。

我相信我的本質惡劣。我必須創造自己的規則，自我監控，讓自己變好。

身分三角

我所追求的

　　我追求的是我認為良善的事物，因為這能讓我成為更好的人。當環境中的某些層面，例如任務、其他人、系統或情境出錯時，我自然會負擔起修正的責任。我心中有理想的秩序，假如現狀不符合時，我就會創造秩序。

我所避免的

　　我避免的是犯錯或遭到批評，因為這會讓我覺得自己是個壞人。我會自我監控和規範，對環境中的一切也一樣努力掌控，為的是避免讓邏輯被情緒或直覺掩蓋，因而犯下錯誤。對我來說，人生中最困難的事就是面對不完美。

我的核心應對策略

　　我的應對方式就是讓自己肩負起改善的任務。我對自己和他人都懷抱很高的標準與期待，也會迅速發表我對於如何改善的看法。對於看起來不對的事物，我很容易就肩負起修正的責任。

自我感（我是……）

　　我認為自己理性、客觀且負責任。我會控制自己的情緒，因為情緒只會讓場面混亂。身為理性的人，我會看見事物正確的樣貌及最適當的作法。

錯失目標（激情的能量驅動力）

對於周遭世界的許多事物，我都感受到強烈的憤怒。我不會直接表達怒火，因為情況可能會失控。但我確實感受到憤怒和內在的折磨。

強烈的憤怒表達，可能是我的正義感或是自尊的信念——也就是我的自尊認為自己知道什麼是最好的。實際上，當我這麼做時，就是在抗拒現實。

提醒

無論你的主要人格類型為何，激情都是人格的一部分，也是驅動情緒生命的動機。激情會掩蓋心靈的傷口，[1]並且對於你與生命的連結，創造出情緒反應，讓你離靈魂真正摯愛的愈來愈遙遠。所有人格類型都是如此。

心智的習慣（人格的執著）

我會感受到大量的憎惡，這是受到批判性心理的影響。

當其他人的行動或生命的發展並不符合我最理想的標準，我可能感受到強烈的憤怒和煩躁。

無論你屬於哪一種人格類型，執著都是人格的一部分。執著是你固著行為的動機，也影響你對自我和世界的僵化想法。這會創造出虛假的現實感，也是自尊面對生命問題時自動化、不受質疑的應對方式，因而讓你遠離真實的自我。對所有人格類型來說都是如此。

內在批評者的訊息
（我的內在批評者堅持什麼）

我的內在批評者非常強勢，總是急著批判我和其他人，並提出大量的「應該」和義務。[2]內在批評者堅持，我必須做對的事。也就是說，我必須遵從內在批評者對於是非的評估，才能自我感覺良好。只要我還陷入內在批評者的網羅，就會高度批判自己和其他人，造成無比的內在痛苦。

上述的每種元素，都影響著我們的整體自我感。核心信念、激情的情緒驅動力、心智的習慣（執著）和內在批評，都在無意識間強化我們的身分三角。

關於第一型人格的額外資訊

我的壓力源

當我試著控制一切，讓自己表現完美，壓力就會提升。當我試著同時修正太多事，就會難以承擔。當我持續追求過高的標準，就會筋疲力竭。我抱持的警醒態度不但會造成壓

力，通常也會造成生理上的痛苦。

當其他人不理解我多麼努力把事情做好時，也會帶給我壓力。

當我最限縮和僵化時

我總是心懷怨恨。

我變得不可理喻，毫不讓步。

我變得不遵守道德，我的行為和我提出的標準相悖。

我的批判和自我憎惡都相當強烈。

與第一型相關的其他人格類型

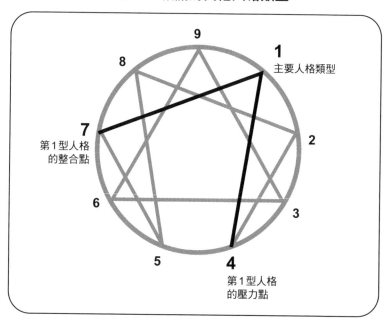

圖表12-3　第一型人格的壓力和整合點

第一型人格者會經歷他們壓力點，也就是第四型人格的特質。對此，第七章有更深入的討論。要特別注意該章節「一般行為」和「值得注意並觀察的模式」等部分。

第一型人格的整合點，包含自我隱藏層面，就是第七型人格。關於第七型人格的更多資訊，請參考第十章。對於第一型人格的整合點，可以特別注意該章節「天賦與最佳狀態」的部分。對於第一型人格的自我隱藏層面，則參考該章節「一般行為」的部分。

九型人格也可以反方向來看，有助於尋找自己的主要人格：第一型是第七型的壓力點，並且是第四型的整合點。

▶ 覺察讓你偏離道路的行為模式

值得注意並觀察的模式

在這個部分，你會看到許多和第一型人格結構相關的習慣模式。這些模式都會提供有用的訊息。這不代表你有什麼缺點或犯了什麼錯，而是像路標那樣，會帶你走向覺醒的道路。它們會幫助你覺察，並直截了當地切入經驗的核心。最終，你將放下特定且時常造成困擾的習慣性策略，讓自己更加活在當下，放開心胸，得到自由。

習慣當裁判

第一型人格者在人格的掌控中時，會感受到內在批評者的重量，不間斷地對自己和他人提出負面的評論。這位內在批評者也稱為「裁判」，有著無止盡的規矩和對完美的期待。

裁判的作為有時候很大聲，有時候很安靜，但持續不斷，彷彿擁有自己的生命。有時可能也像上帝的聲音。

你的內在批評者傳達怎樣的訊息？注意它的堅持。內在批評者的訊息對你有什麼影響？如何影響你和其他人的關係？注意你的日常生活中，內在批評者對你有哪些期待。

注意內在批評者用怎樣的標準或規則來評量你的表現，又如何依據情況而變化。觀察為了服從這些標準，你會做出怎樣的行為。

記得，「當裁判」這件事曾經在你的童年最初期保護你不受傷害。

習慣怨恨及憤怒

注意你多常感受到憤怒或怨恨。連續觀察幾天。你會允許自己生氣嗎？或總是想壓抑？注意你如何表達或壓抑自己的憤怒。即便你不接受自己生氣，那股憤怒要如何外洩？認真聽聽自己的聲音和音調。

你的怨恨有什麼感覺？你如何覺察自己的怨恨？你會告訴自己什麼？你會出現什麼生理上的感受？

你的行為如何？

習慣身體緊繃

第一型人格者的身體通常非常緊繃。之所以如此，是為了壓抑他們無法接受的情緒，並控制無法接受的行為。緊繃可以視為內在批評者在生理上的體現。

注意你的哪些部位特別緊繃。肩膀？背部？下顎？你的哪些部位總是感到疼痛？你是否常常出現頭痛或偏頭痛？或是其他生理病癥？

習慣肩負重任

受到人格控制時，第一型人格者會覺得自己有義務做對的事，並解決所有需要解決的問題。他們會肩負重任，想彌補他們認為其他人沒做，或做得不夠好的部分。

他們會急著指出其他人應該改進的地方，並覺得自己有義務確保事情按照他們認為對的方式修正。他們面對的挑戰之一，就是區分自己和他人的責任。他們通常會持續監控整體環境，很難劃清屬於自己和不屬於自己的界線，因為他們覺得自己很清楚有什麼是該做而未做的。

你承擔了哪些真的不屬於你的責任？注意是什麼動機讓你渴望承擔額外的責任？在負擔不屬於自己的責任時，你的內在批評者扮演著怎樣的角色？

習慣表現得高高在上

注意你是否喜歡教育他人。或許你發現自己經常表現得高高在上，想讓其他人看到他們的錯誤。這也被稱為「父母對小孩」的溝通模式。注意你的語氣，你的語氣隱含了怎樣的訊息？

注意你如何讓其他人接受你的觀點才是對的。你是否曾經覺得，自己像是在批判或指正其他人？

當你用這樣的方式與他人溝通時，效果如何？你能發揮影響力嗎？

習慣有某些祕密的行為

內在批評者是個嚴厲的監工。但我們不可能總是嚴格控制和限制生命的每個層面。第一型人格者愈是努力壓抑自己的情緒或直覺，就愈可能發展出某種形式的逃生艙，[3] 讓自

己在嚴格的限制下喘一口氣。這樣的放縱可能包含大吃所謂的忌口食物、抽菸、違法性行為、非法毒品，或是其他行為。他們通常會譴責這些行為，但在這種情況下卻會找理由來合理化。這成為他們祕密生活的一部分。

你有這樣的祕密行為嗎？是什麼呢？這如何反映了你的內在批評所設下的嚴格限制？

你如何向自己解釋這些行為？當你做這些事時，有什麼感覺？

自我賦能的生命練習

以下的賦能練習，能幫助你轉向自己真實的本質。

1. 認識你的內在批評者

內在批評者自詡為你內在心理最重要的中心角色。我們必須盡量了解它的運作方式，但不要過度依附，或是認同它傳達的訊息。和你的內在批評者及其訊息保持一些距離。透過寫下你腦中時常盤據的訊息，你就能對自己的內在批評者更熟悉。你可以考慮隨身帶著筆記本，寫下你聽到的內在訊息。截至此刻，這些訊息對你來說可能都像上帝的聲音。如今，該看清楚它們的本質和影響了。（第十七章會再深入討論內在批評者。）

記得，這些訊息讓你無法汲取自己的理解和內在的智慧。內在批評者對你的整體健康沒興趣，也無意幫助你提升。它只在乎自己的存活，希望讓一切照舊。當你和這些訊息保持距離後，它們對你的影響就會減少，你也更能接近自己的內心，讓內心更寧靜。

2. 超脫自尊的完美

自尊鮮少，甚至幾乎不會，對事物的狀態感到滿意。自尊認為，完美超越了人類有限的生命眼界。

允許自己接受不完美這項禮物，會讓我們同時感到謙卑和自由。放下試著讓生命完美的重擔——在人類眼中，生命永遠是不完美的。說到底，你（和我們）同樣生而為人。你的價值並非來自讓自己完美。

試著有意識地讓自己不完美。練習**犯錯**。

3. 放過你自己和其他人

人們自我表達的方式都不相同。想想看：假如他們沒有錯，只是看事情的觀點和你不同呢？對自己的肯定會給你帶來怎樣的影響？又造成怎樣的限制？

你要如何才能放下，接受別人可能是對的？

接受他人與你不同的觀點，對你可能有怎樣的助益？

其他人有什麼地方值得讓你欣賞？練習關注其他人的好表現，並表達真心的讚美。

至於放過自己的部分，有什麼能帶給你生命的喜悅呢？你做什麼娛樂？什麼事物會讓你歡笑？你喜愛什麼？

假如你不知道這些問題的答案，給自己一些時間探索。接著，每個星期都安排一些時間來享受，欣賞自己和自己的生命。

4. 好好照顧自己（但不要當成「應該」）

- 治療式的按摩和能量引導，可以幫助你釋放身體緊繃的壓力。
- 透過瑜伽或簡單的拉筋運動，幫助你聚焦在照顧自己的

身體。這對你的心理和情緒健康也有幫助。

- 進行冥想的練習，幫助你看見自己心智的忙碌運作，也能讓你培養更寧靜、澄澈的內心。
- 放下努力嘗試，開始享受。看看有哪些事情能帶給你喜悅和幸福。

5. 接受內心的柔軟和關懷

- 其他人對你的仁慈或許令你感動。記得這樣的時刻，花一些時間好好感受。
- 怎樣能讓你接受其他人的仁慈、關懷、慷慨和愛呢？
- 練習敞開心胸地接受。

▶ 打造健康的蛻變道路

這本書的主旨之一是：九型人格的目的在於幫助我們真實的本質覺醒。這會帶領我們踏上療癒和蛻變的道路。不過對大多數的人來說，這都需要時間，也需要耐心、信任和信念，並盡可能地活在當下。本書的第三部分將提供對每種人格類型都有助益的過程。當然，每種人格類型者都有專屬於自己的重大過程。

假如你屬於第一型，你的療癒和蛻變之路就會包含：

變得更接受自己的一切。習慣性的信念、想法和觀點曾經占據你的心思，讓你相當緊繃。但你還有許多部分是值得體驗的。

讓心智安靜下來，不再持續自我監控，也不再監控環

境，尋找著需要解決的問題。

與內心建立連結，注意自己的感受。或許你會體驗到強烈的悲傷和其他情緒，讓你一開始有些難以承受。然而，你之所以渴望讓世界更美好，很大一部分源自於內心最深刻的在乎。

注意你是否焦點渙散、分心、自我中心，難以貫徹始終。你很難觀察到自己的這些特質，因為這些位於你自我認同光譜的邊緣。然而，當你自然地朝著自我隱藏層面，也就是第七型人格靠近時，就會經歷到這些特質。你從不允許自己表達，甚至根本無法接受。不過，當你覺察並開始接納時，會經歷到第七型人格的更高層次——本質的喜悅和對生命的愛。

提醒

自我隱藏層面會出現在整合點中偏向一般或較低的健康程度。

接受生而為人的力量、限制和美好。抬起頭來，你會看到什麼？生命有太多值得感恩和敬畏的事物。這是你的整合點所帶給你的恩賜。

Chapter 13

第二型人格——扶助者

一段時間以來，克莉絲汀娜一直有股難以言喻的內在衝動。她是專業領域中受人敬重的專家，卻覺得自己的付出並未得到相應的回報，因此無法再撐過漫長的工時、焦慮的夜晚和經濟的壓力。雖然想要改變人生，她卻不知道該怎麼辦，也不太願意尋找答案。不過，她還是尋求人生教練的協助，想要度過這段內在和外在的轉變期。

她發覺自己屬於第二型人格後，開始意識到以下形塑她人生的習慣模式：

- 習慣對別人過度付出。她意識到自己花了多少時間為客戶、朋友和家人著想，關心他們如何面對生命的挑戰，並思考自己能為他們做什麼。
- 她非常努力滿足其他人的需求，但是在未受到肯定或感激時，內心會暗自感到怨懟。她很難承認這樣的怨懟，畢竟她總是想表現得振奮和正向。
- 她很在乎其他人對她的反應。對於特定的行為，她會解釋成其他人喜歡她，其他行為則可能代表厭惡。這樣的詮釋會連續影響她的心情好幾天。

● 她很難在生命中追求自己想要的。她固然有享受的事，卻不太願意投入，因為這會帶給她罪惡感。

隨著克莉絲汀娜自我觀察的能力漸漸發展，她開始看見自己如何用明顯或幽微的方式，創造出為他人付出的情況，以換取他人的好感。即便得到正面的回饋，對她的影響卻是稍縱即逝。她很驚訝地發現，當自己注意到其他人對她的需求時，幾乎總是無法抗拒地付出。

當她培養出拒絕的能力，不再如此頻繁地將時間和專業奉獻給他人時，得到了正向的結果。這讓她能依照真正的心意來答應許諾。她很驚喜地發現，其他人多半都會尊重她的決定。她繼續努力覺察自己的罪惡感如何產生。經過一段時間和對自己的寬容後，罪惡感對她生命的控制削弱了。

在她接受教練引導的過程中，一大焦點在於辨識出什麼能真正滋養她的內心，而不再是一味地專注在其他人身上。她發覺，如果要照顧好自己，就必須有休息和獨處的時間，來探索對自己有意義的事物。她學會把自己也排在行事曆上，以強化這樣的努力方向。最終，她回想起自己年輕時多麼喜歡詩，於是開始讀詩和寫詩，讓創意活躍起來。這種安靜的空間幫助她覺察前面提到的內在衝動，並慢慢引導她更有意識地覺察及整合心靈的本質。

隨著克莉絲汀娜愈來愈能專注在當下，也愈來愈能體驗並接受自己真實關愛的本質。

▶ 第二型人格所經歷的內在統一

你的真實本質

假如你屬於第二型人格，你的靈魂自然會被與他人的深度連結所吸引。你不需要刻意去創造，就能體驗到這種心靈連結的幸福和甜美。連結就在那裡。透過內心的連結，你體驗到的美好特質稱為「愛」。

當你與本質失去連結時，或許就不會意識到：你不需要努力去創造愛。你是絕對可愛，也值得被愛的；充滿愛的本質是你真實的天賦。當你真正活在當下，而不是拚命創造連結時，反而能與自己的內心更加連結。這能幫助你意識到，你需要平衡和自我照顧。聚焦在這個陌生領域後，你將更明白自己的價值和可愛，不需要努力去爭取什麼。

你的人生故事：與內在和外在世界連結

在生命最初期，你的自我感和在世界上的定位，就已經決定了。你將這樣的經歷內化後，影響了與自己和他人連結的方式，以及你獨特的存在方式。假如你屬於這種人格類型，那麼以下簡短的童年故事，可能會讓你感到熟悉。

在童年最初期，你就是個努力關懷、幫助別人的孩子。即便還很幼小，你似乎知道其他人需要什麼，並伸出援手。或許你有更年幼的手足，覺得必須照顧他們，雖然你自己也不過是個學步中的幼兒。

很快地，你相信其他人的需求，特別是重要他人的需求，比起你自己的任何需求都還重要。有時候，你甚

至覺得自己對父母反而扮演親職的角色。

你開始相信，愛是必須努力爭取的。為了得到愛，你必須先付出。對他人付出時，你暗中希望他們能表達對你的肯定。假如對方並未用你喜歡的方式表達愛和感恩，你就會湧現被拒絕的感受。

當你持續努力爭取其他人的愛時，會覺得自己把整個家庭的重量都扛在肩上。你非常擅長幫助別人，讓他們漸漸覺得你有能力承擔責任。你的童年就這麼和你擦身而過。

專注在其他人身上時，你忘了自己也有需求、懷疑和傷痛。你學會在感受或表達自己的需求時，產生了罪惡感。

或許你曾經聽過：「別這麼自私。來照顧你妹妹。」或是「別抱怨了。你不知道有很多人都比你更慘嗎？」

即便自己生病了，你也覺得不能造成其他人的不便。或許就算是現在，你還是很難意識到，生而為人，當然會有需求。

你愈努力照顧其他人，就愈渴望親情的徵象，可能是溫暖的笑容、緊緊的擁抱，或是溫暖的感恩之情。當其他人對你的付出不夠感恩時，你會暗中感到憤怒，卻無法公開表達。

你生命的中心思想開始成為：我必須犧牲自己，才能得到愛。無論這種愛在自己家裡是什麼模樣。你不覺得你的本質是被愛的，甚至覺得自己並不值得愛。

你所不知道的是，你實際上是被愛的，也是可愛的。你沒發現的是，愛就在你觸手可及之處，只要你活

在當下就好。你沒發現的是，你天生就能帶來溫暖和關懷，就算你覺察並表達自己的需求也沒關係。

你的重大失落

幼小的時候，在意識和語言能力建立以前，你的經歷就讓你與靈魂所渴望且相符的本質疏離。這樣的痛苦龐大到難以承受，因此自尊結構開始形成，扮演了你在早期失落中的守護者。

我們都記得，自尊試圖模仿我們的真實本質，卻永遠不會成功。因此，**第二型人格的結構透過「製作」愛，努力讓愛發生，試圖重新塑造愛的感受**。如此一來，愛成為一種行為，而不再是與自己或他人內心的真實連結。自尊的這項遠大計畫永遠不會達成，也不會帶來滿足。一再嘗試創造連結，只會讓人筋疲力竭。即便是最好的情況，也只能帶來短暫的安慰而已。

唯有與自己和內心保持著連結，才能夠經歷與他人的深刻連結。

以下是第二型人格的重大失落和痛苦：你可能會覺得自己與真正的愛疏遠，因此誤以為自己天生就不值得愛，所以必須努力創造愛的體驗。你覺得必須向他人證明自己是值得被愛的，因此投入大量的能量去尋找幫助和關懷他人，以及對他人慷慨的方式。

▶ 第二型人格自尊編碼的內在邏輯，以及身分三角

第二型人格的核心信念

核心信念固定後，就會形成無意識的濾鏡，只接收那些符合自尊信念的資訊。不幸的是，這樣的濾鏡會錯失或排除那些可能為我們提供替代觀點的訊息。這樣的信念成為形塑個人與生命連結的核心守則。

每種核心信念都是虛假的，感覺卻相當真實，所以我們必須帶著同情心地自我覺察。最重要的是寬容和真誠。

第二型人格者以心靈為重，因此，當我們探索時，必須溫柔小心。我們會發覺許多錯縱交纏的信念，都是以錯誤的假設為基礎，那就是：除非先為他人付出，否則不可能得到愛。基本信念是，你必須先照顧他人，才能得到被愛和接納的權利。因此，你把其他人的需求放在自己之前。必須先滿足他人，才能擁有自己的需求。有需求是很自私的。

假如你屬於第二型人格，這樣的信念如何呈現在你的生命中？以下是你可能注意到自己有過的思考、言語，或是做／沒做的事：

- 我不知道該如何拒絕他人。他們似乎都知道怎樣帶給我罪惡感，讓我同意承擔更多責任。但每個人都有很多該做的事，那我為何不接受呢？假如拒絕，就會顯得我很自私。
- 我經常告訴別人，他們有多棒；對具體的事情，我會提出對方喜歡的正面評論，告訴他們該以自己為傲。這難

道不會讓他們對我懷抱正面的看法嗎？

- 我時常送其他人禮物，或是伸出援手。但我的內心偷偷希望他們對於我的慷慨能表現出感激。

- 我要如何找出足夠的時間，完成每一項對別人的承諾？我有點累了，但應該會找到能量，想出辦法。

這樣的核心信念造就了「身分三角」，快速地反映出我們如何度過人生。我希望你看看以下的描述，是否與你的經驗相符。

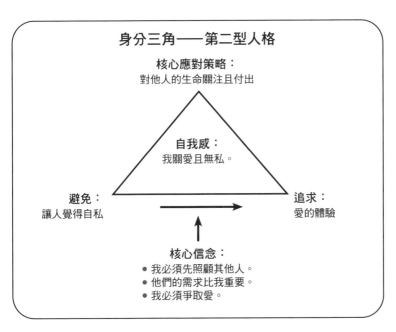

圖表13-1　第二型人格的身分三角

第二型人格者可能會認同以下由身分三角所構成的內在邏輯：

我**追求**的是能夠創造與他人的實體或能量上連結的情境，讓我體驗愛的感受，並肯定自己充滿愛的本質。我把愛定義為向他人伸出援手，或是為他們付出，以感受到彼此之間的連結。

　　我**避免**任何可能讓我感覺自私的經驗，因為這會代表我不是個有愛的人。如果要看見或關注自己的需求，會讓我覺得備受威脅。我避免讓人覺得自己有絲毫的需求。對我來說，生命中最困難的事就是直接關注自己，探詢自己的需求，並從他人那裡得到滿足。

　　我的**應對方式**是，將自己的能量投注來照顧他人。和我的生命相比，其他人的生命和需求更重要、有趣或緊急多了。當注意力都聚焦在我以外的世界，我很容易認為自己沒有需求，或是自己的需求微不足道。

　　作為我應對策略的延伸，我知道自己的生命中心概念就是：我必須讓其他人喜歡我和接受我。假如從其他人那裡得到正向的認同，我就會覺得自己值得被愛，至少暫時是如此。由於投入大量的能量讓其他人覺得我值得被愛，假如對方離開我，或是有時給我批判性的回饋，都很容易讓我感到被拒絕和受傷。

　　這一切都讓我覺得自己充滿關愛且無私。這樣的自我定義或**自我感**，實際上會造成限制，讓我無法覺察並擁抱更完整的生命。

　　雖然關愛和在乎都是正面的特質，但遭到濫用時，卻會讓我無法覺察自己的需求，以及表達自己充滿創造力的本質。當生命能量持續聚焦在關注他人的需求時，我錯失了自己圓滿的人生。

第二型人格的覺醒能力：謙卑的創造力

謙卑的特質代表著一個人獨特的內在和外在關係。當你覺察到每個人都有需求，你會將自己包含在其中。在你的需求和他人的需求之間，界線開始融化，沒有哪一種比較重要。當你對於包含了興趣、喜悅和傷痛在內的整個自己敞開心房，並且用你對待他人那樣有意義的方式照顧自己，你就能經歷愛的強烈感受。這為你的創造力帶來足以發光發熱的空間，充滿你的內心，讓你感到完整。

當你遺忘並失去與內在能力的連結，就不會再謙卑地覺察自己的需求，你的注意力就會集中在其他人的需求，並誤以為這比較重要。當你開始考慮自己，就會產生罪惡感。

謙卑地接受自己和自己的需求，就能將你帶向更自由的生命。對自己慷慨和仁慈，並不會減損你寬厚待人的能力。

第二型人格的冰山模型將上述的內容圖像化。

這個模型一開始是較開闊的特質，是這類人格者的內在天賦。當我們漸漸放下對狹隘自我定義的堅持，就愈來愈能自然地體驗到這些特質。模型也能幫助我們理解水面之上，即第二型人格者可觀察的特質表現。此外，也告訴我們水面之下發生了哪些事，例如當人格控制我們時，形塑並驅動我們各種行為的內在動力。（可參考第五章對於冰山模型的討論。）

解碼第二型人格結構

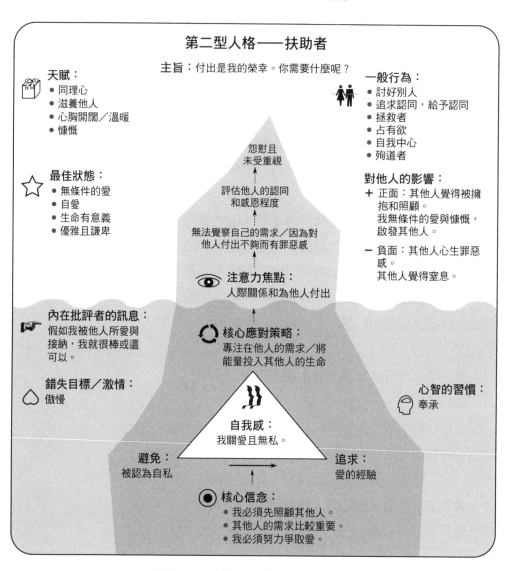

第二型人格——扶助者

主旨：付出是我的榮幸。你需要什麼呢？

天賦：
- 同理心
- 滋養他人
- 心胸開闊／溫暖
- 慷慨

最佳狀態：
- 無條件的愛
- 自愛
- 生命有意義
- 優雅且謙卑

一般行為：
- 討好別人
- 追求認同，給予認同
- 拯救者
- 占有欲
- 自我中心
- 殉道者

對他人的影響：
- ＋ 正面：其他人覺得被擁抱和照顧。
  我無條件的愛與慷慨，啟發其他人。
- － 負面：其他人心生罪惡感。
  其他人覺得窒息。

怨懟且
未受重視

評估他人的認同
和感恩程度

無法覺察自己的需求／因為對
他人付出不夠而有罪惡感

注意力焦點：
人際關係和為他人付出

內在批評者的訊息：
假如我被他人所愛與
接納，我就很棒或還
可以。

核心應對策略：
專注在他人的需求／將
能量投入其他人的生命

錯失目標／激情：
傲慢

心智的習慣：
奉承

自我威：
我關愛且無私。

避免：
被認為自私

追求：
愛的經驗

核心信念：
- 我必須先照顧其他人。
- 其他人的需求比較重要。
- 我必須努力爭取愛。

圖表 13-2　第二型人格的冰山模型

第二型人格的主旨

「付出是我的榮幸。你需要什麼呢？」是第二型人格結構的主旨。

▶ 水面之上

第二型人格的天賦、日常習慣和挑戰

天賦與最佳狀態（當我心胸開放且健康狀況最佳時）

我富有同理心，可以設身處地為他人著想，推己及人。

我能滋養他人。我直覺地知道其他人需要什麼。我有能力滋養他們。

我心胸開闊又溫暖。情感上的溫暖會讓人感覺被我擁抱和呵護。

我慷慨且真心地做好事，無私地施予他人。

我對其他人有著無條件的愛。我不求回報地付出，沒有任何情緒壓力。

我對自己也同樣的慷慨和關愛。

我找到自己人生的意義。活著並關注自己的需求，能帶給我喜悅。

我優雅且謙卑。我了解生命的施與受都充滿仁慈。

一般行為（當我受到人格控制時所展現的特質）

我習慣性討好。我透過付出，試圖贏得其他人的好感。

給予和接受認同對我來說都很重要，所以我追求他人的

認同。

其他人把我視為拯救者。我通常會吸引自認為需要拯救的人。這種情況也稱為「相互依附」。

我對其他人可能抱持占有欲，希望得到他們的注意力和親密感。其他人可能覺得我很唐突，過於積極地想要在實際上或情緒上親近他們。

我喜歡在其他人的生命中扮演要角，搶在對方之前先覺察他們的需求。我有時會想：「少了我，他們該怎麼辦？」我喜歡成為某人最特別的朋友。

我可以為他人犧牲。我犧牲自己來滿足他人永遠存在的需求。

 ## 注意力焦點（當我依附於人格時的注意力焦點）

注意：這裡概述的是注意力焦點愈來愈狹隘時，可能發生的狀況。我們活在當下的程度，將決定注意力焦點。愈能活在當下，我們的注意力就會愈開闊，而不會變得狹隘。

當我受到人格所控制時，會將注意力集中在與他人的關係。我覺得自己能輕易看見其他人的需求，很快地採取行動伸出援手。有太多人都需要我的幫忙。我失去與自己的連結，忘記照顧自己的需求。

當我增加對其他人的關注，就否定了自身需求的存在。照顧自己會帶給我罪惡感，讓我覺得自己很貪心。我的責任就是付出，不應該接受他人的幫忙。

付出的愈多，我的資源就愈枯竭，也愈來愈難維持理智。我會避免關照自己生命中重要的部分。我會不斷尋找各

種跡象，希望看見自己的付出得到感激。我評估其他人的行為，判斷他們的感恩和認同是否真誠。假如他們的感恩程度不如我的付出，憤恨就會在我內心累積。

我對其他人的影響

＋
—

＋正面：

- 我真誠的溫暖和關愛，讓其他人感到被包容與重視。
- 我無條件的愛與慷慨，啟發其他人。

—負面：

- 其他人心生罪惡感，而且跟不上我付出的程度。
- 我的過度關切和強烈情緒依附，令其他人窒息。

▶ 水面之下

　　如果想了解第二型人格的內在動力，我們就得關注水面下的一切，從最底部往上探討。

第二型人格的核心信念

　　核心運作守則會影響生命可見與不可見的許多層面。

　　我相信必須先照顧其他人的需求，才能得到愛與接納。

　　其他人的需求比較重要。我必須先照顧他人，才能有自己的需求。有需求是很自私的。

　　我必須努力爭取愛。

身分三角

我所追求的

我追求的是能夠創造與他人的實體或能量上連結的情境，讓我體驗愛的感受，並肯定我充滿愛的本質。

我沒有意識到，愛就是我存在的核心，只要活在當下，我就能有所感受。我付出許多努力，想要讓愛成真。我以為愛是付出（或過度付出），並以此來創造連結；我認為對他人伸出援手，才能表現出我的體貼和仁慈。我很難承認，我希望他們也對我反映出相同的愛。

我所避免的

我避免任何可能讓人覺得我不溫暖、不仁慈的情境。

假如先釐清自己的需求，再直接表達，會讓我覺得自私，甚至有罪惡感。這兩者都是痛苦的體驗。當我把其他人的福祉放在自己之前，就能逃避自己獨特的內在渴望。對我來說，生命中最困難的就是提出我的需求，接受幫助，以及矛盾的是，接受他人真正的愛的表現。

 ### 我的核心應對策略

我的應對方式就是把自己的能量投注在他人身上。譬喻上來說，我遠離自己，有時甚至是一頭栽進別人的生命。例如，我會想著他們手頭上的許多任務，決定為他們分擔一些責任。又或者，我可能會花很多時間為生病的朋友煮飯，或打掃房子一段時間，卻不考慮自己的健康狀況。當我的注意力集中在自己以外的世界，很容易以為自己沒有需求，或是自己的需求微不足道。

自我感（我是……）

　　我認為自己充滿關愛且無私。這些都是正向的特質，但當我覺得自己被迫如此時，就會造成限制。我還有許多其他特質，卻不允許自己體驗或表達。

　　我總是覺得自己必須幫助他人，因此產生相對的剝奪感和怨懟，但我很難有這樣的自我覺察。

　　由於我不能有需求，我覺得自己不能直接向他人求助。我的確試著做出間接的暗示，但我認為其他人早就知道我想要什麼。

錯失目標（激情的能量驅動力）

　　我覺得比起讓其他人自立自強，我更適合幫助他們。有時候我會覺得，自己比他們更清楚什麼能讓他們感覺好一些。由於我很難覺察自己的需求，就不會把注意力放在自己真正的感受或行動背後的動機。我覺得自己享有特權，不像其他人那樣擁有人類的需求，也相信自己知道怎樣是對其他人最好的。這種激情就稱為「傲慢」。

提醒

　　無論你的主要人格類型為何，激情都是人格的一部分，也是驅動情緒生命的動機。激情會掩蓋心靈的傷口，[1]並且對於你與生命的連結，創造出情緒反應，讓你離靈魂摯愛的愈來愈遠。所有人格類型都是如此。

心智的習慣（人格的執著）

　　我對其他人給予很多自以為正面的關注。我無意識地認為，只要稱讚他人，就能塑造正面的形象，因此我持續尋找稱讚的目標。舉例來說，我會稱讚其他發表者的投影片或珠寶。或者，我會反覆稱讚對方是個美好的人。通常，這些評價都不是真心的。這就稱為「奉承」。

　　無論你屬於哪一種人格類型，執著都是人格的一部分。執著是你固著行為的動機，也影響你對自我和世界的僵化想法。這會創造出虛假的現實感，也是自尊面對生命問題時自動化、不受質疑的應對方式，因而讓你遠離真實的自我。對所有人格類型來說都是如此。

內在批評者的訊息
（我的內在批評者堅持什麼）

　　假如我不把其他人的需求放在自己之前，就不會受到重視和愛。[2]

　　我的內在批評者對於如何評估其他人對待我的方式，自有一套法則。舉例來說，假如某人對我的笑容不夠燦爛，就是我不被愛，以及我的付出還不夠多的證據。只要我還陷入內在批評者的網羅，就會持續為他人而犧牲自己的需求和健康，因此產生自我厭惡和逃避生命的惡性循環。

上述的每種元素，都影響著我們的整體自我感。核心信念、激情的情緒驅動力、心智的習慣（執著）和內在批評，皆在無意識間強化我們的身分三角。

關於第二型人格的額外資訊

我的壓力源

當其他人對我的要求愈來愈多，我就會感到壓力。當我有義務照顧太多人，同時又怨恨他們對我的感恩不夠，壓力就會節節高升。當我盡全力關注他人，但對方卻沒有對等的回報，我就會覺得被拒絕和拋棄。我不能理解為什麼大家都疏遠我。

當其他人要我照顧好自己時，我也會感到壓力。我不太清楚那是什麼意思，也不知道自己還能怎麼做得更好。

當我最限縮和僵化時

我會操控其他人，讓他們以為不能沒有我。

我太容易擔心，甚至演變為傲慢的自我中心。

我對其他人總是用紆尊降貴的態度，讓他們因為對人或對我付出不夠而心生罪惡感。

由於不關注自己的健康需求，我會將自己消耗殆盡。

與第二型相關的其他人格類型

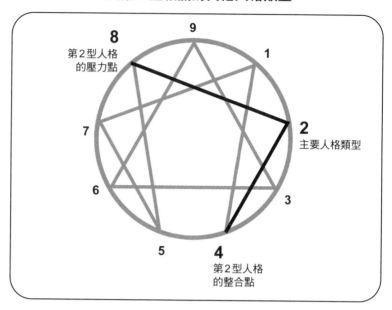

圖表13-3　第二型人格的壓力和整合點

第二型人格者會經歷他們的壓力點，也就是第八型人格的特質。對此，第十一章有更深入的討論。應特別注意該章節「一般行為」和「值得注意並觀察的模式」等部分。

第二型人格的整合點，包含自我隱藏層面，就是第四型人格。關於第四型人格的更多資訊，請參考第七章。對於第二型人格的整合點，可以特別注意該章節「天賦與最佳狀態」的部分。對於第二型人格的自我隱藏層面，則參考該章節「一般行為」的部分。

九型人格也可以反方向來看，有助於尋找自己的主要人格：第二型是第四型的壓力點，並且是第八型的整合點。

▶ 覺察讓你偏離道路的行為模式

值得注意並觀察的模式

在這個部分，你會看到許多和第二型人格結構相關的習慣模式。這些模式都會提供有用的訊息。這不代表你有什麼缺點或犯了什麼錯，而是像路標那樣，會帶你走向覺醒的道路。它們會幫助你覺察，並直截了當地切入經驗的核心。最終，你將放下特定且時常造成困擾的習慣性策略，讓自己更加活在當下，放開心胸，得到自由。

習慣迂迴的溝通方式

注意你是否習慣以迂迴的方式面對議題，而不直接提出要求。

你認為其他人應該能讀懂你的心，知道你想要或需要什麼。然而，情況通常都不是這樣。

注意你是否習慣假裝沒事，自己沒有任何需求或欲望。其他人很可能就是這麼想。

除非你更直接溝通，否則他們一點線索也沒有。

別忘了，這種不說清楚或直接溝通自己需求的策略，在你的童年最初期曾經保護你避免受到傷害。

習慣自我犧牲

注意你是否覺得自己必須伸出援手，或是親自出馬幫助他人，又或是違反意願地答應他人的要求。其他人總是比你自己重要嗎？這就是討好的跡象。

第二型人格者通常覺得自我犧牲是必須的，必須忘記自

己的需求。假如這是你常有的狀況，那麼或許會觀察到以下模式：

- 你的生命中有許多人都依賴你。有些人非常需要你。你很可能被視為拯救者。這很耗費能量。這樣的模式就像磁鐵一樣，會吸引其他需要的人。
- 有些人和你保持距離。他們可能覺得你渴望關愛或過度唐突。這通常讓你很錯愕。
- 有什麼一直干擾著你。干擾你的似乎是你的需求，因為我們愈是抗拒的東西，在生命中占據的分量就愈大。為了不讓自己經歷到你所抗拒的深層需求或感覺，你可能會給自己一些你認為適當的慰勞，例如做美甲、買新衣服或電子產品。這樣的獎勵通常是真正能滋養你之事物的替代品。你究竟要選擇能支持自己的事物，或是會危害自己的呢？
- 現在該好好自我觀察，對自己更寬容了。

習慣處在關係的中心

當你目前沒有親密關係時，是否總會覺得自己的人生暫停了？

你投入多少注意力和能量在與他人相處，創造親密而特別的關係？

第二型人格體現了溫暖的人際關係，這是人類社會不可或缺的面向。然而，過度關注人際關係時，個人可能會失去自我。

你是否時常覺得，就算對方沒開口，你仍然真的知道對方需要什麼？當你覺得自己非常清楚其他人的需求時，卻可

能因此做出對方並非真正需要，甚至是不想要的行為。

注意你是否時常奉承他人。觀察你透過稱讚他人，想達成什麼目的？你的直覺反應是，奉承是為了表達你的仁慈和慷慨。但更深入的探索後，你會發覺自己想得到其他人的正面關注。這可能很難覺察，請務必對自己懷抱誠實和寬容。

奉承是對於他人過度誇大的讚美，因此接受者會感到虛假。你所得到的或許會跟你追求的恰恰相反。

注意你與內心的關係。你會如何描述它？你為何無法與內心建立更深刻的連結？是什麼在支持著這樣的關係？

自我賦能的生命練習

以下的賦能練習，能幫助你轉向自己真實的本質。

1. 你的需求是什麼？

你需要什麼？需要由誰來給予？

雖然要看見自己的需求很困難，但需求是生而為人無法否定的一部分。否定需求會讓你產生一種幻覺，認為自己有需求就是自私的。這是第二型人格結構的一部分。事實上，看見自己內心的感受並重視自己對滋養的需求，最終將讓你的生命更平衡且自在。

隨著你看見並表達自己的需求，你和他人之間的溝通會愈來愈清楚。你習慣性付出的情緒和條件都會減弱。假如你不確定自己需要什麼，請放慢步調，看看鏡子，真誠地問自己：「我需要什麼？」允許自己和他人知道你的需求。

有意識地努力將注意力轉回自己的生命，允許注意力回歸。一開始嘗試時可能讓你很不自在，但你漸漸會看見，自

己為其他人付出了多少能量。現在輪到為你自己付出了。

2. 試著滋養自己

專注在自我照顧,「好好滋養自己」是什麼感覺呢?暫時放下任何不這麼做的理由,花一些時間反思什麼能為你的靈魂帶來補給和珍視。

對於第二型人格者來說,要學習這麼做非常困難,因為這有點違反直覺。不過事情是這樣的:當你滋養自己,允許自己走入內心,反而更能經歷最真誠的天賦,也就是無條件的愛。因此,你和其他人的關係就能建立在心靈之間的真實連結,變得愈來愈真摯。其他人更可能因為真實的你而深受感動,並溫暖地擁抱你。

隨著你愈來愈能自我滋養,也愈來愈能享受自己真正喜愛的事物。你將能更輕易且自信地拒絕不適合的活動,對於真正吸引你的則能誠實且肯定地允諾。

3. 練習培養澄澈安靜的心智

第二型人格結構的習慣模式之一,是透過行動表達對他人的在乎。

你的心智通常相當活躍,進入澄澈安靜的狀態似乎是不可能的任務。因此,進行這樣的練習會讓你感到害怕。對你來說,保持忙碌很容易,處在吵雜的環境也沒問題。你可能會開電視或收音機來當作白噪音,讓自己分心,不去傾聽內在的聲音。但這些都無助於讓心智平靜下來。你可以尋求老師和人生教練的協助,一起創造一套練習,培養讓心智平靜的能力。

更平靜的心智能讓你覺察內心的雜音或焦慮,卻不會覺

得自己被迫採取應對的行動。經過練習，你能經歷重大的轉向，獲得更大的自由、健康和情緒智商。

4. 尋求支援，對自己敞開內心

美麗和充滿愛的內心是你的天賦。然而，假如不允許自己走入內心，並完全地接受其他人所給的愛的禮物，你就無法真正經歷自己渴望的深刻連結。找到能夠協助你練習走入內心的人，或許是心靈導師、教練，或是專注於培養內心特質的小組團體。

閱讀以心靈為中心的書籍，或是其他療癒性的著作，同樣能帶來幫助。

5. 練習透過單純的陪伴來展現你對他人的愛

假如你習慣透過付出來展現對其他人的愛，那麼可以試試新的方法——現身並陪伴就好。

大多數人真正想要的，其實就是被認真傾聽，以及真實的樣貌被接受和欣賞。你刻意付出的愛，反而可能阻礙彼此真實關係的建立。

當你能夠為了在乎的人而現身，卻不侵入他們的私人空間，就會發覺他們向你靠近，而不再遠離。這是你一直深切渴望的。

▶ 打造健康的蛻變道路

這本書的主旨之一是：九型人格的目的在於幫助我們真實的本質覺醒。這會帶領我們踏上療癒和蛻變的道路。不過

對大多數的人來說，這都需要時間，也需要耐心、信任和信念，並盡可能地活在當下。本書的第三部分將提供對每種人格類型都有助益的過程。當然，每種人格類型者都有專屬於自己的重大過程。

假如你屬於第二型，你的療癒和蛻變之路就會包含：

就算注意到自己會想一頭栽進別人的生命，還是選擇留在自己的經驗裡。如果想留在自己的經驗裡，就必須學習感受自己的能量場。試著感受自己的丹田和身體的感官，都能幫助你覺察並保留自己的能量，不在無意識中溢出到別人的生命。本書的第三部分將提供更多引導，讓你和能量場建立起有意識的連結。

和自己的內心真實地接觸。你已經習慣和內心保持一段距離，然而，現在該改變了。花一些時間待在安靜的地方，專注於自己的內心，傾聽它想對你說的話。許多人發現，寫下自己的經驗，並覺察這些經驗對自己的熟悉感，都會很有幫助。

你的內在修行包含接受自己和自己的需求，接受自己的深度，並學習愛上自己。進一步地，你將有意識地與他人建立真誠且互相的關係。

這需要很大的工夫。專業的九型人格教練、心靈導師或治療師都能帶來幫助，參與互助小組也是選擇之一。

值得注意的是，你可能在情緒上變得需索無度、過度敏感、羨慕嫉妒，甚至活在幻想中。這樣的自我隱藏層面很難覺察，因為你認為自己無私又慷慨。然而，你的確有時候會自我中心，覺得自己不必受到他人的期待和社會常規所限制。你可能會鄙視那些帶給你痛苦的人。你從來不允許自己

表露出這些特質，但這是你內在成長的一部分。當你覺察並接受，卻不加以表達和行動時，就會開始發覺自己的獨特性，以及真誠和創造力的本質。

放下強迫自己只能有正向感受的堅持。更全面地感受完整的人類生命經驗。覺察並體驗你認為的負面感受，並不代表你得做出行動，而是代表意識到它們的存在，不把它們推開。當你學會與所有的感覺共處，就會自然地感受到深層的內在整合，而你的生命會隨著時間愈來愈完整圓滿。

體驗到愛的存在。現實的本質就是愛。只要關注在當下的自我和他人，活在自己的內心並與自己共處，就能感受到愛的真實、滋養、包容和各種難以言喻的性質。相較之下，任何努力創造愛的經驗，都會顯得黯然失色、差強人意。你真實的天賦，就是能表達這種美好的愛。

Chapter *14*

第六型人格——忠誠者

　　珊卓是個溫暖、聰穎、討人喜愛的女性，在過去數年來專注在照料不斷成長的家庭和協助年邁的父母。她是手足中最可靠的，總是抽出時間陪父母就醫，或是滿足父母愈來愈多的需求。

　　她的父親還住在她家附近，她覺得自己該為人生的下個階段做準備了，其中也包含有意義的工作。但她很難繼續前進。她尋求人生教練的協助，希望能突破平常的挫敗、失望和崩潰感。因為她認為唯有如此，才能繼續前進。

　　她投入九型人格的學習，發覺自己最符合第六型人格，並注意到熟悉的習慣模式：

- 覺得自己受到許多方向的拉扯，不知道下一步該怎麼做，接著又被過多的待辦事項淹沒。她接下了太多任務。
- 在進入新的領域前，她會動彈不得。當她被迫對陌生情況採取行動時，會愣在原地。她意識到這是因為強烈的恐懼。
- 她總是渴望知道接下來會發生什麼事，該怎麼辦。

她發覺自己總是在事情發生之前，就能預測對話或
狀況發生後的結果。

● 她總是在擔心未來可能發生的事。

由於她的心智過度活躍，教練引導過程中的一大主
題，就是幫助她進入自己的身體。珊卓了解到，雖然她
幾乎每天運動，卻沒有與身體建立直接的關係。經過練
習，她開始與身體產生連結，發現這能幫助心智放鬆。
她開始發覺自己擁有敏銳的直覺，而她以前總是忽視這
樣的內在引導。

隨著專注在當下的感覺愈來愈強烈，她開始遵循內
在的引導，向前踏出微小但重要的一步，採取了新的行
動。對她來說，記得自己能汲取內心的引導是一大挑
戰，卻總是能帶來驚奇和力量。固定練習脫離自己頻繁
的內在對話，轉而深呼吸並進入身體，讓她能做出更好
的決定和目標，也幫助她釐清職涯路線，找到最適合自
己天賦的召喚。

隨著珊卓愈來愈能活在當下，她感受到更大的自
由、自信和身心靈的健康。

▶ 第六型人格所經歷的內在統一

你的真實本質

假如你屬於第六型人格，你的靈魂會自然地被真實的引
導經驗吸引。你會本質地信任自己的存在，並藉此引導每一

步。你不需要專注地預先考慮一切。每個時刻都帶來新的洞見和覺察。你對於自己的存在感到安心自在，你也堅定地相信，未來的道路會為你指引。

當你與本質失去連結時，或許就不會意識到：你不需要如此努力尋求支持和堅定。當你真正地活在當下——也就是進入自己的身體——你就更能接觸到真正支持的力量。當你持續關注體內的生命力，並保持柔軟開放的心，就能意識到真正的支持並非來自心智活動，而是來自這樣的內在體驗。你會發覺自己愈來愈安然自得。

你的人生故事：與內在和外在世界連結

在生命最初期，你的自我感和在世界上的定位，就已經決定了。你將這樣的經歷內化後，影響了與自己和他人連結的方式，以及你獨特的存在方式。假如你屬於這種人格類型，那麼以下簡短的童年故事，可能會讓你感到熟悉。

在童年最早期，你就特別專注於能幫助自己找到方向的事物。你本能地想要安全感和安定，因為外在的世界是如此巨大又充滿未知。

你向父親（或其他保護者）尋求引導和結構，給予你在世界上獨立且安全的勇氣。然而，你時常感到失望或焦慮，得到的引導斷斷續續，也可能過度強勢或強度不足。

打從一開始，你就覺得自己被生命中不同的人拉扯，在生命的不同部分拉鋸。你同時希望受到支持，也知道可以依賴他人，另一方面又想獨立。你追求的是適當的親密程度——親密，但又不過度親密到難以忍受的

地步。孤立和親密的兩種極端都讓你備感威脅。

兩種極端的拉扯出現在你人生的每個部分。有時候你想要支持其他人，有時候又覺得自己笨手笨腳。你常常猶豫不決、搖擺不定，不知道該朝哪個方向前進。許多內在的聲音都讓你失去平衡，找不到支撐點。你曾經聽過「不能下定決心嗎？」或「訂個計畫好好遵循。別再猶豫了。」這類的話。

內在如此不穩定，讓你很容易對人生感到悲觀。你很容易看見可能出問題的地方，因此嘗試逃避。你不知道下一步該怎麼辦，也不知道其他人對你有什麼期待，於是常常動彈不得。

隨著日益成長，你向其他人尋求引導和安全感，對方可能是你信任的大人、吸引你的信念，或是遵循你能信任的守則之特定團體。另一方面，你也可能反抗任何形式的權威。

你生命的中心思想開始成為：我必須試著知道接下來會發生什麼事。這會讓你試圖尋找支持和引導，並且逃避未知。但你不相信自己找到的答案，所以只能一直向外追尋。

你所不知道的是，可以相信自己，可以相信存在。你所不知道的是，有內在的指引和權威。你以前不知道的是，不需要刻意創造，指引就在那裡，就存在於每個當下。你以前不知道的是，存在的本質會永遠支持你──那是你真正的本質。

你的重大失落

幼小的時候，在意識和語言能力建立以前，你的經歷就讓你與靈魂所渴望且相符的本質疏離。這樣的痛苦龐大到難以承受，因此自尊結構開始形成，扮演了你在早期失落中的守護者。

我們都記得，自尊試圖模仿我們的真實本質，卻永遠不會成功。因此，**第六型人格的結構試圖用心智重新塑造出支持和真正的引導**，並且在心理上為所有的變數做好準備，他會檢視每個角度，注意可能出錯的地方，並想像各種不同的出錯方式。這一切都只會造成過度的擔憂和困惑。

以下是第六型人格的重大失落和痛苦：你可能覺得自己在這個世界上找不到真正的支持。你覺得腳底下的地面消失了。你得靠自己在這個可怕又無法預測的世界上生存。這樣怎麼可能會安全？少了值得信任的引導，你既孤單又困惑。

▶ 第六型人格自尊編碼的內在邏輯，以及身分三角

第六型人格的核心信念

核心信念固定後，就會形成無意識的濾鏡，只接收那些符合自尊信念的資訊。不幸的是，這樣的濾鏡會錯失或排除那些可能為我們提供替代觀點的訊息。這樣的信念成為形塑個人與生命連結的核心守則。

每種核心信念都是虛假的，感覺卻相當真實，所以我們

必須帶著同情心地自我覺察。最重要的是寬容和真誠。

對第六型人格者來說，你的核心信念就是這個世界不安全。世界上充滿威脅，你無法相信世界、其他人，或甚至是你自己做出正確的決定和行動。你必須準備好保護自己和所愛的人不受傷害。

假如你屬於第六型人格，這樣的信念如何呈現在你的生命中？以下是你可能注意到自己有過的思考、言語，或是做／沒做的事：

- 我不知道下一步該做什麼。做決定好困難。我想決定，但又馬上自我懷疑，三心二意。
- 誰會傾聽我的心事？你說我需要更有自信心？什麼自信心？我幾乎一點自信也不剩了。
- 我非常擔心自己和所愛的人出事。他們可能面臨危險。
- 有時候，我過度依賴其他人的建議，結果卻不如預期，就會開始質疑自己是否不該信任對方。

這樣的核心信念造就了「身分三角」，快速地反映出我們如何度過人生。我希望你看看以下的描述，是否與你的經驗相符。

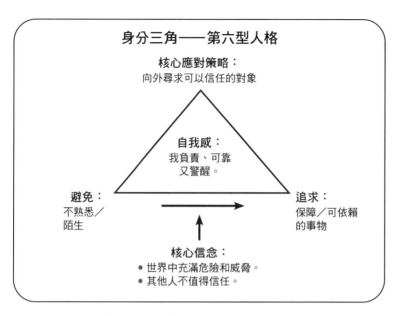

核心應對策略：
向外尋求可以信任的對象

自我感：
我負責、可靠
又警醒。

避免：
不熟悉／
陌生

追求：
保障／可依賴
的事物

核心信念：
● 世界中充滿危險和威脅。
● 其他人不值得信任。

圖表14-1　第六型人格的身分三角

第六型人格者可能會認同以下由身分三角所構成的內在邏輯：

我**追求**的是能夠仰賴、帶來保障的事物，讓自己感受到支持和安全。我追求的是能帶來堅定引導和方向的事物。我希望確保每個部分都顧慮到了。

我**避免**陌生或未知的情境，那可能會摧毀我僅有的安全感或支持。我不想要任何驚喜。

我的**應對方式**是向外追尋值得信任的人事物。舉例來說，我能在以下地方找到答案，包括強大的信仰系統，追求特定社會目標的團體，公民、政治或宗教團體，工作，心靈導師，或是堅定的伴侶身上。

作為我應對策略的延伸，我知道自己的生命中心概

念就是：我必須尋找安全和保障，避免未知的一切。假如我覺得自己處在安全的情境，下一步就是尋找自己所需要的引導和生命的支持。我不認為自己的內在有答案，所以向外追尋，可能的對象包含家人、工作、宗教或其他外在的支持來源。

這一切都讓我覺得自己可靠、負責、警醒，而且是個令人喜歡的人。這樣的自我定義或**自我感**，最終會造成限制，讓我無法覺察和享受更圓滿完整的生命經驗。

雖然上述都是正面的特質，但遭到濫用時，卻讓我無法覺察和表達自己的情緒或心靈層面。假如我僅僅把自己定義為討喜或可靠，那麼自我感就會取決於承擔的責任，以及是否能善盡所有義務。這會損害我對自己生命的權威。除此之外，還有許多特質是我不允許自己感受和表達的。我總是覺得必須負責任，但這讓我漸漸心生怨懟，責怪別人帶給我太多互相衝突的責任。我也不允許自己感受活在當下的力量。

第六型人格的覺醒能力：勇氣

勇氣來自於：相信無論面對怎樣的挑戰，自己都能得到支持；我專注定錨於自己的丹田。勇氣也意味著「支持自己的內心」。當我傾聽內心所知道的，就能採取適當的行動，或是不採取任何行動，端看當時的情勢所需。我的心智平穩又安靜，支持著堅定和勇氣的感受。這些都是心靈戰士最珍貴的特質。

當你遺忘並失去與內在能力的連結，就會透過保持忙碌來壓抑潛藏在表面之下的焦慮和恐懼。你可能會一頭向前

衝，也可能會在面對重要事物時動彈不得。但無論如何，你通常會同時處理好幾件事。你忘了真正的安全和知識都存在於自己的內在。學習傾聽安靜的內在引導，並不會損及你的行動能力。

當你忘記自己的真實本質，自我的認同就會因為想要創造支持和引導，而變得狹隘。狹隘的自我認同會讓你很難安然自處。

第六型人格的冰山模型將上述的內容圖像化。

這個模型一開始是較開闊的特質，是這類人格者的內在天賦。當我們漸漸放下對狹隘自我定義的堅持，就愈來愈能自然地體驗到這些特質。模型也能幫助我們理解水面之上，即第六型人格者可觀察的特質表現。此外，也告訴我們水面之下發生了哪些事，例如當人格控制我們時，形塑並驅動我們各種行為的內在動力。（可參考第五章對於冰山模型的討論。）

解碼第六型人格結構

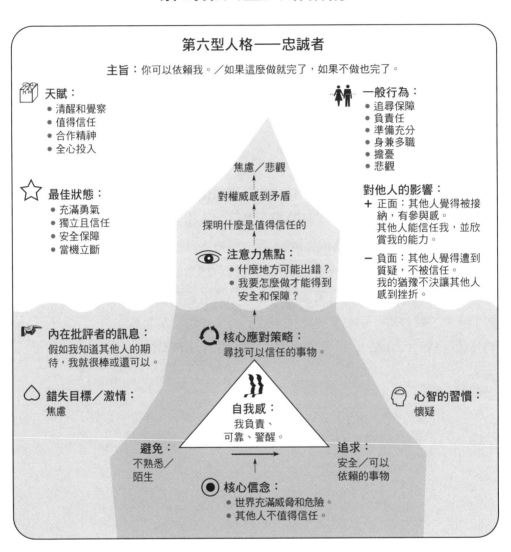

第六型人格——忠誠者

主旨：你可以依賴我。／如果這麼做就完了，如果不做也完了。

天賦：
- 清醒和覺察
- 值得信任
- 合作精神
- 全心投入

一般行為：
- 追尋保障
- 負責任
- 準備充分
- 身兼多職
- 擔憂
- 悲觀

最佳狀態：
- 充滿勇氣
- 獨立且信任
- 安全保障
- 當機立斷

焦慮／悲觀

對權威感到矛盾

探明什麼是值得信任的

注意力焦點：
- 什麼地方可能出錯？
- 我要怎麼做才能得到安全和保障？

對他人的影響：
+ 正面：其他人覺得被接納，有參與感。
  其他人能信任我，並欣賞我的能力。

- 負面：其他人覺得遭到質疑，不被信任。
  我的猶豫不決讓其他人感到挫折。

內在批評者的訊息：
假如我知道其他人的期待，我就很棒或還可以。

核心應對策略：
尋找可以信任的事物。

錯失目標／激情：
焦慮

自我感：
我負責、可靠、警醒。

心智的習慣：
懷疑

避免：
不熟悉／陌生

追求：
安全／可以依賴的事物

核心信念：
- 世界充滿威脅和危險。
- 其他人不值得信任。

圖表14-2　第六型人格的冰山模型

第六型人格的主旨

「你可以依賴我。」、「如果這麼做就完了，如果不做也完了。」是第六型人格結構的主旨。

▶ 水面之上

第六型人格的天賦、日常習慣和挑戰

天賦與最佳狀態（當我心胸開放且健康狀況最佳時）

我覺察外在環境發生的一切，無論正面或負面。

我很值得信任。我堅定、負責、可靠。

我有合作精神。我認為其他人和自己一樣，為大眾的利益做出相同的貢獻。

我全心投入。我認真看待自己的承諾，貫徹始終。

我獨立且相信自己。我關注自己的內在知識，以此引導自己做出決定。

我的內在很安穩，在我選擇參與的團體或組織中也感到安定。

我當機立斷。我也會考慮不同的觀點，並且做出堅定的決定。

我勇氣十足，願意為了更大的利益挺身而出。

一般行為（當我受到人格控制時所展現的特質）

我追尋安定。我希望向外找到可以信任的事物。

我的責任感很強。我試著判斷別人對我的期望，接著盡

量滿足。這些義務在我內心似乎與安全感連結。

我總是想為任何可能發生的事情做好準備。為了確保安全，我試著顧及所有細節。

我會自我懷疑地問：「假如……？」我會在不同的決定之間搖擺不定，再三質疑自己。另一方面，我也可能過於強勢，不假思索就先採取行動，那麼就不會懷疑了。

我預期任何事都有可能出錯，這在我採取行動前就成為無法克服的障礙。我會憂慮。

我可能很悲觀，用災難性的角度看待每一件事。我專注在無效的作法，會放大負面的可能性和結果。我可能非常激動且易怒。

 ### 注意力焦點（當我依附於人格時的注意力焦點）

注意：這裡概述的是注意力焦點愈來愈狹隘時，可能發生的狀況。我們活在當下的程度，將決定注意力焦點。愈能活在當下，我們的注意力就會愈開闊，而不會變得狹隘。

當我受到人格控制時，會將注意力集中在可能出錯的地方。為了避免出問題，或是更糟的災難發生，我會花大量的能量進行規畫，創造安全和保障。但這會使我的自信心降低。我過度投入在自己的承諾，因此忘了尋求內在的引導。

我可能會對於環境過度警戒，總是在尋找是否可以信任的線索。雖然我想要相信外在的某些權威，卻也懷疑權威。我以前失望過。一方面想信任，另一方面卻不確定可以信任哪些人事物，於是造成了矛盾。

能信任的愈少，我的焦慮就愈強烈難受。我變得很悲

觀，情緒一觸即發。

我對其他人的影響

+

−

＋正面：

- 其他人欣賞我的忠誠，以及對所在乎事物的投入。
- 其他人覺得受到接納、包含和重視。

－負面：

- 我的猶豫不決讓其他人感到困惑和挫敗。
- 我所傳達的懷疑，讓其他人感到受傷或憤怒。

▶ 水面之下

如果想了解第六型人格的內在動力，我們就得關注水面下的一切，從最底部往上探討。

第六型人格的核心信念

核心運作守則會影響生命可見與不可見的許多層面。

我相信世界上充滿威脅。我無法信任這個世界和其他人，也不相信自己能做出正確的決定或行動。我必須準備好保護自己、家人或社群的安全。

身分三角

我所追求的

　　我追求可依賴的穩定感和安全感。生命中有太多不確定的事物，我不確定有誰或是什麼事物會站在我這邊，幫助我和所愛的人。在做出好的決定之前，我必須先尋求值得信任的引導和方向。但在我採取行動之前，會希望確保顧及了每個細節，不會發生任何意外，威脅到我應該保護的人。

我所避免的

　　我會避免陌生和未知的情境，因為這會讓我充滿深刻的焦慮。如果不事先知道結果，我就很難做決定。對我來說，相較於熟悉但不理想的情境，未知的情境反而更有威脅性。對我來說，人生最困難的就是進入未知的領域。隨之而來的焦慮令我難以忍受。

我的核心應對策略

　　我的應對方式就是尋找可以信任、能帶來支持的事物。舉例來說，我會試著找到工作或親密伴侶，提供穩定的保障。穩定的工作組織，或是社會、公民或信仰體系穩固的宗教團體，都能提供我所依賴的熟悉感和一貫性。又或者，我可能會對其他人過度付出，不斷採取行動來壓抑焦慮。相較之下，面對自己內在的不適，似乎危險多了。

自我感（我是……）

　　我認為自己負責、可靠且警覺。我對其他人忠誠過了頭。雖然這些都是正面的特質，但當我覺得不得不如此時，

就會造成限制，讓我無法體驗更全面的生命經驗，其中包含了嘗試新事物，以及忠於自己內在的引導。

錯失目標（激情的能量驅動力）

我感受到無比的恐懼和無端的焦慮。我可能因為焦慮而動彈不得，無法採取必要的行動去朝著想要的方向前進。又或者，我可能強壓著焦慮帶來的不適，最終逼迫自己經歷很不舒服的情境。

提醒

無論你的主要人格類型為何，激情都是人格的一部分，也是驅動情緒生命的動機。激情會掩蓋心靈的傷口，[1]並且對於你與生命的連結，創造出情緒反應，讓你離靈魂真正摯愛的愈來愈遙遠。所有人格類型都是如此。

心智的習慣（人格的執著）

我的內心充滿懷疑和擔憂，我不知道下一步該做什麼。對生命中發生的事件，我常常在兩種極端的反應之間拉扯。我會在內心為經驗歸類，創造出「這種或那種」的雙重心態，讓自己的內在失去平衡。

我會向外在尋找創造穩定性的方法，卻又對於前進的方式三心兩意。我不相信自己的思緒，也擔心自己做出錯誤的決定。

無論你屬於哪一種人格類型，執著都是人格的一部分。執著是你固著行為的動機，也影響你對自我和世界的僵化想法。這會創造出虛假的現實感，也是自尊面對生命問題時自動化、不受質疑的應對方式，因而讓你遠離真實的自我。對所有人格類型來說都是如此。

 ## 內在批評者的訊息
（我的內在批評者堅持什麼）

我的內在批評者堅持，我必須滿足外在對我的期待，[2]我必須做出立即的反應。當我受到內在批評者掌控時，會不斷關注其他人對我的期望，希望能藉此得到安全感。保持警覺讓人筋疲力竭，我總是自以為地要想出其他人的期望，並竭盡全力加以滿足。

內在批評者總是將我的注意力指向外在世界。當我遵循時，就會陷入內在批評者的網羅，因此忘記自己在生命中想要的是什麼。我對自己的內在知識也缺乏信任。

上述的每種元素，都影響著我們的整體自我感。核心信念、激情的情緒驅動力、心智的習慣（執著）和內在批評，都在無意識間強化我們的身分三角。

關於第六型人格的額外資訊

我的壓力源

當我對太多人許下承諾，無法信守時，就會感到壓力。
當我還沒做好準備，就被迫做決定時，壓力也會提升。我可能會覺得自己還沒蒐集足夠的資訊，決策過程太匆促。

當我最限縮和僵化時

我不相信任何人，在內心深處懷疑每個人的動機。
我和帶來負面影響的人物或團體相處。
我不可靠，事情出錯時都會怪在其他人頭上。

與第六型相關的其他人格類型

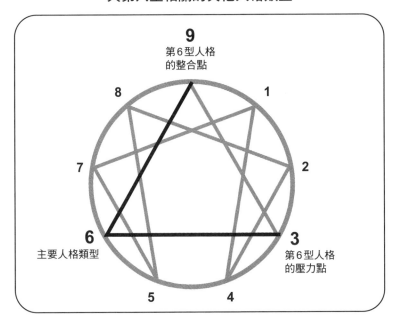

圖表14-3　第六型人格的壓力和整合點

我的情緒氾濫，缺乏穩定性。

我很多疑，覺得其他人都想對付我。

第六型人格者會經歷他們壓力點，也就是第三型人格的特質。對此，第九章有更深入的討論。要特別注意該章節「一般行為」和「值得注意並觀察的模式」等部分。

第六型人格的整合點，包含自我隱藏層面，就是第九型人格。關於第九型人格的更多資訊，請參考第六章。對於第六型人格的整合點，可以特別注意該章節「天賦與最佳狀態」的部分。對於第六型人格的自我隱藏層面，則參考該章節「一般行為」的部分。

九型人格也可以反方向來看，有助於尋找自己的主要人格：第六型是第九型的壓力點，並且是第三型的整合點。

▶ 覺察讓你偏離道路的行為模式

值得注意並觀察的模式

在這個部分，你會看到許多和第六型人格結構相關的習慣模式。這些模式都會提供有用的訊息。這不代表你有什麼缺點或犯了什麼錯，而是像路標那樣，會帶你走向覺醒的道路。它們會幫助你覺察，並直截了當地切入經驗的核心。最終，你將放下特定且時常造成困擾的習慣性策略，讓自己更加活在當下，放開心胸，得到自由。

習慣貶抑的自信心

第六型人格者在受到人格控制時，面臨的挑戰就是缺乏自信心，可能會以下列的形式出現。

第六型人格者很容易貶抑自己的成就，甚至是完全忘記。你的生命中有什麼成就？有哪些你已經忘記了？

回溯你人生的不同階段或時期，寫下你還記得的部分。

你是否詢問別人該怎麼做？針對每種情況，你會詢問幾個人。內在法則如何判定你該接受或排除其他人的建議？是否有誰的影響力對你特別大？

你是否會希望這些外在的建議者能有一定程度的共識？

當你尋求建議時，想要的是什麼？

你是否頻繁改變心意？你是否注意到，自己時常在兩種相反的選項間拉扯，例如答應或拒絕？

假如你注意到這樣的傾向，請在下一次發生時好好觀察。你的哪個部分傾向贊同？哪個部分比較負面？

恐懼和懷疑在你的決策／猶豫不決中，到底扮演了怎樣的角色？

什麼讓你做出最終的決定？

別忘了，對內在知識的缺乏信任，曾經在年幼時保護你不受傷害。

習慣恐懼和焦慮

第六型人格者可能經歷相當程度的恐懼和焦慮。這兩種經驗有著清楚的區別：恐懼是對於真實威脅的反應；焦慮則是在沒有實際威脅的情況下，全面性的憂慮和不安，預期著潛在的危險。這兩種經驗對第六型人格結構來說都很普遍。

什麼樣的情況或條件會激發你的恐懼？這些產生恐懼的

情境有什麼共通點？真正威脅你的到底是什麼？

認識你的焦慮。焦慮存在於忙碌激動的心智狀態。你的內心如何經歷焦慮？

焦慮在你的身體又帶來什麼感覺？你怎麼知道自己正感到焦慮？你焦慮時，呼吸會受到什麼影響？你會記得呼吸嗎？會記得自己的身體嗎？

試著在焦慮時深呼吸，注意這是否對感官造成影響。除了焦慮或恐懼，還有哪個詞語能形容你的感受？

你的恐懼下潛藏著什麼？或許你現在無法馬上知道答案，但這個問題很值得進一步探索。

習慣受到內在委員會的控制

內在委員會（inner committee）是讓人困惑和猶豫不決的內心雜音，成員的數目不定，但每一位都自覺能給你一些建議。每位成員通常代表特定的觀點，有些甚至在你童年時期就已經存在。舉例來說，你的內在委員會或許有一位不受控的叔叔、神經質的親戚、老闆、母親、完美主義的學者和比較年輕的自己，最後一位代表的是反主流的青少年。

你的內在委員會成員有哪些人呢？你能看出每位成員代表的是誰或什麼嗎？可以替他們取名字，讓你更清楚地看見他們。

這個委員會對你有什麼樣的助益？又造成什麼樣的負面影響？如果要傾聽這些聲音，花費的成本和得到的利益分別是什麼？

在委員會中，真正的權威是誰？

習慣為所有的意外做好準備

回想你最近為包含最糟情況的一切做好準備的經驗。當你反思這樣的經驗時，是否會告訴自己，假如沒準備好會發生什麼事？

你究竟做了哪些準備？

在準備過程中，你是否覺察自己內在的變化？若是有，這樣的經驗對你來說很熟悉嗎？

如此聚焦在準備，真的為你提供了真正的支持嗎？對你有什麼幫助？又有什麼負面影響？

在這樣的情況中，你究竟是相信自己，或是自我懷疑？

習慣過度付出

第六型人格者很容易過度承諾和付出，因此讓人生過度忙碌，造成壓力。

你上次過度承諾是什麼時候？造成怎樣的影響？許下超過實際能力範圍的承諾，帶來了什麼後果？對你的壓力又有什麼影響？

這如何影響你的人際關係？你如何脫離這樣的處境？

帶著寬容去覺察過度付出的習慣背後是什麼。你想解決什麼問題？

習慣擔心和悲觀

在人格的影響下，第六型人格者可能會過度擔心未來或許會發生的事，而且通常都是最糟的情況。

注意你自己在哪些情況下，會把能量都耗費在對未來的憂慮和悲觀。你是否注意到，這兩種心智活動都是針對還沒發生的事情？

這些心智活動對你來說有多麼常見？有多少你所擔心的事會真正發生？你能覺察到這只是習慣模式，而不是人生的真相嗎？

自我賦能的生命練習

以下的賦能練習，能幫助你轉向自己真實的本質。

1. 讓心智安靜下來

你已經注意到，人格類型的習慣模式都和躁動的心智活動有關。有許多策略能幫助你的心平靜下來。

找出回到自己身體的方式。覺察如何直接經驗身體感官。你可以從專注在雙腳和腳趾頭開始，因為這些部位離頭部最遠。感受身體中的生命，進入所有的細胞和身體結構，都能幫助你的能量向下。記得，重點不是想著你的身體，而是體驗當下的所有感官。

2. 承認焦慮，懷抱勇氣

恐懼、焦慮和不安都存在。恐懼是對於身心客觀威脅的反應。焦慮是我們進入未知領域時，特別強烈的習慣模式。

透過你逐漸成長的觀察力，更認識焦慮，覺察到這只是一種習慣模式，而不是客觀的事實。

進入陌生領域時，一次一小步地前進很有幫助。接受並歡慶你在過程中的每個微小進步。

用不同方式嘗試你的焦慮，練習在焦慮中仍向前邁進。

珍視自己已經擁有的勇氣。在自我探索和成長的過程中，你的勇氣和力量都將不可或缺。找一位深度生活的教

練、課程或團體，提供你所需要的支持。

重拾對自己和整個宇宙的信任。

看見生命中順利的部分。對於你所擁有的寶藏表達感恩。覺察你相信自己的每個時刻。

尋找宇宙運作美好的徵象。其實這樣的徵象無所不在。

花點時間在大自然中，欣賞季節和生命循環的美好神聖，讓大自然成為你的老師。

3. 覺察你的內在權威

覺察你是否在預測未來會發生的事。回到當下，回來經驗你的呼吸和身體的感受。當你的感受回到自己的身體時，可以問自己：「此時此刻，有哪些真實？」等你的身體回答，傾聽身體的答案。再重複問一次：「當下還有哪些真實是我能知道的？」你會發現，你知道的可能比想像中更多。

4. 覺察你內心的洞見

假如這些訊息能帶領你採取行動，那就接受吧。

傾聽你內在所知道的，並遵循內心提出的指引。通常，這不會是向外的一大步，而是內在的放手或覺察。

經過一段時間後，你將會愈來愈能感受到自己珍貴的內在權威。

5. 尋找情境中正向的層面

第六型人格者很容易注意到負面的層面，因而讓認知有所偏頗。記得關注順利的部分，以及所有的可能性、啟發和振奮人心的事物。

▶ 打造健康的蛻變道路

　　這本書的主旨之一是：九型人格的目的在於幫助我們真實的本質覺醒。這會帶領我們踏上療癒和蛻變的道路。不過對大多數的人來說，這都需要時間，也需要耐心、信任和信念，並盡可能地活在當下。本書的第三部分將提供對每種人格類型都有助益的過程。當然，每種人格類型者都有專屬於自己的重大過程。

　　假如你屬於第六型，你的療癒和蛻變之路就包含：

　　看透自己的恐懼和害怕的想法，並把它當作提醒自己回到身體裡的暗示。

　　採取行動去相信自己內在所知道的。關注你內在巧妙的溝通和暗示，在次要的決定上提供你一些方向。培養自己傾聽和遵循引導的能力。一段時間後，你將會感到更加肯定。

　　體驗到貫徹始終的勇氣。覺察支持自己的內心是怎樣的感受。

　　注意你是否只是想要安逸，隨波逐流，把頭埋在沙子裡。你很難有這樣的覺察，因為這大幅偏離了你的自我定義。或許你在大部分的人生都不太有機會沉溺於這類行為，但當你體驗到自我隱藏層面（也就是整合點／第九型人格）時，就會開始出現。你愈是覺察並接受這樣的經驗，而不加以採取行動，就愈能真正感到自由，享受當下。

自我隱藏層面會出現在整合點中偏向一般或較低的健康程度。

發覺你的內在權威，開始意識到，你所追尋的支持其實無所不在，總是能為你所用。你活在當下的踏實體驗，將令你感到驚奇，並提供你許多指引。

Part 3

人生的改變

Change for Life

Chapter *15*

改變能帶你通往開闊的大門

　　在看過自己人格類型的習慣模式所帶來的限制和痛苦，以及超越人格之上的具體本質後，人們很自然地會想問：「接下來呢？我如何運用這些材料來獲得更圓滿的生命？更感受到內在的平靜？更享受與自己的相處？」

　　因此，我們要來看看如何投入改變的過程、我們對於改變的既定印象，以及該從哪裡著手。

▶ 有意識的改變和改變意識

　　你對於改變有什麼經驗？你的生命是否有過改變？

　　我曾經發現，多數對於自我發展有興趣的人，都抱持著深刻但錯誤的信念，也就是他們身上存在著需要改變、修復或改善的問題。這樣的信念很普遍，也鮮少受到質疑。否則，「自我提升」的產業怎麼會有數十億元的價值呢？為什麼會有這麼多人在書架上和地板上堆滿自助、心理學和心靈相關的書籍？

　　當我們進一步質疑這樣的信念，就會發現更深層也更痛苦的信念：我們天生就有缺陷和不足。

> 多數對於自我發展有興趣的人，都抱持著深刻但錯誤的信念，也就是他們身上存在著需要改變、修復或改善的問題。

因此，大多數個人成長類的理論基礎都是：我們都有本質上的問題。若從這個觀點出發，人們就很容易用對待機械的方式來對待自己：嘗試維修、忽視，或是擺脫對自己無益或無法接受的層面。有時候，這樣的方法會有正面的結果。但我的回應是：「噢！好痛！」雖然這個觀點非常普遍，卻會帶來沉痛的代價。

我發覺在自我改善和個人生命的領域，依照「我有問題」的基礎信念，大致上有三種改變方式。你可以看看有哪些方式是你熟悉的。

1. 增加法：再加上什麼東西就能讓自己沒事

這通常包含創造一些可以達成理想成果的目標，來解決一部分的問題。大部分的人都有設定目標的經驗，例如減肥、賺大錢、跑馬拉松、購買夢想中的房子、找到夢中情人、獲得期盼已久的升遷或獎勵，也可能是比較簡單的，例如得到新的工具或策略、提升效率，或是成功達到預定的目標等等。

我並不是說設定目標或學習新技能沒有用。這些都能大幅幫助我們在其他不同的情境中實現想要的成果。在多數的組織環境裡，這些是評估績效和問責的基準。這些能幫助我們得到動力，並決定方向和專注之處。對於人生的前半部，也就是在打造職涯、建立家庭和提升自我能力與信心的時期，創造及達成目標就非常重要。然而，如同所有良好的策略，假如目標遭到濫用，被拿來彌補我們認定的內在缺陷，或是塑造出閃閃發亮的表象，那麼反而會阻礙真實的自我成長；然而，自我成長才是我們所追尋的。

由於目標在現代文化中占據如此重要的地位，我們很容

易認為，當自己專注在達成某個成果時，生命的運作就是最理想的。然而，這會讓我們沒有足夠的空間去體驗生命的美好和珍貴，也無法真正感受到個人成長所需要的事物。

我們很容易將設定目標的過程轉移到內在生命，例如設定期限來度過充滿痛苦情緒的經驗，我們以為這麼做是應該的。長遠來看，通常成效不彰，因為生命的內在韻律有自己的智慧和節奏。內在的韻律並不會受制於自尊所加諸的急迫感或責任。

在與自己的內在韻律建立起更深刻連結的過程中，我們也會傾聽靈魂的呼喚，珍視自己生命的開展，並學習相信：自尊的目標和生命真正的美好無關。

2. 擺脫某事物法：基礎概念是我們必須移除內在的某些事物

這種方法會伴隨著努力克服、消滅、掩飾或壓抑那些無法接受的感受、感官，或是不符合自我形象的特質。你是否曾經試著抹滅、推開、壓抑或迴避一些無法接受的經驗呢？

這種方法也會伴隨著自我批判，以及對自己逐漸冷酷。當你無法達成內在批評者的標準，批判的情況就會加劇。內在批評者的標準是建立在自尊的觀點，因此相當狹隘。舉例來說，你會因為出現某種情緒，或是不符合期望的行為，又或是對於特定重要事物找不到動力，而批判自己。

這種方法有個與我們本意違背的影響，就是會讓我們的注意力集中在自己認為「不好」的事物上，更深陷於無力扭轉的劣勢。

我的許多客戶在邁入中年，剛開始做出重大改變時，都有過類似的經驗。以下就是一個例子：

在與自己的內在韻律建立起更深刻連結的過程中，我們也會傾聽靈魂的呼喚，珍視自己生命的開展，並學習相信：自尊的目標和生命真正的美好無關。

潔西卡決定離開成年以來發展卓越的領域。對五十多歲的她來說，是做出其他改變的時候了，不過她還不確定是怎樣的改變。

最初，她尋求人生教練的期望是「克服」未知和進入新領域的恐懼。她一直相信自己應該知道做什麼，並且很快就能放下離開專業領域崇高地位帶來的失落感。由於遲遲沒有進展，她覺得自己一定有什麼問題。但她愈是強迫自己做決定，就愈覺得能量枯竭，也愈來愈容易自我批判和低落沮喪。

讓她失望的是，她發覺內在的生命和外在世界的運作速度不同。這與增加法的相似之處是，在你試圖讓自己擺脫特定的經驗時，假如過程中有太多強迫，在時機未成熟前就強制進行，往往只會造成逆火效應（Backfire Effect）。這些情況下，你的自尊意圖控制內在生命的過程和結果，卻沒有足夠的能力。

我們的靈魂有著自己的節奏和智慧，也知道療癒與茁壯所需的事物。在愈來愈了解及覺察自己的過程中，我們主要的角色就是培養更深入傾聽靈魂的能力，並且遵循靈魂的引導。

3. 試圖超脫當下發生的事

這是自我成長第三種常見的方法，著重於試圖超脫痛苦的現狀，並進入某種感覺更理想的狀態。超脫的體驗在許多情況下的確都會發生。這些體驗可能很強烈，幫助我們意識到自己在大多數時候，都只經驗到非常局限的現實。超脫的體驗能幫助我們建立新的神經迴路，進而提高覺察的能力。

然而，我們很容易將單純否定「當下需要注意力」的那種「恍神」經驗，誤以為是超脫經驗。假如只是用它來逃避生命，將會對我們造成傷害。

使用這樣的方法，你可能會覺得日常生活的一切都毫無吸引力，甚至不屑一顧。因此，內心進入某種神奇美好的境界，就被這樣的心靈體驗所吸引。但只要進一步檢視，就會發覺現實生活中什麼都沒有改變。這被稱為「靈性逃避」（spiritual bypass）。[1]

忽視日常生活的現實會帶來後果。舉例來說，你的人際關係、財務狀況、社會連結、工作或愛情生活，都可能變得一團亂。假如你還繼續忽視，就會錯過許多日常生活時刻能帶給我們的體悟、豐盛和無限的可能性。事實上，生命的平凡細節，才是洞察、改變與蛻變的源頭。

你是否注意到，從這些主流、注重改變的觀點中，幾乎看不見對於人性和人類生命經驗的包容？你是否注意到，自己可能會因此而逃避或抗拒生命、有所保留、過度緊繃、持續徒勞地付出，或是與生命就這麼失去連結？這三種方法各自都反映了與生命的自然流動和智慧的對抗，讓我們無法直接體驗當下的豐富。

我們之所以覺得自己的本質有所缺陷，必須改變，都是受到根深柢固的人格結構所影響。前面章節所提到的**重大失落**，會導致我們感到匱乏。還記得我們的人格結構如何試圖複製覺醒的本質卻徒勞嗎？我們可以說，人格結構或是自尊本身，缺乏了創造真實本質經驗的能力。人格無法帶來我們所追尋的，只會讓我們不斷渴求更多不同的東西。

這是生命中最大的難題之一。

我們的真實本質並
無匱乏，反而永遠
是真實、滋養和驚
喜的泉源。

然而，我們的真實本質並無匱乏，反而永遠是真實、滋養和驚喜的泉源。

▶ 另一種改變的方式，更新鮮的空氣

假如我們擁抱更完整的生命體驗，接受自己和生命，又會如何呢？大部分的人都覺得這樣的概念太陌生，違背了他們長久以來與自己的關係。

當你與自己建立新的關係，懷抱著寬容地接受自己，允許自己擁有各種內在的人性經驗，而不急著採取應對的行動，就會發生重大改變。你的內在限制會突然得到釋放，而嶄新且神奇的內在特質會開始浮現。這樣的特質通常也會伴隨著更開闊的心靈，以及對自身的覺察。你開始感受到自己真實的深度，並漸漸意識到自己擁有的東西和選擇性都超乎期待。透過活在當下的身體內的經驗，你的自我感也會跟著改變。

這樣的改變方式會帶領你將注意力轉向當下的經驗，並使用我們第四章提到的工具：

- 懷抱好奇心
- 練習強烈的同情心
- 擁抱全然的誠實
- 相信過程
- 鼓起勇氣

轉向自己

重新檢視自我觀察的重要性

　　大部分的人在一生中，並不習慣就這麼接受**活在當下帶來的豐富體驗**。我們會想方設法來干擾真實的經驗。因此，生命可能會令我們失望，無法滿足我們對豐富生命的想像。我們對自己和他人都有各種觀點與感受，卻都不是立基於真正的當下經驗，而是受到童年人際互動和經歷的影響。這些對於自己、其他人和生命的想法，取代了我們當下更深刻的自我覺察。

　　關於轉向自己、順應生命的意涵，有許多誤解，以下是兩個例子。

誤解一：

　　不意外的是，轉向自己有時會和「過分自我沉溺」（navel-gazing）搞混。後者的意思是沉溺於一段經驗中的每個細節，讓過程變得意義過多也極度私人。不過，這兩者之間有很大的差別。我們可以把過分自我沉溺解釋為退縮回自己的生命，認同內心浮現的任何感覺或想法。然而，當我們忽視周遭發生的一切，只專注於自身的經驗，生命就會變得扭曲失真。當我們沉溺於景像、感受、想法和痛苦等等，這種誇大化的注意力焦點，往往會放大虛假的自我感。在這樣的情況下，我們很難真正採取任何行動。

　　相反的，我所謂的轉向自己帶來的是對內在經驗的客觀關注。內在觀察者專注於提升對想法、感受和感官的覺察，但不因此自我定義。這些是透過我們展現的人性經驗，不代表我們這個人。當我們用這樣的觀點看待改變時，就不會因

我們會和自己共
處，並且不再轉身
離開。

為這些經驗而如此受傷，只是在它們出現時加以覺察。

「轉向自己」讓我們能觸碰到身體的智慧。無論現狀如何，透過對自己的寬容，我們都能開始療癒。我們會和自己共處，並且不再轉身離開。

如果這樣的方法要發揮效能，觀察者的客觀性就是關鍵。內在批評者可能會想冒充觀察者，卻總是帶著批判的意味，將我們當下的表現，來跟它的標準，或是潛藏在我們意識之下的某些標準做比較。評量的結果可能是正面或負面的，但無論如何，這都代表批判。

觀察者的客觀性代表不帶評判的覺察。舉例來說，當你閱讀這本書時，你的觀察者可能會注意到你拿書的方式、你的身體是否出現緊繃或壓力、你呼吸的節奏和速度、掠過你內心的想法，以及你可能會有的批判。這些都只是需要被看見的經驗，不需要應付或過度執著。

但你注意是什麼在觀察你的體驗。你會發覺，這不是心智或概念上的活動，而是更超越的。這和你平常的維度截然不同，你的認知領域比你想像的更深、更廣，並未充斥著各種意見和雜訊。

以下這個譬喻，或許能幫助你區分平常的心智狀態，以及內在觀察者更開闊和中立的活動：想像你身處在繁忙的機場中央。當你接近安檢區時，壓力會上升。當你開始脫鞋子，拿出其他可能讓警鈴大作的物品時，你的注意力都集中在如何快速通過這個流程。你就是不想待在這裡做這些事情，面對這些麻煩。聽起來很熟悉嗎？

當你的內在觀察者參與後，你會開始真正注意到，隊伍中有些人似乎也很緊張。你會意識到，這種緊張感讓你的心跳愈來愈快。你深呼吸了幾次。雖然你還是得經過所有安檢

流程，卻不再困在對整個經驗的意見和批判中。

　　這樣的價值在哪裡？你更開闊的覺察能讓你存在於這個經驗中，卻不造成負面影響。你甚至還能在其中看到幽默。

　　是的，這需要很多練習和覺察，但即便在充滿活動和嘈雜的環境裡，你中立的內在觀察者依然存在。這是與自己建立全新關係的關鍵，能帶給你更多的自在和自由。

　　內在觀察者是我們潛在的能力，只是可能尚未發展。如果想將注意力轉向內在，而不再專注於忙碌的心智活動或反應性的感受，會需要一些練習。當然，許多類型的冥想練習都有幫助。不過，這樣的能力並不只局限於冥想或特殊情境。你可以在日常生活中鍛鍊觀察力；只要記得後退一步，深呼吸，注意自己每個當下的經驗感受就好。

誤解二：

　　第二種常見的誤解，是只要轉向並接受自己的經驗，就會讓自己所批判／恐懼的生命面向得到更大的影響力。這個誤解背後的概念是，轉向某種經驗，就會讓生命的這個面向成長，甚至控制你整個人。

　　然而，相反的是，當我們接受許多生命層面的存在，即便是我們所嚴厲批判的層面，並且用內在觀察者的覺察和寬容來觀照，這些層面非但不會控制我們，反而會因此削弱。許多人說，當他們允許自己最痛苦的經驗浮現，並給予更大的空間後，反而感受到更大的自由。

　　對大多數人來說，允許自己的內在經驗存在，接受這是人性本質的一部分，都違反了直覺。

花些時間來反思吧。

以今天來説，你用哪些方式推開了自己的經驗？對此，我們有許多策略。此外，這樣的反應太普遍，多數人甚至不會意識到自己多麼頻繁且強烈地迴避生命經驗。説實話，這樣也等於背離了自己。

我們注意到，這種迴避經驗的策略就存在於人格結構中。因此，我們會覺得熟悉也就毫不意外了。閱讀以下的清單，看看哪些符合你自己的人生吧。

迴避人生的常見策略

否認：否認指的是我們不承認某個行為或感受的存在。這個行為或感受不會出現在我們的雷達螢幕。否認某種感受的方法之一，是用另一種感受來覆蓋。舉例來說，有些人認為悲傷特別難以承受，因此會「啟動」振奮的能量。對其他人來說，快樂或安詳很難接受，於是人格的解決方式就是聚焦在可能出錯的地方。還有些人會否認憤怒，因此讓自己對這樣的經驗麻木。

無視：當我們無視時，會先快速承認某種感受（或情境）的存在，接著馬上推到一邊。無視的方法之一，就是認為這段經驗不重要，快速轉移到其他事物上。有時候，我們可能會因為難以承受，而無視某些感受。當我們在覆蓋某個內在經驗之前，不給自己任何感受的機會，那麼這些經驗就會逐步累積，將我們壓垮。

批判：當我們批判時，會經過判斷對錯的過程。因此，

我們很容易就會判定某種內在的感受或感官是錯誤的。當我們批判自己的經驗時，終將承受這樣的批判，造成強烈的痛苦。這樣的共通經驗對每個人類來說都是熟悉，因此我將用第十七章來分享如何更了解內在批評者，並改變我們和它的關係。

匆促的行動：這項策略的一個好例子，是針對內在不安、焦慮或躁動的不適感來運用。我們可能不會暫時性地經歷這些感覺，而是快速行動，想化解這樣的不適。通常，這些感受會被解釋為「應該立刻做點什麼」。但匆促的行動只是暫時的解法，因為這些感受注定會再次出現。多數時候，我們太抗拒這樣的感受，甚至沒有意識到自己的行為已經受到影響。

以下是我們無意識迴避生命的其他具體策略，每一種都對應一種人格類型：

第一型：努力讓自己、情境、其他人或事物變得完美。

第二型：試圖和其他人建立連結。

第三型：過度專注於訂定和達成目標。

第四型：對其他人的回應過度敏感。

第五型：在想法和概念的世界裡過度逃避。

第六型：對任何可能出錯的地方過度準備。

第七型：過度忙碌於預期未來、累積經驗或物品。

第八型：要求過多。

第九型：反覆讓自己對可能破壞安逸的事物麻木。

進入自己的生命

這其中包含了另一項積極元素：允許自己進入生命。

如果現在就能進入自己的生命，會是什麼感覺？安頓在自己的身體裡？

「接受自己的所有經驗」是九型人格的一大難題，也是最深奧的教誨和修行。有個很明確的差異：允許自己去體驗任何浮現的感覺或身體的感官，並不代表採取應對的行動。

對想法和感受採取行動，是我們釋放不適經驗能量的方式。很多時候，這樣的能量釋放是對於環境中某些人事物的反應。事實上，這種「行為展現」通常是自己人格類型的模式。我們可能覺得再自然不過，因為這符合我們長期以來的自我認識和對他人的理解。

矛盾的是，當我們充滿情緒時，同樣也能透過輕笑、大笑或是用其他方法切斷經驗，輕易地釋放能量。與其完全允許自己看見、聽見或接受更開闊的感受，我們通常會選擇回到正常。

> 與其完全允許自己看見、聽見或接受更開闊的感受，我們通常會選擇回到正常。

允許或和內在經驗共處，是完全不同的事，而且對大多數人來說，都是劇烈的轉向。我們從來沒有學過該怎麼做，也沒有仿效的榜樣。然而，單純地覺察且不帶意見地接受內在的經驗，就能帶來強大的影響。這會讓你內在的自我感發生變化。多麼大的自由啊！

九型人格指出我們的力量和天賦、造成痛苦和非必要衝突的習慣模式，以及這兩個極端中的一切。**當我們否定或批判自己的任何部分，都會創造出內在的戰爭。我們變得和自己分裂，在自我成長和發展上都形成阻礙。**

當我們覺得迷失或不完整時，很可能是因為切斷了自己的某個部分。這些部分在心理學和心靈相關的文獻中被稱為「陰影」（the shadow）。

被啟動的陰影

　　我們會不知情地將能量投入生命中並未覺察的部分。當反覆出現的問題、感受和經驗不被看見時，其實往往會被放大，並在最出乎意料的時刻湧現。當你逃避生命中特定的問題或主題，就會消耗寶貴的生命能量，造成多餘的壓力。這會導致限制。

　　在這個時間點，你有許多必須做的事，假如你和許多人一樣，那麼就會非常願意對自己更寬容、敞開、感恩、真誠和覺察，而這些特質都反映了真實本質更高的層次。有意思的是，表達更高本質的渴望，通常會伴隨著強烈自我逃避的誘惑，你會想要脫離自己的經驗。

　　每個人都會不自覺地想抗拒自己當下的任何經驗，但這會帶來沉痛的代價。仔細想想，我們對人性的經驗有許多限制。舉例來說，我們會覺得自己不該生氣、憎恨、焦慮或過度依附，甚至也不該敞開心房或表現自己的脆弱。這讓我們試圖抹滅自認為無法接受的感受或感官。這個世界和我們的九型人格結構都告訴我們，許多狀態都是不好的，而我們也接受了，因此這些狀態都在我們的自我概念之外。但事實是，這都只是活著的一部分。你能汲取完整的感受和能量，只是許多部分都被隱藏。

　　這就帶出以下的問題：

　　假如九型人格幫助我們表達生命更高的層次，那我們為什麼要允許這些所謂較低層次的經驗呢？

　　讓我們以憤怒的經驗當例子，來看看真正的問題。體驗到憤怒並不代表你是個憤怒的人，或是你該表現出憤怒。你是個人類，而憤怒是人性經驗的一部分。我們很容易混淆了「擁有特定的內在經驗」和「將那樣的經驗當成自己的一部

分，或是必須向其他人表現出來」。我們很容易就會認同自己的憤怒，認為憤怒代表了你這個人。

狀態、感受、感官、想法——完整的人性經驗自然地持續變動，因為我們都有能量。假如我們順其自然，所有的狀態和感受都會興起再消退。**然而，我們會對自己當前的狀態或感受產生意見和批判，無意識地阻擋能量的自然流動，進而讓這種狀態更為強化**。我們也可能試圖阻擋、否認、逃避或是扭曲。我們有太多無意識控制生命自然流動的方式，而這是因為我們並不想要當下的狀態。

▶ 允許自己的生命流動

因此，練習讓生命自然流動，並接受自己的經驗，就非常重要。為什麼呢？因為如此一來，你是在練習接納自己。你愈是允許自己不帶批判、不採取行動、不過度認同地接受完整的內在經驗，就會覺得自己的內心愈輕鬆，也愈流動。你既有的自我概念會開始融化。當你接受自己的經驗，反映的是對自己說「好」的能力，能接受自己無限寬廣的內在。

讓你進入自己的生命，是在生命每個層面得到圓滿和真實的關鍵。

即便在閱讀這段文字的當下，你也正在鍛鍊深度生活的全新肌肉。隨著經驗不斷累積，新的神經迴路被發展出來，你會發覺自己更能安然地自處。

這就是改變的最自然且不斷演化的本質。

Chapter *16*

活在當下是真實改變的基礎

　　轉向並進入自己的生命，能為我們的自我成長提供強力的支持，這也是活在當下時空的練習。如今，「活在當下」或「正念」被使用得太過頻繁，其真正的意義和重要性都已經失去。有時候，提到這件事的人們甚至理所當然地認為，每個人都知道它的意思，也知道該怎麼做。然而，為什麼我們在日常中很少看到活在當下的證據？人們很可能不知道它更深層的意涵。由於它是深度生活改變法的基本原則，我們應當更深入地探討它真正的意思。

▶ 活在當下：和你想的不一樣

　　在我的生命中，曾經有許多時候認為自己已經活在當下，特別是生活一帆風順的時候。然而，如今回首，我當時把人格的習慣模式帶來的愉悅，誤解為活在當下了。就拿我最愛的活動當例子吧——身處於大自然中。登山時，我有多麼常陷在自己的遐想和思緒中，後來才發現根本沒注意到周遭的美景？是的，當時的感覺很好，但這不是活在當下。

　　活在當下的概念，時常和自己人格結構的熟悉經驗混

淆。由於習慣模式促成了我們的自我認識，那麼把習慣模式的經驗誤以為是活在當下，也非常合理。舉例來說，假如你想成為老師教過的最傑出的冥想者，這很可能就不是活在當下。這是第三型人格特質的運作結果。假如你沉浸在創造宏偉的概念結構，卻忽視了身體的需求，這也不是活在當下，而是第五型人格的模式在自動運作。

九型人格先驅羅斯・赫德森時常提到：「我們完全不知道自己有多麼地不活在當下。」

如此讓人震撼的說法，帶來了以下重要的問題：

究竟是什麼讓我誤以為是真正活在當下的經驗？

是什麼阻礙我活在當下？

迷思和信念

在與客戶和學生的對話中，我時常發現以下三種迷思。哪一種也阻礙了你更深刻地活在當下呢？

迷思一：當下的感受總是美好的

我們常有的一項迷思，就是在最快樂、最振奮的時刻活在當下。當我們活在當下時，不應該經歷任何困難。

事實上，活在當下的我們，會接觸到各式各樣的生命經驗。有時候是昇華的美麗，有時候會體驗到本質的力量和智慧，或是其他珍貴的特質。但有的時候，我們也會經歷困難，浮現過去難受的記憶或感覺，又或是當前的艱鉅挑戰。當我們進入當下，接受這些經驗時，會得到很大的支持，幾乎總是能與自己及當下的狀態建立起新的關係。

史蒂芬妮受雇於公立教育體系數年後，決定轉向顧問的職涯。她的教育專業和資歷都很充分，因此面臨的一大挑戰就是決定收費的標準，以及學習如何與潛在客戶溝通。她已經習慣在專業領域中收費過低，因此感到沮喪，甚至覺得遭到利用。

她漸漸地意識到，雖然注意到自己對金錢的不自在，卻沒有真正地用正念來面對。她對客戶的收費標準無法反映她的真正價值，面對這種不適感，她的反應是嘗試壓抑或逃避矛盾心理下的痛苦。在學習到如何經歷不適感，不試圖擺脫或改變它後，她覺得不適感減輕了，內心也更開闊。這樣的內在空間讓她能練習訂定更高的收費標準，同時也能接受一定程度的不適感。

在每段經驗中都活在當下後，內心的空間不斷擴大，不適感也隨之減輕，讓她終於能更自在地收取適當的費用。以前和金錢相關的不自在，對她已經不再有如此強大的影響力。

當下並沒有一定的好壞，而是我們的心智在判定它，並且會影響我們對一段經驗的接受度。注意到生命中的議題或問題，也不一定等於活在當下。我們可能有所覺察，但還是否認某個議題對我們的控制。透過練習，我們會發覺假如不讓自己經歷伴隨著某個議題的無形感受，那麼該議題對我們的影響可能會持續下去。唯有直接接觸和感受，投注正念，這樣的影響力才會減弱。接著，我們就不會出現要對困難的經驗做出反應的強烈需求。這類反應通常會讓我們難以接受，也覺得痛苦。

迷思二：活在當下不切實際

另一個常見的假設是，活在當下和真實生命的運作是獨立的兩件事。這會轉化為個人的信念：假如專注在當下，我就沒辦法做該做的事。我必須回到習慣的生活方式，才能處理生命真正重要的面向。活在當下只會造成阻礙，讓我變得效率不彰。

這個迷思會如此反映：

我會規畫一些時間來進行冥想，或是深呼吸，或是參加工作坊。

我會感覺很好。接著，我會回到現實生活。

事實上，現實不是二分法，不會有不同的欄位或部件。真正的正念能夠支持我們的日常生活，是很實際的。舉例來說，當我們不再只是遵從人格結構的支配，而是專注在當下與所愛的人、同事和陌生人互動，或是開車、購買日用品等等，就能與自己和其他人建立起完全不同的關係。

迷思三：活在當下代表「前往其他地方」

有時候，活在當下會被誤解為進入某種出神的狀態，想像著某個美麗的地方，或是與現實抽離。然而，想像或許能帶來很大的助益，卻與活在當下不同。

我們可以把活在當下想成脫離了習慣模式掌控的自由。活在當下並不代表我們不會經歷按照習慣模式行動的衝動，也不代表就不會感受到痛苦。相反的，我們在對自動模式的覺察中，多了許多空間，能有意識地深呼吸，並寬容地關注困難的情境，因此降低情緒的反應和行動的衝動，至少暫時

是如此。每次出現這樣的轉變，都會帶來正向的改變。九型人格中，每一型人格的具體模式都讓我們清楚看見，是什麼讓我們脫離了當下。

實際上，當下就存在於當下。當我們進入日常生活之中，覺察那些平常隱藏的深層經驗，就能更輕易地體驗到當下。諷刺的是，每一型人格的習慣模式都會強化我們創造的生命敘事，讓我們遠離當下，同時將這些模式誤認為當下的現實。

▶ 打造我們活在當下的美好能力：接觸三大智慧中心

我們天生就應該活在當下——腳踏實地、心胸開闊、清晰且充滿信任。我們擁有許多資源，能感受當下的深度。用九型人格的語言來說，這些資源來自三種智慧的中心：腹部／直覺中心、內心／感受中心、頭腦／思想中心。這對應著我們身體的不同部位。

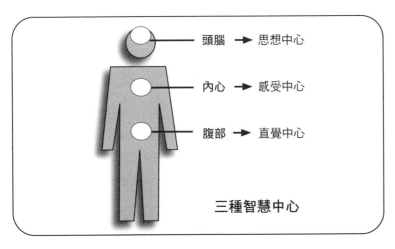

圖表 16-1　三種智慧中心

如果能與這些中心建立知覺、直接且當下的連結，就能帶來遠勝於忙碌心智所能提供的智慧。透過感官所連結的智慧中心，能讓我們真正和當下一切建立起連結。接著，你可以對當下真正的需求做出回應，這可是非常實際的天賦。智慧中心讓你的自我能找到中心，這就是活在當下的基礎。[1]再次提醒，許多人都沒有學過如何認識、接觸或使用這些智慧中心，但這是讓我們體驗完整人性經驗，讓我們感受真正生命力的關鍵。**加深與每個智慧中心的連結，是內在改變和蛻變最重要的關鍵。**

讓我們來探索每個中心，並建立起和其中真實力量的連結吧。

加深與每個智慧中心的連結，是內在改變和蛻變最重要的關鍵。

腹部中心：踏實和生命

這個中心就是所謂的「直覺」，代表著內在的力量和生命力，代表著我們實際的身體和內在的權威。毫無疑問，你曾經直覺敏銳，你曾經直覺地知道哪些事對你來說是對的，哪些則否。

你會如何運用這些知識？直接忽視？用看起來比較合理或符合邏輯的想法取而代之？或是注重在你認為應該做的事，用其他心智活動來分心？又或者，你會受到其他人的意見影響？

當你不遵循自己的直覺，通常會有什麼後果？你是否時常對自己說「早知道就聽從直覺」？

腹部的智慧中心在整個身體中以感官為語言，激發我們朝特定的方向移動。需要花一些時間和刻意的練習，才能熟悉這樣的語言，更了解腹部中心想要和我們溝通的內容。

在某次漫長的散步過程，我問自己，該如何表達「住在腹部中心」的感受。我也是歷經漫漫長路，才找到腹部中心。一開始時，這個概念完全陌生，而至今仍是我持續發展及培養的能力。走著走著，身體所有的動態資訊都湧上來，我會試著和你分享一部分。某種程度來說，我的身體正和你的身體對話。

我認為，最有幫助的作法就是不去想自己的身體，而是讓你的能量落下，讓體內一直存在的感官進入你的意識。有個心法很有幫助：「我現在的哪個部位有感覺呢？」你可以先站在原地，用接下來的幾句話帶領你更直接地感受珍貴的身體。相較於**思考**下面的每個步驟，更有幫助的是在每個步驟都花一些時間，直到你**體驗**到內在的新感受。允許自己接受這些感受。你會覺得很有趣、奇怪，甚至有一點可怕。我希望你能保持好奇心，看看能學到什麼。

我呼吸……感受這股氣息
如何進入和離開我的身體……
我允許這股氣息進入內在的更深處……
或許我能感受它一路進入我的腹部。

我感受到身體內與吸氣和吐氣相關聯的感官。
我一方面仍與吸氣和吐氣的動作保持連結，
另一方面將注意力轉向我的腳。

我體驗腳部的一些感受。
我感受到身體的重量在我的腳部，而腳部接觸著地面。
我體驗到身體的長度。

我體驗到自己的背部和骨幹。

我的身體占據空間。
當我行走時，我意識到自己占據空間。
當我在空間中移動時，注意到體內的感受。
我體驗到腹部引導著我的動作。
我的動作來自我的腹部。

當我體驗到身體任意部位浮現的感官時，
也可以看向四周，看著周圍環境中的事物。

我從嶄新的觀點看事物。
我有實體。
我降落在自己的身體內。
我待在這裡……在我的身體裡。

　　你可以用這個步驟讓自己的焦點轉向身體，並持續練習與感官間更深入的連結，進而接觸到你的直覺中心。

　　還有一個建議，就是放鬆。你會驚奇地發現，當你緊繃的身體放鬆了，就能與感官產生連結。

　　有些人在與身體的感官連結時，會覺得不適。身體留存了生命中許多重要的時刻，有時你在當下未能感受到其重要性。有些人經歷童年的創傷，就會持續釋放警訊，讓他們無法與身體連結。請尊重你此刻的狀態。假如你覺得一個人很難做到，或許可以尋求體感教練的支持，引導你漸漸與身體建立起更深刻的信賴關係。別忘了，接觸這樣的智慧需要時間，所以請耐心練習。

學習傾聽內在的智慧是一段信任的過程。你的身體在此時此刻存在於這個世界上。假如未能與身體的智慧連結，那麼你的生命方向可能會受到習慣性思考或行為模式所控制。若能直接體驗身體的感官，就能將注意力從人格的注意力焦點（可以回頭參考每種人格的狹隘狀態）轉移，並且提供真實選擇的基礎。

以下是可以幫助你和腹部中心建立連結的其他活動：

- 許多運用意識的身體運動，例如瑜伽、氣功和合氣道。
- 騎馬
- 提升身體覺察的按摩
- 讓你的身體發聲
- 接觸憤怒的自然能量
- 自由舞蹈

我們隨時都能與身體連結，一天二十四小時，一週七天。我們可以用一天中的任何活動或任何安靜的時刻，來練習建立這樣的連結。舉例來說，當你把手放上方向盤時，可能會意識到你的感官。你可以在洗手時感受水的流動，或是仔細體驗嘴裡食物的味道和質地。只要我們有意識地接受這些感官，就會發覺大量訊息，這是以往意識不足時我們所忽略的。

大部分的人會發覺，假如不放慢步調，就無法接收或辨識這些感官。因此，你會很想解讀身體的智慧，甚至想像體驗智慧會是什麼感覺，然後以為自己已經理解了。我們所謂的思考是比較簡單的作法，因為這符合我們的習慣。但是，如果沒有真正沉浸在身體浮現的感覺，就會錯失唯有身體能

假如未能與身體的智慧連結，那麼你的生命方向可能會受到習慣性思考或行為模式所控制。

帶來的深奧智慧。與身體失去連結後，我們也就失去了內在的引導。當我們跳過身體，也難怪會覺得內在似乎缺少了很重要的部分，現代社會也因此充滿了孤獨感和內在的衝突。

內心中心：接受且真誠

進入第二個智慧中心時，我們並未捨棄與腹部中心的連結。該連結是我們和內心中心連結的重要基礎。

內心的智慧中心是更完整體驗當下的關鍵，讓我們更深層地存在於自己珍貴的生命中，也向世界表達最真誠的自我。我希望當你閱讀時，我的內心可以和你的內心對話。

內心是我們體驗無條件的同情心、敞開、溫柔、體察和愛的中心。當你想知道內在的真實，內心會引導你深入且誠實地傾聽。在當今的世界，這樣開闊的特質是我們的生命最需要的。

我曾經以為自己的心胸很開放，因為我對一切都相當敏感和易感。當我發覺這不代表我和內心中心連結時，真的大感震驚。其實我只是對生命做出反應（我覺得這很自然），而不是真正體驗完整的生命。我們對生命的反應方式有很多。舉例來說，有些人的心理防衛很強，因為他們相信自己可能會再度受傷、遭到拒絕或被拋棄，再也無法承受。有些人的情緒總是一觸即發，認為如果不表達全部的情緒，就不算真誠。大多數人總是忙碌，以至於根本不知道內心中心是什麼感覺。我們擔心假如接觸了自己的內心，會發現什麼都沒有；我們害怕內在的空虛。有時候，我們覺得內心充滿了來源未知的沉重悲傷，假如真的體驗，會帶來危險，令人無法承受。多愁善感也很容易被誤解為和內心的真實連結。這

些外洩的感受會取代或掩飾我們內心真正的經歷。

我們對於與內心建立連結，會有一些想法和反應，就算浮現恐懼也很正常。如果能閱讀和內心相關的內容，或是進行相關的對話，都能帶來強大的溫柔和守護的感受。事實上，每個人都經歷過太多次心碎。年輕時代，心碎似乎總是沉痛得無法承受，因此我們會尋找其他應對方式，可以保護我們不必面對難以忍受的痛苦。

許多成年人仍然持續使用童年的應對機制，因為他們還沒學會或培養出面對內心的柔軟和赤裸的方法。因此，他們仍然會在自己和內心之間創造障礙或距離，逃避內在真實與本質的中心。這將帶來沉重的代價。

打開心房不代表就不會再次經歷心碎。事實上，心碎在所難免。但此時此刻，我們已經知道自己和以前的想像不同，於是可以容忍更多悲傷、柔軟，以及更多的感受性、開闊和愛。我們的心可以忍受心碎，因為這是情緒和心靈成熟過程中，必要且自然的一部分。而最大的心碎，就是看見自己多麼頻繁地疏遠了真正的本質。

> 最大的心碎，就是看見自己多麼頻繁地疏遠了真正的本質。

假如你不願意再付出和內心痛苦疏離的代價，那麼我希望你能緩慢且莊重地進入內心這易碎又強大的空間。

你是否意識到，自己的內心多麼深切地渴望被充滿？

你是否意識到，當你並未活在自己的內心之中，會感到多麼孤單？

如果沒有建立起與內心直接連結的能力，你很容易覺得迷失，或是害怕別人會揭穿你的虛假，認為你缺乏真正的價值。踏實地存在你實際的身體裡，就能讓你與內心中心連結。接著，你將感受到自己真實且神聖的本質得以更開闊。這是你與生俱來的權利。

以下兩個方法，或許能幫助你培養和內心的連結：

1. 首先，與你的呼吸及身體的感官連結。記得，這可能得花一些時間，但這個重要步驟能幫助你感受到自己的實體，並建立起真正有安全感的基礎。

2. 當你持續呼吸時，將注意力轉向內心中心，位置就在你的胸骨後方。把手放在心臟的位置也會有幫助。你注意到什麼感受？深呼吸，觀察那個位置有什麼。或許你感受到的還不多，但也可能感受到很多。無論感受到什麼，繼續保持深呼吸，不必急也不要批判。盡力維持這樣的感受，不要想做出任何改變。這是你的內心真正想要的。內心需要你的正念。

   內心需要知道，你站在它那邊。

假如你固定進行這樣的練習，就會開始與內心的能量建立更有意識的關係。唯有透過和內心及其感受的真正連結，我們才能開始體驗自己的真實本質。湯瑪斯・莫頓（Thomas Merton）把內心稱為「純潔點」（point vierge），也就是人類和神性接觸的地方。[2] 正是在內心的深處，我們才能開始接觸到潛藏在靈魂深處的奧祕與神聖。

在蛻變的過程中，與身體智慧的連結同樣重要的，便是與內心中心的真實連結。但這個過程需要很多溫柔。即便你認為自己是個重視內心的人，也請對自己特別寬容和溫柔。假如你覺得很難靠自己努力，那麼請尋求能在這趟重要旅途中給予引導的老師。

再一次，我推薦你專注在放鬆。你會驚奇地發現，當身體的緊繃壓力釋放後，你就能和感官產生連結。和內心的感

受連結後,你就能覺察到其中的關愛與溫柔。

還有一些策略能幫助你關注自己的內心:

- 投入體感的修行,有意識地注意自己的情緒狀態。
- 專注在覺察的經驗,接受浮現的任何感受。
- 參與追尋自我接受和寬容的小團體,在其中練習敞開自己的脆弱。
- 練習瑜伽或其他身體導向的運動,在生理和能量上敞開內心。
- 透過歌唱、寫作和說話,來賦予你內心的聲音。
- 投入寫作、繪畫或其他有意識自我展現形式,但不要把重點放在結果。

頭腦中心:安靜且開闊

隨著我們持續踏上心理和靈魂成長的旅途,就會和第三個智慧中心產生連結,也就是安靜且開闊的內心。在這個中心,我們會體驗到澄澈的心智和內在神性的知識,有時也稱為「靈知」(gnosis)——這樣有意識的知覺超越了我們熟悉的感官和理智。在這個安靜的中心,我們能得到對自己更深刻的信賴,並且相信開展的生命。

這與我們忙碌心智的習慣形成強烈對比,因為我們的心智只能提供充分預演的自動化生活方式,並且受制於無意識的信念、恐懼和懷疑,以及內在批評者自封的「權威」和狹隘的內在敘事。這些強大的力量充斥在我們的集體意識中,無意識地形塑我們的生命,直到我們敏銳地覺察為止。只要客觀地看看當天的任何一份報紙或電視新聞,就會看見許多

責備、批判、恐懼，以及決策背後所謂的理由，這些都成了新聞事件。

由於忙碌的內心是充分預演的自動化生活方式，代表的是阻力最小的道路，也是多數人在生命中多數情況下的選擇。然而，你是否注意過，當內心雜音終於消失時，如釋重負的感覺？

佛教的教誨告訴我們，我們的結構和想法讓心智時常保忙碌，也讓我們背離了真實和更深刻的本質。從九型人格的研究中，我們看見每種類型對於一切幾乎都有固定的想法，例如是非對錯、如何避免受傷、我們欠缺什麼、其他人的樣貌，以及世界如何運作。這些想法占據了龐大的心智空間，並形塑了我們的生命走向。我們愈是執著於這樣的結構，就愈覺得和本質疏離，也愈容易沉浸於妄想錯覺中。這個漩渦持續向下，我們感到疏離，因此更恐懼，更努力想控制那些不可控的事物。我們的注意力焦點變得更扭曲狹隘。至此，我們已經很難看見自己真實擁有的選擇。

但我們的確有選擇！而其中一個重大選擇是自問：「我把注意力投注在哪裡？」光是提出這個問題，就能幫助我們得到一些新的洞見。

有些人會擔心，安靜的心智固然很適合沉思或其他閒暇時刻，但對日常生活來說是不切實際的。事實上，這樣的練習並不會損及我們生活的智慧或能力，反而能讓我們的心思更澄澈敏銳。當我們在習慣性的想法中騰出更多時間，就能汲取更高層次的智慧來源，而它通常會以直覺的形式出現。我們能提取洞見、理解和新的訊息，這些都是我們平常很容易錯失的。

如何讓心智安靜下來？正如同關注其他智慧中心的感

受，我們也能注意頭腦內部和周遭的感受。假如它相當緊繃敏感，你可以輕輕按摩額頭、眼周和整個頭皮。輕輕地拉扯頭髮，也能釋放一些壓力。

有些人認為針灸或其他形式的能量治療（或稱氣功）可以釋放心理壓力，讓內心更開闊澄澈。

另一個幫助內心安靜下來的方法，就是配合對三種智慧中心的覺察。想像有人對你說：「就讓內心靜下來啊。」結果會是什麼？你的內心不可能自己靜下來，因為就連嘗試安靜的這個心智活動，都會讓內心更活躍。相反地，將注意力向下，直接碰觸身體的感覺，與腹部中心保持連結一段時間。你注意到什麼？或許你會發覺，心智並不是注意力的中心。當你把注意力轉移到當下的內心中心，一段時間後，你會更進一步地發現，你和每個中心的關係都開始改變，相互呼應。你在做的就是改變自己和心智的關係，讓心智不再是一切的中心，而是回歸其在生命中最適合的位置。當你不再把不間斷的內心活動視為真實，就不會再以此自我定義。你開始讓三大智慧中心彼此合作，支持你的自我成長。

> 你在做的就是改變自己和心智的關係，讓心智不再是一切的中心，而是回歸其在生命中最適合的位置。

我的一位客戶使用了「脊椎按摩療法」這個名詞，來比喻我們專注在三個中心時，內在感受到的融會和整合。一段時間後，在三個中心的連貫下，你會愈來愈體驗到自己的完整。你會覺得更自在，也找到自己內在的中心。

你會發現愈來愈愛自己。即便外在世界瘋狂混亂，你仍處在愈來愈專注當下、腳踏實地的過程，也愈來愈能體驗內在的平靜。透過活在當下，你會自然而然地成為正向改變的催化劑，為你的家庭和社群帶來最需要的真誠之愛。那麼，你充滿愛的正念可能對世界帶來怎樣的影響？

以下有一些練習能讓內心平靜：

- 練習沉思
- 專注覺察當下，注意你的感官所傳來的訊息。
- 傾聽／對你周遭的人事物懷抱好奇心，不帶批判。
- 在不帶批判的觀眾陪伴下，全神貫注投入創作／藝術體驗，或是即席演講／即興劇場。

我睿智的朋友在幾年前送給我一張落葉的畫，提醒我低頭看看腳邊。至今，我仍然留著那幅畫。早期的自然學家約翰‧巴勒斯（John Burroughs）的智慧告訴我們，看看腳下其實是幫助我們回到當下的美好隱喻。

> 生命反覆的教誨是「看看你的腳下」。
> 你與神聖和真實力量泉源的距離，
> 往往比你想像得更近。
> 遙遠和艱辛的誘惑意圖欺騙我們。
> 最棒的機會就在當下。
> 不要鄙棄自己身處的地方和時間。
> 每個地方都在星空下。
> 每個地方都是世界的中心。
>
> ——約翰‧巴勒斯（1817-1862），
>
> 自然與文學之研究

當三個中心都忠於天職，我們的內心就更敞開、體察、有彈性、健康且開闊。我們更活在當下，也更覺醒。這是日常生活中罕見的體驗，也是生命中靈魂覺醒旅程的一部分。

很單純，但絕不簡單。這從來不是自動化的過程，永遠都需要有意識地專注，總會帶來驚喜。這是一輩子的課題。

活在當下的解放力量

正念不是我們可以達成的目標，也不是能緊握的東西。假如我們認為自己活在當下，那就不是活在當下。如同已故的九型人格先驅大衛・丹尼爾斯（David Daniels）博士的提醒：「正念永遠不會自動化。」我們體驗正念的每一刻，都會更加覺察，自尊的活動隨之減弱，讓我們能發掘自由生命的美妙。

當我們與敞開廣闊的本質和每個當下的生命力，建立更深刻的連結，就能漸漸放下熟悉的心智、情緒、行為，甚至是心靈的模式。這些模式在過去幾乎已經成為我們的直覺反應。其實，我們不需要任何目標規畫，不需要修復或達成任何事物，就會發覺正念永遠沒有離開我們，是我們自己放棄它的。

我們想要體驗當下時，確實經常受到自尊的影響，因而回歸更習慣的自我體驗。重要的是，我們必須了解人格模式具有成癮性。某些無意識的模式可能會對自己造成傷害，某些則會傷害環境。乍看之下，我們會以為這些模式只是反映了世界的運作方式；但仔細觀察，會發現生命的效能和我們自己或與他人的關係都受到損害。唐・里索將人格模式稱為「人生的基本癮頭」。

除了個人的人格類型，群體、文化和社會也都具備人格。你可以偵測到自己的家庭、其他次團體或居住地區的人格類型。你不只會感受到自己人格的拉扯，也感受得到你所屬全體或文化人格的影響。

以正念為基礎的九型人格學習，能引導我們碰觸更深層的意識。以此為基礎，我們就能練習讓自己更懂得覺察，或

許能打斷無益的想法、情緒反應或行為的拉扯，同時追求更高的理想，例如為自己和社會帶來更高的福祉。

在這樣的道路上，有兩個重要的提醒：

1. 在人生中大部分的熟悉經驗，並不會定義你這個人。多數的經驗都是以人格可預期的模式為基礎，是我們面對生命考驗的機制。脫離這樣的模式並不代表批判你的人格，而是透過更廣闊的覺察能力，判斷特定的模式究竟是對你有益，或是造成問題。**這趟心靈旅途的很大一部分，都包含放下過去的生命策略，看見自己比起這樣的模式還要豐富充實。**

2. 當你的覺察提升，並與自己建立更直接的連結，過程中一定伴隨著一些不適和痛苦；然而，痛苦不是敵人，而是蛻變的一部分。舉例來說，你可能體驗到悲傷、憤怒、焦慮或實際上的痛楚。雖然你會本能地想要壓抑或忽視這些不愉快的感受，但帶著寬容繼續專注於這樣的經驗，通常能帶來很大的改變，讓你獲得更大的自由和療癒。

你具備蛻變的能力，可以透過不帶批判的關注，將心理上的痛苦轉化為更大的自由、自在和解脫。

發覺自己人格和本質運作的旅途從當下開始，這仰賴的是正念的特質，包含好奇心、同情心、誠實、信任和勇氣。

Chapter 17

改變你與內在批評者
以及你與生命的關係

　　啊，內在批評者。這是全世界每個人的共通點！你會在自己的每個意見和批判中看見它的身影。毫無疑問的，你對生命的經歷，與內在批評者在你內心占據的空間息息相關！內在批評者必然會影響你與自己和他人的關係，影響那些形塑你生命的決定，更影響你度過生命的方式。假如放任內在批評者自由運作，就會帶來沉痛的代價，讓你的靈魂傷痕累累、失去生氣。

　　內在批評者是讓我們無法活在當下的最強大影響力。

　　當內在批評者向外時，反映的通常是我們針對親人和朋友，甚至是陌生人的祕密批判。這個問題擴及全球性的層次，反映在無解的種族問題，以及世俗或不同宗教派別和社群之間的互動，還有國際關係。

　　內在批評者是世界大量痛苦的主要成因。

　　假如你問：「我可以做什麼為自己的生命帶來正面的改變？」其中一個最明確且有力的作法，就是將能量投注於改變自己和內在批評者的關係。這個章節將幫助你看見內在批評者的敘事，並說明如何採取立即的步驟，改變自己人格結構的這個面向。

先複習一下，研究九型人格最有幫助的部分，也就是在學習主要人格模式和核心信念的時候，開始看見這些模式如何在日常生活中運作。當我們愈來愈能看見，這些習慣只是人格結構的一部分，而不是自我無法避免、無法接受的元素，我們就能與它們拉開距離。漸漸地，你會看見這些模式的實際運作，以及無意識造成的影響，於是就能脫離這些模式的掌控。你不再把這些模式當成自我認同的一部分。如此一來，你就能轉向更覺醒的本質，以及與生俱來的開闊和自在。你不再受到習慣模式的影響，也擁有更多選擇。

九型人格能讓我們看見內在批評者，以及它和**內在權威**之間的關係。

「超我」是每種人格類型都有的重要習慣模式，也稱為「內在批評者」，可能主控了我們的生命運作，我們卻渾然不知。不意外地，九型人格能讓我們看見內在批評者，以及它和**內在權威**之間的關係。

▶ 內在批評者的功能和目的

我們無法選擇內在批評者的存在與否。這是每個人格結構的一部分。無論你順從、試圖忽略或對抗，內在批評者都存在，占據著一部分的心理能量。

以下三種方法能幫助你了解內在批評者所扮演的角色：

1. 它是我們評判的聲音。
2. 它是外在威權的內化。
3. 它是為自尊效力的警察。

接下來，我們會說明每一種角色。

評判的聲音

當你愈來愈覺察內在的批判者，就會注意到它對你傳達了許多關於你的訊息。這些訊息都是評判且偏頗的，聚焦在你生命的每個層面：

- 關於你的身體、體重、體型和體態，以及包含運動和性生活的各種能力。
- 關於你的財務和收入，它認為你該賺多少，該如何表現努力的成果。
- 關於你在家庭中的角色，例如父母、手足、成年子女、祖父母或其他。
- 關於你覺得自己過得多好，以及你覺得其他人會因此怎麼評判你。
- 關於你如何與其他人建立連結。
- 關於你在人生每個部分的決定。
- 關於你的智慧、技術和生活方式。
- 關於你的生命和工作的價值。
- 關於你是誰，你又該變成什麼樣子。

老實說，你的內在批評者通常會對你所想、所說、所行的一切做出評論，並且用自身的標準來評判是非對錯，或是表現夠不夠好。內在批評者的衡量標準，在你的人生扮演著重要的角色。舉例來說，有些人不願意進行很有價值和意義的計畫，因為內在批評者認為他們沒有能力，或是不配投入。內在的聲音會問：「說真的，你以為你是誰？」因此被搞砸的活動五花八門，可能是邀請某人一起喝咖啡、邀請鄰

內在批評者的衡量標準，在你的人生扮演著重要的角色。

411

居共進晚餐、參加陶藝課程、申請新的職位、轉換跑道，或是動用資源為貧困的社區提供乾淨的水源。

想想看你對以下問題的答案，這能幫助你開始了解自己的內在標準。

你的標準是以什麼為基礎？

想要了解內在批評者的標準，可以先從釐清你認定自己有什麼不足開始。

舉例來說，你是否覺得自己智慧不足、才華不足、能力不足、資格不足、長相不夠好看、財力不足、能量不足、權力不足，或是影響力不足？

當內在訊息提醒你的匱乏時，你的人生是否因此而裹足不前呢？

標準是誰訂的？這些標準來自哪裡？

你身處的情緒和社會環境，或是特定人格結構，都會傳遞重要的訊息，而這些訊息的互動就決定了你的標準。

或許你受到環境中的主流文化或次文化的影響，認為某些特質或經驗不可或缺。

舉例來說，網路、書店和工作坊裡充斥著豐盛與顯化（abundance/ manifestation）相關的主題，並在無意間進入我們內在批評者的領域。雖然這類教導中的許多概念都很健康，有些卻不盡然，可能會讓我們隱約覺得自己一定是出了問題，或是做錯什麼，才無法實現夢想中的人生。

對於有意識地遵循特定靈性道路的人來說，他們可能認為必須更覺察、更有智慧、更提升。因此，當他們出現憤怒、羞愧或憂鬱等極度人性的情緒時，就會自我批判。假如你覺得這種情況很熟悉，那是因為內在批評者的某個

層面（又稱為靈性的「超我」）開始行動，提出「你應該要有」的昇華狀態來批判你。

關於理想生命的樣貌，你的內在標準是依照誰的概念來訂定？

這些標準的來源可能很廣泛，我們會在這個章節繼續討論。

外在權威的內在化

你的內在批評者具有很長的歷史，因此，我們得先釐清一切從何處開始。

深植在自尊結構的，是學習如何成為人類的能力。從我們出生的那一刻起，就開始仿效重要他人。幸運的幼兒會在親密家人和朋友的擁抱中快樂成長。然而，無論你得到多少愛，都會在無意間成為父母或照顧者情緒緊繃、壓力沉重和身體不適的來源。或許他們正在研究如何當稱職的父母，或是在人生中撐下去。

或許你記得，但也可能不記得人生最初的那幾天、那幾個月和那幾年。但毫無疑問，你在那段時間接收到許多關於是非好壞的訊息。無論訊息內容是什麼，都會通過人格結構的濾鏡（如第二章所討論）。舉例來說，人格結構不同的雙胞胎，雖然從父母那裡接收到相同訊息（這也值得討論），但接收方式可能不同。

不過，還是回到你身上吧。很可能，你的照護者想傳達的訊息，和你在溝通中所解讀的意思有所差異。再次提醒，我們必須考慮你和最初期環境的互動、你的脾氣性格及人格

你的內在批評者具有很長的歷史，因此，我們得先釐清一切從何處開始。

413

結構。

當你從嬰兒成長為幼兒時，人們開始預期你學會與其他人生活。你會接收到指令（清楚明確或含糊不清；嚴格執行或鬆散放任），告訴你該如何成為人類族群的一分子。這些訓練會創造出稱為「社會制約」的容器。你必須了解自己的邊界在哪裡。你的指令包含判斷是非對錯，這幫助你發展出良知，來引導你的選擇。當你還年幼時，社會制約聚焦在分享玩具、在教堂或學校的適當言行舉止、如何友愛弟妹或敬愛祖母。或許大人們也教導你在面對不同的威權人物時保持禮貌，例如你一年才見一次的年邁長輩。或許你不是在原生家庭成長，對於該如何表現，接收到混亂的訊息。或許你未必認同自己的社會制約，但無論如何，你都收到訊息，了解自己該如何表現。假如你反抗權威，或許認為自己能逃離社會制約的影響，但這是不可能的。

早年的引導很重要嗎？這是肯定的。我們是社會型動物，需要指導才能學習融入社會。但大多數情況下，社會制約的訓練不會就這麼結束。

或許你曾經被拿來和其他人比較，無論是正面或負面的。你是否有較年長的手足，擅長的科目恰好是父母或照護者所認同的？或許你有年幼的手足，他們永遠比不上你的表現？你是否接收到特定的訊息，告訴你人生的成功代表著在某些運動項目、藝術、學術或在商業上成就非凡？又或者你的價值取決於滿足其他人的需求？我們的成長史都是獨特的，並且取決於童年時代的社會和情緒中，所有被鼓勵／不受鼓勵、被期待／不受期待、被重視／不受重視的事物。

這些訊息的來源各自不同，主要來自父母和監護人，但也可能來自其他重要的大人，例如祖父母和其他家庭成員、

宗教或學校的權威人士，或是非正式的團體或組織領導者，以及流行文化和媒體。

探索的過程——你和內在批評者的歷史

你以前就探索過內在批評者。但試著用第一次的心態展開探索的過程。你和內在批評者的歷史是什麼？我鼓勵你寫下自己的答案。

你曾經從內在批評者那裡聽到什麼訊息？

你的原生家庭鼓勵／不鼓勵、期待／不期待什麼？童年最初的社會和情緒環境中，什麼會受到獎勵／懲罰、重視／不重視？

你認為這些訊息和哪個人或團體有關呢？

回到你內在批評者訊息的清單，看看是否讓你想起某人的聲音。（舉例來說，雙親之一、祖父母或手足？老師或其他引導你的人物？媒體？青少年時期的自己？）

你過去如何面對這個聲音？

我們對於不同的訊息，有不同的應對方式。

在你寫下的訊息中，選出三個最重要的，檢視你以前如何應對。舉例來說，你是否會排斥或和這個訊息對抗？你是否相信這個訊息，並聽命行事？

注意：欲辨識出過去或現在的內在批評訊息，可能充滿挑戰性，因為你早已視之為理所當然，認為這樣的事實不需要探索或好奇心。你得把寫下來的內容看過好幾遍，或重複這個練習數次，才能讓你更清楚地辨識出內在批評

的訊息。

內在批評者對你的生命品質，以及你過去的自我表現方式有什麼影響？

這個問題可能很難回答，但我鼓勵你花一些時間思考。舉例來說，內在批評者是否影響了你的自我感？你是否注意過內在批評者對你的想法和行動造成限制？

你的人生夢想是什麼？你是否對自己的人生抱持著長久的希望？

- 哪些夢想被你暫時擱置、拋棄或遺忘？
- 你是否允許自己擁有人生的夢想？
- 你是否曾經把自己的個人特質或天賦束之高閣，或暫時擱置自己想做出的貢獻？

注意：許多人都經歷過編輯人生的夢想。也就是說，他們剔除那些夢想，認為太不切實際或根本無法達成。

今天的聲音

讓我們快轉一下，從過去回到現在。你現在的年齡會落在十八歲到九十八歲之間吧。

在你還記得的訊息中，有多少內容始終揮之不去？或許你不覺得揮之不去，而是成為你的主宰！

你是否想知道過去或現在的朋友對你有什麼看法？你是否在意如果追逐夢想，父母或手足會對你說什麼？父母是否健在其實沒有影響，因為你還是會擔心，假如他們還活著，會有什麼想法。

是否有哪些內在訊息，持續不間斷地影響你的人生？

你會聽見自己在對自己說什麼？這些訊息是否熟悉到詭異的地步？

內在批評者的機制有著強大的能力，能將非常年幼時接受的外在訊息加以內化，成為你內在的警察。

你可以再深入一點挖掘，問問自己：「這些到底是誰的聲音？」

你現在所聽到的內在訊息，多半是來自內在系統。假使如此，你該如何知道哪些是真正需要且能引導你的？哪些則是不再有幫助或沒有效果的？

你自尊的警察

你該如何區分真正的良知，和內在批評者的訊息？

九型人格可以在這方面幫助我們認識內在批評者的運作方式，為我們指出每一種人格／自尊結構對於內在人格威權、批判性能量的體驗。

自尊結構的設計，就是要仿效靈魂所喜愛的特質。前文提到，自尊所創造的終究只是虛假的感受，而不是真正的覺醒特質。但自尊並不會意識到這一點，反而是訂定遠大的計畫，想達成所有辦不到的目標。從最好的角度來看，內在批評者只是這個計畫的統籌者；而最極端的程度，則可能成為如警察般的存在，監督自尊朝著目標前進。這麼看來，內在批評者就是捍衛自尊現狀的堅定守護者。

你為自尊的重大任務付出得夠多嗎？

你的自尊努力想完成的計畫是什麼？假如你已經找到自

己的主要人格類型，或許可以回顧那個章節中討論「內在邏輯」和「身分三角」的部分。

別忘了，每種人格結構在這個世界上都有讓它們覺得舒適的特定生活方式。每種自尊結構都有內建的防衛機制，以保護這樣的生活方式，並堅持遵循一套特定的規矩。內在批評者監控著一套內在邏輯，並且在你不服從時，發布某種危險警訊。

內在批評者監控的內容分別如下：

第一型： 你夠聽話嗎？你會把事情做好嗎？假如你放棄責任，就會陷入危險，所以聽我的話，我會讓情況好轉的。我會把你打點得好好的！

第二型： 你對其他人有足夠的關懷和幫助嗎？你是否慷慨仁慈？假如你很自私，就會陷入危險。我會把你打點得好好的！

第三型： 你的成功是否得到足夠的認同？你是否保持頂尖？假如你鬆懈了，沒有表現得游刃有餘，就會陷入危險。我會把你打點得好好的！

第四型： 你夠真誠嗎？你是否忠於自己的感受？假如你不夠獨一無二，沒有好好面對自己的感受，就會陷入危險。我會把你打點得好好的！

第五型： 你夠聰明嗎？夠有競爭力嗎？你是否掌握事情的運作方式？假如你沒有足夠的專業，就會陷入危險。我會把你打點得好好的！

第六型： 你有好好保護自己嗎？你是否滿足其他人的期待？假如沒辦法滿足其他人，你就會陷入危險。我會把你打點得好好的！

第七型：你夠自由嗎？你是否隨興自在，盡情享受生活？假如你表現出悲傷的情緒，就會陷入危險。我會把你打點得好好的！

第八型：你夠堅強嗎？你是否掌控全局？假如你顯露任何一點脆弱，就會陷入危機。我會把你打點得好好的！

第九型：你是否夠冷靜且隨遇而安呢？你是否維持環境的和諧，置身於衝突之外？若否，你就會陷入危險。我會把你打點得好好的！

注意

假如你再次查看每種人格類型的冰山模型，就會發覺內在批評者的訊息會強化每種人格類型結構的所有層面。

每一種類型的自尊結構都可能出現過度的特定行為，這反映了其內在批評者的訊息。你可以觀察到，每個人都相當努力地遵循這些結構下的內在邏輯和規矩。

我並不是說，從個人的層面來看，你只會接收到與你的人格類型相應的訊息。然而，從不同類型的角度探討內在批評者，才能清楚提供更多資訊，讓你更了解其運作方式。

假如你記得，自尊結構並不代表真正的你，那麼就能更輕易地退後一步，說：「等等，這個聲音只是一種習慣模式，並不代表什麼！」這樣的立場能帶給你更大的自由。

其實不難看出，為什麼很難區別內在批評者和內在的引導。內在批評者扮演太多角色：評判的聲音、外在權威的內化，以及內在的監督者。它的影響力來自四面八方。很可能內在批評者挾持了你的引導，加強了它的說服力。

每一種類型的自尊結構都可能出現過度的特定行為，這反映了其內在批評者的訊息。

為了要辨別什麼訊息是真實的，哪些又是來自這個冒充者，你必須覺察內在批評者的運作。

▶ 如何辨識出內在批評者？

　　我們該怎麼知道，內在批評者正在活躍？以下是內在批評者的三個棘手特徵：

1.內在批評者的音量範圍很大

　　有時候，內在批評者的聲音又大又強烈。你不可能錯過，一定會覺察到它的堅持。但麻煩的是，內在批評者也可能安靜地運作，逃過我們的偵測雷達。這有點像是收音機的音量鈕。它可以非常嘈雜，讓鄰居打電話要你關小聲一點，但也可能調到最小聲，只剩下幾乎聽不見的嗡鳴聲。不過，內在批評者依然存在，它的影響力也不會變小，甚至可能更加致命。

　　由於內在批評者通常都是內在最吵的聲音，我們很容易假定它說的都是對的。但事實並非如此。

2.內在批評者會自動化運作

　　內在批評者隨時都自動化地運作。如果你不加以質疑、辨識和指認，它就能為所欲為。唯有更加的覺察，才能改變你和內在批評者之間的關係，保持距離並增加你的應對方式。內在批評者只不過是另一種人格的習慣模式而已，而且是特別嚴格的那一種。

3. 內在批評者會不斷地自我複製

另一個內在批評者比較棘手的層面，就是「批判批評者」。也就是說，即便你已經注意到自己正在自我批判，內在批評者也可能立刻插手，開始批判你的批判。內在批評者會自我複製，因此讓你覺得自己永遠無法有效地面對。

接下來，讓我們更深入探索你和內在批評者的個人經驗，幫助你更能覺察它的運作。

心理的經驗

曾經有許多客戶和學生告訴我，他們都覺察到內在對話中有個聲音特別強勢，彷彿它說的都是真理，不容質疑。（不，這不代表你瘋了。事實上，每個人都有一點瘋。這個聲音存在於每個人心裡。）這個聲音的力量如此強勢，會讓我們覺得假如鼓起勇氣反抗它，就會身陷重大危機。順道一提，這算是情緒勒索的一種！

對於某些人來說，這個聲音簡直就像上帝的聲音，有著如此強大的權威，幾乎是堅不可摧。不過，這當然不是上帝的聲音。

你的內在有太多雜音，要怎麼確定你已經鎖定了內在的批評者？以下的警訊能幫助你警覺到內在批評者的活躍。

消了氣的自尊

我時常聽客戶提到：「這就是我的難題。」假如你也面臨難題，那麼，現在就要更仔細地檢視你的內在批評者所扮演的角色。

當你的自我感覺低落時，可以懷疑這是受到內在批評者的影響。人們之所以覺察到內在批評者，往往是因為他們看輕自己，感受到輕度的憂鬱，或是出於各種理由對自己生氣或不認同。這也會反映在無法相信自己，懷疑自己的能力或不認為自己有任何可能性。

又或者，你可能會將自己和他人，或是和內在的標準進行負面的比較。

我們之所以對自己的處境感到絕望或自暴自棄，根本原因往往都是在於此。當你的自尊特別受到壓抑時，你會對自己、對人生、對未來充滿負面想法，進而影響你看待一切的體驗。不過，其他人或許完全看不出你的內在掙扎。

某幾種人格類型的人特別容易頻繁感到自尊心低落。自我感覺不好並不是你的本質，而是受到社會制約的結果。許多客戶說，假如他們的自我感覺不差，反而會覺得有什麼問題。我覺得很難過，因為比起自我接受，有些人反而更自然地自我貶抑。

> 我覺得很難過，因為比起自我接受，有些人反而更自然地自我貶抑。

評判他人

當你自我貶抑時，通常也會影響你對其他人的看法。假如你注意到自己在和他人比較，或是對特定的人心生批判，可能代表你內心潛藏著對自己的負面評判，因此反映在那些人身上。從心理學的角度來說，這稱為「投射」。負面的自我評判可以很輕易地被指向外在的世界。

膨脹的自尊

訝異嗎？是的，內在批評者會想操縱自尊做出特定的表現，這就是它的運作方式。在這個例子，內在批評者扮演的

是啦啦隊，將你吹捧為它所選擇的方向中最出色的人。伴隨著這樣的立場，你的內在（有時候會擴及到外在）也會出現某種自大和狂妄。換句話說，這會讓你表現出過剩的自信心，認為自己真的做得很好。或許你的確表現得不差，但內在批評者會過度放大地告訴你，你不只成績頂尖，更遠遠超越了其他人。你會發現自己開始自我鼓勵，或是和其他人分享你的成功，或單純地極度自滿。

說實話，當內在批評者活躍時，你的許多能量都會用來說服自己和他人，你有多麼出色。假如你更深入探討自吹自擂的表象下方，很可能會發現自己有壓力：明天至少要表現得跟今天一樣好，或許還要更好。由此觀之，雖然比較麻煩一點，但我們還是能覺察到自我批評者的痕跡。

內在批評者可以讓貶抑的訊息聽起來像是上帝之聲，當然也能讓自我膨脹的訊息充滿神性。假如你持續感覺自己必須更上一層樓，這很可能只是內在批評者的話語，而和你本質的神性無關。特定的人格類型比較容易出現這類自誇的行為。你很難挑戰這種亢奮的聲音，因為你會覺得如果少了這持續不斷的鼓舞，氣球就會消氣，讓你陷入虛空。

重要的是，你必須區分什麼是對自己真實的善意和信心，什麼只是因為你得持續提醒自己，向他人證明那過度膨脹的形象。當然，每個人都應該看見自己的天分，找到自己引以為傲的事物。只不過，你在內心必須清楚區分，假如需要持續汲取自信，就代表內在批評者仍然控制著你。

每種人格特質都可能讓自尊膨脹，以某些特質為傲。即便並未真正展現這些特質，他們還是會暗自（或光明正大地）驕傲自誇：「我在這方面比其他人更優秀。」

讓你自我打氣，追求自我感覺良好的，並不是覺醒的本

質。你不需要自我操縱,也值得真正的愛、尊重和接納。無論你再怎麼操縱,也不可能體驗到本質的美好可貴。在面對壓力和操縱時,這些真實、振奮的特質就會消失。相反的,當你放鬆並接受自己的本質,這些特質才會浮現。

一切都和自尊有關!

你是否注意到,當內在批評者讓你的自尊膨脹或消氣時,你的注意力焦點會完全放在自己身上!看看吧。即便那個聲音堅持你什麼都不是,還是會讓你成為注意力的中心。內在批評者會用有形或無形、抽象或具體的標準來評量你。因此,雖然乍看之下是在討論別人(這些人有成功的條件」),最後總是回到你身上,或更具體來說,回到自尊所塑造的你(你沒有成功的條件,你永遠不會成功。或是,寶貝,你有能力。繼續努力就好!)。

強大且反對成長的力量

雖然內在批評者在生命中的任何情境都會出現,但是當你踏上改變和成長的道路時,它會變得格外活躍激昂。你可能正在考慮轉換跑道,或是想更投入心靈成長的社群。你可能想要寫小說、作曲、推出新的系列產品,或是到開發中國家待一年。或許你在骨髓深處就感受到,現在是更深入了解自己的時候了。但你會聽到以下的訊息:

> 「你以為你是誰?誰會想聽你說話?」
>
> 「真是浪費時間。回去做真正重要的事吧!」
>
> 「你在開玩笑嗎?這樣要怎麼養活自己?別做夢了。」
>
> 「看吧?你試過了,沒用的。忘了吧!」

當你踏上改變和成長的道路時,內在批評者會變得格外活躍激昂。

「那你的朋友和家人呢？你真自私！」

「忘了你那愚蠢的想法吧。你的人生中已經擁有很多，
該滿足了。」

「認真一點。睜開眼睛看看吧。你身邊有哪個人在轉換
跑道？假如每個人都這麼做，世界會變成怎樣？」

「聽著，你知道伴侶永遠不會支持你的。假如你繼續下
去，最後就只剩下自己。」

當你傾聽並相信內在批評者的聲音，它就會變得比你的
夢想、你的成長、蛻變為真實的自己更重要！

有些人會發現，內在批評者無意識地提供了不追尋熱情
或內心的藉口。其中一種可能的表現方式，就是讓你因為其
他「應該」處理的事而分心。事實上，「應該」是內在批評
者最喜愛的字眼之一。

當你分心了，或是找藉口不再繼續前進，就剝奪了更深
刻且豐富的自我表達，也無法展現你的意義和價值。此外，
這也剝奪了其他人分享你天賦的機會。因為唯有內在更完整
和融會，你的天分才得以發光。假如聽從內在批評者的反對
改變的訊息，可能就會承受兩種重大的失落。

內在批評者的運作方式，包含了讓你對許多經驗、天賦
才能和真正重要的事情失去記憶。透過一次又一次貶低那些
對你來說重要的事物，內在批評者會讓你無法展現真實自我
的價值。

內在批評者是人格結構的中心，能幫助自尊維持對你的
控制，貶抑你對自我和神性的信任。當你相信內在批評者，
它就會帶你遠離自己的真實本質。假如你傾聽並認同了內在
批評者，就會失去與靈魂的連結。

內在批評者會變得
比你的夢想、你的
成長、蛻變為真實
的自己更重要！

內在批評者的運作
方式，包含了讓你
對許多經驗、天賦
才能和真正重要的
事情失去記憶。

追蹤身體的經驗

你是否注意過，自己的身體對內在批評者的聲音如何反應？身體（體感上的）可能會浮現數種感覺。神經科學的研究發現，許多慢性疾病和痛苦，都與各種心靈的習慣模式有關。以下是你可能注意到的感覺：

- 身體任何部位的肌肉緊繃，例如你的下顎、肩膀、脖子、喉嚨或臉部，或是糾結的胃。
- 感到虛弱，幾乎連站都站不直。
- 身體任何部位的慢性疼痛。
- 胸口中心明顯感受到沉重。
- 腦霧的生理感受。
- 咬牙切齒。
- 胃部的慢性不適。
- 讓你難以行動的癱軟或沉重感。
- 心臟受到壓迫。

為了追蹤身體上的感受，請頻繁地花時間專注在自己核心或肢端特定部位的感受。請懷抱好奇心，特別是當浮現的感受讓你覺得熟悉時，即便你以前未曾認真關注過也是。熟悉感代表值得花更多時間探索。

你會驚訝地發現，如此熟悉且正常的身體感受，其實和內在批評者緊緊相連。這會讓你的能量減弱，使你分神，或是讓你投入和現實沒有太大關聯的對抗。如果少了覺察，我們很容易順從熟悉的身體經驗，認為這一切都無可避免。

你有哪些熟悉的身體感受？再進一步探索，你是否能追

蹤這樣的感受，找回和它們相關的內在批評者訊息？

情緒的經驗

　　隨著對內在批評者的覺察提升，你會注意到，在心智的活動下還潛藏著情緒。通常，我們很難辨識或接受內在批評者想要掩蓋的情緒。以下是幾種在表面之下沸騰的主要情緒（但也可能出現在表面上）。

恐懼

　　當你不按照內在批評者的要求行動，或是選擇遵循內心更深刻真實的訊息，恐懼就會浮現，讓你預期一切都可能出錯。這樣的情緒伴隨的是認為自己缺乏能力或資源，無法採取適當行動。這有兩種可能的影響：其中之一是癱瘓，或是無法往你真正想要的方向前進。第二種影響則剛好相反，也就是用大量的能量推動你，不讓你感受恐懼。或許你會在路途中和許多人發生衝突。

　　你的身體還會感受到另一種相關的情緒，也就是焦慮。這是一種讓人很難受的能量，會伴隨著內在的嘈雜，例如想要脫離自己的身體，或是強烈渴望立刻做什麼。

冷漠或放棄

　　當你被內在批評者說服，相信自己對現狀束手無策，就會出現冷漠或放棄。你認為自己不再有燃料或動力，你本人或是渴望的東西都不重要。因放棄所帶來的冷漠情緒，以及憂鬱帶來的死氣沉沉，都會抽乾一個人的能量。

憤怒

　　內在批評者可以利用憤怒讓自己更壯大，並凸顯其正當性。過度表達的憤怒可能會產生大量的能量。內在批評者能為任何憤怒的表現找藉口，也包含爆炸性情緒。

羞恥

　　你的內心會浮現羞恥，而這通常是最難接受的情緒。羞恥比尷尬更強烈，你會認為自己根本沒有價值、能力不足，或是覺得自己就是個即將被揭發的騙局。你不希望其他人看見你以為的自己，因為這會帶來太大的痛苦。或許你會覺得自己的本質毫無價值。這些感覺都讓人難以下嚥，但其實也都屬於內在批評習慣模式的一部分。這也難怪你會想避免這些感受。比起羞恥的痛苦，內在批評者的攻擊要好受多了。然而，羞恥和內在批評者是平行的，都含有很大的能量，會讓你誤以為自己有所不足；如果在自己身上發現它們，會為你帶來痛苦。

　　你注意到了嗎？你並沒有不足；不足的是你的自尊，因為你的自尊是立基於虛假的自我感。這個例子說明了自尊如何為你打造平行（而虛假）的生命。（提醒一下，這就是我們第一章最後討論的平行生命。）

　　只要放任自己去感受，每個人都可能承受羞恥感。但是比起擁有羞恥感，更危險的是不計一切代價逃避羞恥。為了掩蓋羞恥感，我們很容易出現任何形式的成癮，過度運用能讓我們分神的行為。當我們過度投入特定的活動，它就會成為最容易的事，形成阻力最少的道路。然而，這種過度的活動總是會帶來慘痛的代價。

> 你並沒有不足；不足的是你的自尊，因為你的自尊是立基於虛假的自我感。

不被看見的內在批評者和它的好夥伴——不被看見的羞恥，都是成癮生活模式和文化的根源。我們應當將這些內在動力攤在陽光下，減輕它們對生命的影響力和能量。

　　我鼓勵你在探索時，要對自己更溫柔。學習接受浮現的感受，深呼吸讓自己接納和體驗。你會發覺有什麼改變了，你會學習如何更圓滿地生活，對自己的身體和內在都更安然自在。

罪惡感

　　另一種和內在批評者相關的情緒是罪惡感。假如你沒有聽從它的指令做某件事，很容易會產生罪惡感。回頭看看這個章節「你為自尊的重大任務付出得夠多嗎？」的部分，就會再次感受到內在批評者的堅持。舉例來說，根據它的指示，你是否提供足夠的幫助？夠聰明、平靜或負責？若不是，你可能會體驗到強烈的罪惡感。你覺得自己無能為力，但事實並非如此。

　　讓我們從另一個角度，看看這種罪惡感在心中如何運作。對許多人來說，罪惡感幾乎是讓他們採取行動的必要元素。假如少了罪惡感累積的壓力，你會害怕自己不去做該做的事。另一方面，罪惡感也會伴隨龐大的內在壓力，讓你動彈不得，內心陷入泥淖。癱瘓感愈強，你就愈無法行動；罪惡感愈放大，內在批評者就愈大聲，又讓癱瘓感更強烈。在這樣的過程中，你很容易對於帶來罪惡感的事物產生怨恨！這會製造封閉且可怕的惡性循環。

　　下一頁的表格說明這個系統如何運作。系統的每一個部分感覺都很真實。我們會覺得生命似乎就是這樣。

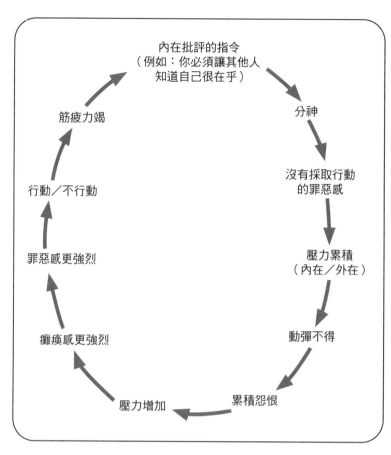

圖表 17-1：罪惡感的循環

以下的例子說明罪惡感的循環在我們生命中如何運作：

珊迪同意負責主辦某個非營利組織的年度募款活動。她加入該組織的理事會已經兩年了。（內在批評者的指令：擔任該募款活動的主席。）

她意識到這是個重責大任。她覺得難以承擔，也感受不到理事會其他成員的支持。她就讀高三的女兒也積極參與學校組織和戲劇活動，擔任學生會會長，而且正

準備了解不同的大學。珊迪是個積極參與的母親，當然很容易專注在女兒的需求上。除了和女兒相處的時間外，她發覺還有許多需要費心的事物。因此，她把募款活動的事延後了好幾個月。（對內在批評者的指令**分神**。）

她總是充滿罪惡感，因為沒有跟答應接下特定任務的理事會成員保持聯繫，也沒有為募款活動做出任何指示。同時，她覺得壓力不斷累積，到了一定程度時，她覺得近乎**癱瘓**，但還是設法找到足夠的能量，召開理事會並進行任務的統籌。即便如此，她還是覺得內心的**怨恨感**萌生。她意識到，自己並不想負這個責任。

隨著募款活動的日期愈來愈近，**壓力**節節高升。她更感到**癱瘓**，也充滿**罪惡感**。在活動前幾個星期，她終於和理事會成員**採取行動**。即便結果很成功，她還是**筋疲力竭**，覺得自己一蹋糊塗。

罪惡感－癱瘓－壓力－怨恨的惡性循環，會耗損大量的能量，並且竊取我們完成任務所需的能量。事實上，這個循環所需要的能量甚至超過任務本身。不過，身處於這樣的循環中，珊迪找不到替代的選擇。

或許你也在自己的個人或群體生活中觀察到這樣的循環。當你注意到這對你生命的實際影響，就能愈來愈覺察，也才有可能打破這樣的循環。

舉例來說，當你注意到自己出現罪惡感，就問自己：「我該做什麼？非做什麼不可？這如何影響我手頭上的任務？我在哪些地方消耗了不必要的能量？我感到怨恨嗎？若是，我怨恨的對象是誰／是什麼？」

深呼吸不只能幫助我們看得更清楚，也能幫助我們順利脫身。

看見內在批評者的終極影響

這些心智活動對我們一定會有影響，並且會擴及我們周遭的人。當我們開始關注內在批評者的過去，並覺察到自己如何聽從並看重其訊息時，就不難發覺它對我們的人生已經造成重大的後果。

先來看看內在批評者和你的關係。

- 你是否曾經放棄自己真的很想做的事？
- 面對內在批評者的攻擊，你的自我感覺如何？
- 你在生命中的自我膨脹或自我貶抑傾向，如何影響了你的重要他人？
- 你是否記得自己曾經因為做了／沒做的事而感到羞恥或罪惡感？
- 當你聽從內在批評者的意見而做出某些決定時，是否造成了什麼意料之外的具體後果？

反思這些問題時，感到悲傷、失落或哀痛都很正常。在試著把事情做好的同時，你聽從的不是內在真正的引導，因而失去了人生中許多珍貴的時刻。

內在批評者在不被打斷，或是讓我們深信不疑時，最終能成為代表自我拒絕的聲音。一次又一次地，它的基本訊息就是我們未能滿足它的要求。但我們不該受到它的限制，服從它的威權。

內在批評者在不被打斷，或是讓我們深信不疑時，最終能成為代表自我拒絕的聲音。

如同前文提過的，內在批評者並不喜歡我們改變、成長或成熟。因此，唯有覺察它的運作和影響，才能對我們身心靈的整體健康有所助益。

在自我探索、回歸自我的過程中，請容我溫柔地提醒：讓自己和浮現的任何感覺共處，不要試圖改變。當我們意識到對於內在批評和人格結構的認同帶來多大的痛苦時，必然會感到心碎。

讓自己心碎後，才能對自己更坦誠。這會為我們開啟新的大門，放鬆人格對我們的控制，並且開始療癒一直以來的內心傷痛。讓自己心碎後，才能和自己建立起全新且充滿愛的連結。

這段蛻變之旅中，心碎是值得的。

現在，讓我們來看看內在批評者影響力的另一項重要元素吧！

內在的「權力－受害者」動力關係

前文提過，內在批評者是內化的權威。「權威」（authority）這個詞可能被賦予許多意象和意涵。如果你查字典，就會發覺這個字詞的同義詞包含「控制、統治、掌控想法或行動、發布命令和懲處」。這代表的意思是：權威能控制其他事物。那麼權威的影響力呢？非常強大！

因此，權威並不會單獨存在，而是存在於與其他事物的關係中。那麼，內在批評者和什麼對象具有鎖定的關係？

想當然爾，答案是我們內在感到脆弱無力的部分。我們的內在小孩會覺得受到迫害。身為成年人，我們很可能不想承認生命中的這個部分。但只要內在小孩還待在陰影中，這

樣的「批評者－受害者」的關係就會有不間斷的燃料。

假如內在沒有脆弱無力的部分，內在批評者就沒有立足點。當你開始覺察並質疑內在批評者的運作，就愈能以成人的立場加以應對。接下來討論的策略能幫助你達成目標。

▶ 脫離內在批評者影響的策略

為了脫離內在批評者的影響，我們必須先接受它是生命中可辨識的一部分。自此，我們已經辨識出內在批評者的特定訊息、運作方式，以及如何反映在我們的生命中。進一步地，我們將學習如何擺脫它的影響。透過覺察、練習和對（自己與他人）身心靈健康的關注，我們就能削弱它的力量。雖然不可能讓內在批評者完全消失，但我們的確能讓它變得次要、無力。

以下的具體步驟曾經幫助我和我的學生們脫離內在批評者的影響。

1. 辨識出內在批評者

隨著你的覺察力提升，你就愈來愈能觀察到自己和內在批評者的經驗。試試看把它當成第三者，而不是自己內在的一部分。

2. 明確指認

明確地將內在批評者指認出來：「看，是內在批評者。我知道它想做什麼。」如此一來，你將拉開你們之間的距離。你不再是內在批評者（它不再控制你），而成了控制

者！換句話說，你對它不再言聽計從，也不再如此重視。這是通往自由關鍵的一步。

3. 正面對質

明確指認出來後，該是強調立場的時候了。（但是需要一些練習。）以下有幾個例子供參考：

「我猜你不喜歡我這麼做。好吧，感謝告知，但是說真的，我覺得很好。」
「你顯然非常有意見。我聽到了，但我不需要你的建議。」
「停止。」

看到了嗎？**你以成人身分為自己負責了。**內在批評者發表了意見，把你當成犯錯的孩童。請告訴它：「夠了！」不過，內在批評者可能已經為所欲為好一陣子了，所以正面對質會需要很多練習。我告訴學生，他們可能得和批評者對質數百次，甚至是在一天之內就要做到這種程度！記得，你正在鍛鍊新的肌肉，創造新的神經連結。

4. 用趣味方式

你發現內在批評者總是態度嚴肅。為了抵銷它的負面影響，你可以試著用更有趣的方式來面對，也別忘了「它說的內容都不是真的」。我的客戶告訴我，以下兩種方式都很有幫助。

用其他活動讓內在批評者保持忙碌

長久以來，你的內在批評者都是心理中活躍的部分。它需要工作，所以為它尋找其他目標吧！

一項我最喜歡的有效策略，就是派遣內在批評者到外頭進行某些重大耗時的清理任務。我曾經叫我的內在批評者，把窗外樹木上的每一片葉子都擦乾淨，或是清掉附近路上的每一粒塵土。假如你的內在批評者從這個任務回歸，再派它出去做點別的。於此同時，你可以繼續過你的生活。

誇大內在批評者的判斷

另一項有效的策略，就是不只同意內在批評者的判斷，還要加以誇大。假如你聽見：「你真是個混蛋！」就可以回答：「你是對的。我就是個徹頭徹尾的混蛋。沒有人比我更糟了。這個世界上沒有誰傷害的人比我更多。我比其他人都還要糟糕一千倍！」如此一來，你就能開始看見原始論述的荒謬之處了。

5. 關注你的內心

內在批評者活躍時，你很容易失去與內心的連結。事實上，自我批判能引爆強烈的情緒反應，讓你墜入漩渦，更加遠離內心的能量。第五點其實不只是個策略，更是幫助我們練習將注意力直接投注在內心，讓我們更深度地活著。或許你還記得，在前一章討論智慧中心時提到，與內心的感受和能量連結時，能幫助我們對自己更敞開、寬容及體察。你的內心中心能開啟通往內在真實的大門，軟化內在批評者的嚴苛。當你將注意力從內在批評者的活動，轉移到愛和同情心的內心中心，就宛如得到了讓你恢復為真實自我的膏藥。

內在批評者有任何真實性嗎？

我們已經了解到，內在批評者是我們社會制約和童年威權內化後的延伸。同時它也是扭曲後的內在真實引導；但其實我們的內在一直知道，在任何情況下什麼是比較好的選擇。某種程度來說，內在批評者並不相信我們的真實內在引導，也不相信你能好好遵循。作為自尊結構的一部分，它會想控制你。

內在批評者會抑制你遵循內在衝動和靈魂的導向，甚至完全禁止，因此阻礙了你的成長。也就是說，自尊試圖取代或繞過真正值得信賴的內在導航系統。

內在批評者在我們成年之後仍然有價值嗎？若是，那是什麼？我的答案是，大約98.5%的內在批評者是對自己毫無必要的評判。內在批評者在成年後幾乎毫無價值，除了提供以下的警訊：你可以把它視為驅使你更加覺察的力量，特別是當你希望更成熟，實現真實自我的時候。如果從這個角度來看，內在批評者可以幫助你對自己的真實本質覺醒。

除此之外，其他98.5%的內在批評者都毫無價值。

辨別出少許的真實

不過，剩下1.5%的內在批評者呢？

啊，這就是少許真實的所在了。內在批評者試圖偽裝成導航系統，卻可能非常扭曲。內在批評者太嘈雜了，我們可能需要一些技巧，才能從中發覺少數的真實價值。這不只是紙上談兵，而是實際可行，但就跟任何有價值的事物一樣，這需要練習、練習，再練習。

以下的例子是我們和內在批評者的典型應對：

行為：送孩子到校門口時，你在他的同學們面前罵了他一頓。

你的回應：內在批評者嚴厲地批判你罵孩子這件事。你相信了，感覺很糟。由於你對孩子感到抱歉，隨之而來的情緒和心理影響都很痛苦，於是你打開車子的音響，播放一些柔和的音樂，並想著這一天接下來的規畫。

結果：什麼也沒有改變。未來很可能會再次重演類似的狀況。

內在批評者的批判性本質，徹底阻礙了你從這個經驗中學習和成長的可能性。

內在批評者的批判性本質，徹底阻礙了你從這個經驗中學習和成長的可能性。

以下是該如何從同一個例子，發掘出些微的真實：

行為：送孩子到校門口時，你在他的同學們面前罵了他一頓。

內在批評者：你幾乎立刻就體驗到內在批評者對你的嚴厲批判，抨擊你是很糟糕的父母：「看看你是怎麼對他大吼大叫的！太糟糕了。你根本不該生小孩。他永遠不會原諒你。」

你的回應：「啊，出現了！我的內在批評者。好的，我要深呼吸，保持好奇心。嗯，有什麼學習的機會呢？」你可以跟這個不舒服的經驗共處一陣子，問自己：「這個訊息中有哪些部分是真實的？是的，我的確吼罵孩子了。是的，這的確沒有必要。啊，這感覺很糟。」（或許你會出現羞恥或罪惡感。允許自己覺察到這些，並盡可能不要太快抽離。）

「好的，這是個機會。或許我可以看看，是什麼造成我有這樣的行為，又有哪些替代策略。」

有了這樣的認知後，就不會有批判，只有對赤裸裸事實的接受，其中不帶有內在批評者的貶抑。於是，你有了努力的材料，真正得到了學習和成長的機會。

你的好奇心持續下去：這對你來說依然是個困難的經驗，但你還沒抽離，並且意識到孩子確實踩到你的地雷，你才會責罵他。

另一個事實是，孩子沒有聽你的話，讓你感到憤怒。此時，請不要批判自己。你能否對自己憤怒的原因持續抱持著好奇心？

當你專注在自己的經驗時，可以看看潛藏在你對孩子發怒之下的是什麼。或許你會發現，當你覺得別人不聽話時，就感到憤怒。事實上，這個議題周遭圍繞著許多能量。

現在，你觸碰到自己內在的許多痛苦，這些痛苦激起你的怒氣，導致你做出後悔的行為。

後續：接下來，你可以怎麼做？你可以注意一下，當別人不聽話時，你的內在有怎樣的體驗。你會發現這樣的經驗很熟悉，而且你以前總是用類似的方式應對。假如未來再發生這樣的狀況，你只要深呼吸幾次，就能做出不同的反應。

我敢打賭，當你的孩子在未來注定發生無數次不聽話的情況時，你會更加覺察。即便你還是會生氣，但能夠在大吼大叫之前阻止自己，或許能用不同的方式和孩子談一談。

這個例子說明了你如何在減輕內在批評者負面影響力的同時，**發掘出其中的真實**。從這樣的真實中，你會真正學到一些東西。此外，由於你專注投入當下的經驗，你的回應方

式會得到改善。

這樣的改變之所以發生，是因為你的回饋並未被批判所阻礙。這很重要！批判總會阻礙真正的成長，讓人深陷在惡性循環中。

另一個發掘真實的機會，是當你進入嶄新的領域時。這可能代表轉換跑道、展開漫長的旅行、開始寫作等等。內在批評者的聲音會說：「你根本不知道自己在做什麼。你真是瘋了！」你知道嗎？這個聲音完全沒錯！**唯一不對的是評判的本質**。的確，你不知道自己在做什麼。為什麼要知道呢？你不知道結果會如何，只是相信自己在前進。

現在，你可以面對內在批評者，說：「你是對的。我根本不知道自己在做什麼，但一定會很有趣又恐怖。我做出這個選擇，因為這是我必須做的。」

觀察這樣的覺察對你造成什麼影響。但要小心，不要批判內在批評者！因為那只會讓內在批評者占上風。總結來說，目的不是讓你的內在批評者難堪，而是要意識到它對你不再有好處，而且你有權力這麼告訴它。

學習如何打斷內在批評者，也能改變你和自己的關係。這將成為重大的轉捩點，幫助你與自己發展出更健康、成熟的關係。

區別「內在批評者」和「內在權威」的聲音

以下是區別真實和內在批評者雜音的三個關鍵方式。

1. 熟悉與內在批評者以及內在權威相關的經驗，並加以表述。

你的心理經驗是什麼？你聽到的聲音有怎樣的特質？音

量如何？熟悉程度呢？傳達了什麼訊息？你的身體有哪些感受？你的情緒呢？

　　內在批評者的聲音對多數人來說都很熟悉。我們可能認為，熟悉不等於令人滿意，但至少也等於安全。內在批評者的聲音通常最吵鬧，也最具威脅性。內在權威的聲音則比較安靜，比較巧妙。內在權威的聲音可能很堅定，在你內心安靜的時刻反覆出現。但你還沒學會相信它。這個聲音很容易被忽視，也很容易淹沒在生命的雜音中。這個聲音通常呼喚我們朝嶄新的未知前進，如果深入傾聽，則會帶來恐懼。

　　另一方面，內在批評者的聲音很強烈，你會感受到它的重量。而真實的核心是清楚、乾淨的。當你接觸到真實時，可能會感到悲傷和痛苦，但肯定也伴隨著客觀和解脫。沒有批判。

2. 注意你對新資訊的好奇和開放程度。

　　假如對你來說，要帶著好奇心探索新的事物很困難，那就代表你受到內在批評者的影響。內在批評者最大的特質，就是根據某種量表來評判所關注事物的能力，並肯定自己的判斷。

　　內在權威接受不確定性。事實上，它追求的是更深刻的真實。聽見真實時，你的內在會統整連貫，讓你在內心和腹部都感受到深刻的共鳴。當你受到內在權威引導時，會覺得進入內在全新的部位。當你開口，會充滿勇氣。

3. 注意你在嚴苛到仁慈的光譜上，位於哪個刻度。

　　內在批評者的聲音通常嚴苛強硬，畢竟它的工作是確保你守規矩，乖乖保持現狀。它不允許你偏離它所能接受的狹

窄範圍。這樣的特質正是許多人對自己如此嚴苛的原因。

內在批評者是讓人類普遍感到痛苦的原因。面對這樣的痛苦，真誠的仁慈是能帶來療癒的特質。這樣的特質會汲取內心的寬容，並面對和覺察痛苦，讓痛苦軟化，磨平稜角。

生而為人並不是一件容易的事。有時候，最高層次的本質得以發出光芒，但更多時候，我們無法企及這樣的理想狀態。同情心會讓我們面對並接納自己和他人完整的人性樣貌。我們無須將自己無法接受的部分扔下深淵，而是會在其中發覺人性的元素，幫助我們更完整。

當我們可以進入自己的內心深處，生命的真實和悲傷都會找到出口，得到療癒。

同情心是良藥，也是個人和群體生活所需要的。當我們的內在批評者在潛意識中活動時，同情心就是最佳解方。

當我們和內在權威更頻繁地接觸時，它的引導能幫助我們更投入當下，創造真實的信心，讓自己更覺醒。有什麼更安靜、真實的訊息，在吸引你的注意力？你在逃避怎樣的內在衝動？假如你不繼續前進，是什麼讓你心碎？比起任何應該做的事，是什麼對你珍貴的生命更重要？

現在，該將注意力轉向真實內心更安靜的渴望了。這樣的渴望能支持你的生命，幫助你脫離內在批評者的掌控。沒有什麼能夠超越內心的能量和同情心。你只需要把注意力轉向內在就好。

沒有什麼能夠超越內心的能量和同情心。

Chapter 18

靈魂的藥，療癒全世界

在動盪世界中不斷演化的我們，幾乎每天都被龐大的資訊轟炸，面對既有社會制度的分崩離析、逐漸升溫的社會／文化／經濟／種族不平等、毒品和暴力的氾濫，以及環境的災難。但是，當我們睜開眼睛、內心和心智時，也會驚訝於最意料之外的地方所存在的美好，並領略到生命的豐富和幸福。我們的內在因為無法理解的巨大失落而心碎，卻也對生命的福分充滿感激。在這個充滿挑戰的艱困時代，如何找到自己的立足點，在對立和兩極性之間，與自己保持連結？我們該如何汲取內在的真誠、整合及生命的效能，並發揮自己最大的潛能，為世界帶來正向的影響？

我們在正念和九型人格的努力，能為我們在這些大哉問提供指引。這個章節提供了重要的教誨、洞見和練習，盼望也能成為你的指引。

發現和回復真實的自我

真實的自我一直存在於真實的概念之下。九型人格的智慧向我們揭露了虛假的自我概念和對生命運作的誤解，以及我們如何在無意間失去了與內在智慧的連結。於此同時，九

型人格也揭露了，帶著仁慈敞開的心靈，用澄澈的心智面對未知，專注活在當下、活在自己的身體裡、活在這個世界的可貴。

▶ 活在當下的影響

雖然難以承認，但當我們處在第二部分提到的一般健康狀態時，許多應對方式、想法和情緒反應都是可預測的。這意味著我們不是自由選擇，而是受到遠超過想像的人格控制。因此，我們的滿足感和生命效能當然都會受到局限。隨著我們愈來愈活在當下，也就是不再如此呼應及遵循一般狀態下的人格類型特質，就能展現出主要人格特質中更正向的特質和天賦。九型人格除了帶領我們走向更自由的未來，還能給我們另一項禮物：確保我們放下自尊習慣模式的一部分後，我們所珍視的本質依然存在，甚至更為純粹，例如力量、仁慈、對生命的熱愛或使命感。這樣的本質不會受到自尊所驅使。當我們與之連結時，就能輕易地維持自己的立足之處，並提升內在的澄澈、靈活和力量。

換句話說，當你放下舊有身分認同的許多層面，就能正念地面對自己，對生命更細微的能量也能更加覺察。你能關注體內更安靜的能量，感受到個人及人際關係中看不見的能量，以及日常生活的環境。這是因為，當人格的控制軟化時，內在的壓力也會跟著減輕。你變得更敞開和體察，你的體驗將超越五種感官的感知。隨著這樣的改變，你會發覺自己的生命將從人格為主的層面，轉向與當下建立連結。你不再覺得受困於孤立的世界內，而是與生命的網絡更緊密地連

結。開放、充滿生命力、直覺和真誠，都是你覺醒本質的特質。說到底，活出有意義的生命、追求更高尚目標的潛力，其實都潛藏在體內。

更加活在當下的基礎，或許有些激進、陌生、違反直覺，卻充滿寬容，能創造出幫助前述特質浮現的條件。我們不該再和以往無法接受的自我面向對抗，而是選擇更寬容地和自己相處，提升自我尊重。這本書所有章節提出的許多建議，都能為你的新生活方式奠定基礎，讓你體現在如今複雜世界中堅定方向的必要特質。

轉移你的注意力

貫穿本書並鑲嵌在自尊編碼中的主題之一是：「你的注意力放在哪裡？」只要我們看得見，就能有所選擇。

如果想要更加覺察和覺醒，就必須留意自己的注意力焦點，並且在必要時，有意識地轉移注意力，聚焦在建立與自己的連結，而不是和真實自我愈來愈疏離。

無論人格再怎麼有吸引力，我們都應該記得內在另一種堅持的驅動力。這就是你閱讀這本書、改變無效習慣模式的原因。這樣的驅動力提醒了內在更深刻部分的存在，並鼓勵你發揮自己的更高潛能。或許你會感受到生命真正意義的召喚，想要追尋真正自由覺醒的生命。你會渴望和更高層次的意識或神性，建立起更深刻的連結。你會持續體驗到「想要與自己安然自處」的感受。

我們天生就渴望覺醒的本質。我們的神經系統和心靈都能擁抱更開闊的經驗、內在的平靜和安詳。或許你會覺得，雖然不知道自己最終的目的地，但至少已經踏上正確的軌

道。你的自尊會因為未知而感到不安，但可以肯定的是，對於心靈成長和成熟的驅動力，正積極支持你的旅途。接下來是幾種能夠轉移注意力的練習。

練習一：有意識地呼吸

有意識的呼吸是幫助我們與自己建立連結的基礎練習。

奇妙的是，我們很容易忘記，自己因為呼吸而能活著。這個神奇的能力往往被視為理所當然。

幸運的是，我們隨時可以開始有意識地呼吸，讓自己更覺察。有意識地呼吸代表的是，注意到氣息在體內移動，讓氣息的移動改變身體感官。這樣的感受可能很明顯，也可能很幽微，但你會感受到呼吸的深遠影響。

有意識的呼吸之所以成為正念修行的主流，原因有很多，以下是一些舉例。

1. 呼吸是能改變大腦和覺察的強大工具。

當你專注在呼吸，就是訓練注意力集中在不熟悉的標的上。這樣的練習能幫助你觸及並統合大腦不同的部位，讓大腦功能更提升。[1]

2. 有意識的呼吸能打斷人格的自動化活動。

假如你有意識地重新集中注意力，就能打斷人格的自動化活動。你會注意到，自動化的習慣模式總是會找機會捲土重來。請溫和但堅定地將你的注意力帶回呼吸。

3. 呼吸能安撫交感神經系統並啟動副交感神經系統。

有意識的呼吸和壓力反應並不相容。你是否注意到，當你在壓力下開始專注自己的呼吸，呼吸本身會發生改變？許多人都發覺呼吸的頻率會下降，一口氣的長度會增加，而深度也會提高。如此簡單的動作就能對抗壓力，並且幫助你改變壓力狀態。副交感神經系統則能夠化解內在的緊繃壓力，回復平衡。

4. 有意識的呼吸能將注意力帶回身體，同時也能：

- 關注感官，也就是身體中心的語言。
- 允許我們更踏實地投入當下。
- 幫助我們的身心安頓。
- 讓我們更輕易地偵測到緊繃壓力，加以釋放，進入放鬆敞開的狀態。
- 專注在丹田時，也讓你和身體的中心建立連結。
- 覺察體內的能量流動，活化你的系統。
- 讓你更體驗到自己當下的身體。

5. 有意識的呼吸讓心理／心智活動安靜下來。

進行有意識地呼吸時，你的心智能找到注意力的標的。雖然心智活動會努力抓住你的注意力（可能成功過無數次），但是當你記得回歸呼吸，你的心智就不再有足夠的燃料可以維持過度活躍的狀態。

6. 有意識的呼吸能降低情緒性反應。

當你專注在呼吸上，就能注意到自己正在經歷的情緒反應。接著，你可以把這個反應當成繼續呼吸的提醒，並帶著好奇心探究反應的成因。我們不再完全受到情緒反應控制，

能夠在自己和情緒之間拉出距離。

7. 有意識的呼吸能提升你對周遭人事物的覺察。

當你專注在呼吸，就會對其他人的存在、外界的環境和周遭的能量都更敏感。這一切都能幫助你了解自己並不孤獨，而是與更廣闊的外在連結。所以，不要被你局限的觀點誤導了。

8. 有意識的呼吸能幫助你對當下有更強烈的體察。

當你覺察自己的呼吸，感受自己的身體，事實上能提取的東西相當豐富。

你可以清楚地感受到感官傳遞的訊息，接收視覺、聲音和感覺等。因此，你能有意識地回應，也能輕易地感受到真實的正念。

9. 有意識的呼吸能讓你得到更多真實的選擇。

當你有意識的呼吸，神經系統的運作就會變慢，也會出現新的洞見。有了洞見，你就能有更廣泛的選擇。舉例來說，你不再需要依循情緒反應做決定，而是可以做出更清楚、更明確且有效益的選擇。

10. 有意識的呼吸能改變你和自己的關係。

這是改變自動化生活模式和節奏的關鍵。你會對自己有不同的理解。在這些時刻，你不再受到人格的宰制。

11. 有意識的呼吸能改變你和意識本身、存在及一切事物的關係。

當你改變了與自己的關係，你和一切的關係也都會隨之改變。你不會再經歷到跟環境疏離孤立的時刻，而是會內在地覺察自己正受到更高層次正念的支持。

學著記得並感受自己的呼吸，每天都要練習。這個過程需要時間。雖然看似單純，其實並不容易，能做到的人也不多。然而，隨著時間，你將更記得自己的呼吸，也能蒙受助益。這是你所能採取的最重要的行動。

練習二：與你的三大中心建立連結

第十六章引導你和三個智慧中心建立連結，這能成為你在世界上的定錨點，讓你活在自己的身體裡，走進自己的內心，並得到超越忙碌心智所能提供的更多知識。我們在這裡再次提及這些內容，是為了強調「與這三個中心連結，關注自己的心理、生理、情緒和靈魂健康」的重要性。

將注意力轉向各個中心的練習，會帶來一些難題。舉例來說，當你愈能和當下的身體連結，覺察身體的力量和實體等內在特質，就愈可能覺察到那股通過身體並融入更大能量場的生命力。當你愈是寬容地接納自己進入內心，就愈能覺察那裡的感受，也愈能體驗到自己歸屬於「愛」這種給予生命的力量。接著，你就更能允許思想的心智能量進入心靈，也能得到意料之外的清晰洞見和新知識。這些中心是驚喜的大門，通往更深刻的生命，讓你更接近所渴望的真實特質。

當你改變了與自己的關係，你和一切的關係也都會隨之改變。

449

練習三：安靜

　　如果你想培養正念的能力，就必須投入高度的刻意練習和堅持，而其中一項重要的表現方式，就是規律的安靜練習。安靜的其中一種形式，就是處在孤獨的環境，不要有外在的干擾。第二種安靜的形式，是練習冥想或其他沉思的修行，讓你的內在對話和其他心智活動都安靜下來。有意識的呼吸通常被許多形式的冥想練習當成入門。假如你還不曾練習過冥想，那麼有意識的呼吸能幫助你看見並面對自己在繁忙世界的心智、情緒和行為習慣模式。

　　在你讓自己安靜下來的最初階段，很難和更深刻的內在空間連結，並達到平靜的狀態，這是因為內在和外在太多雜訊了。許多人認為參與靈修活動有幫助，能在受到支持的環境下進行延伸的練習。其他人則參與定期的小組聚會，一起練習。最終，將內在的安靜時刻融入日常生活，會成為深度生活最吸引人的層面。

練習四：迴轉

　　從你習慣的自我轉往相反的方向，代表和你的自動化模式背道而馳。最輕微的情況下，你會感到陌生和不自在；最嚴重的情況下，你可能覺得危險和威脅。當然，真正受到威脅的是你的自尊。實際上，我們正朝著靈魂的渴望前進。

　　我把這樣的轉變稱為「迴轉」。[2]字面上來說，這是當你在駕駛時發覺自己前進的方向和目的地不符時，所採取的行動。有時候，生命可能會對你提出要求：回頭換個方向，甚至可能是相反的方向，讓你重新尋回自己最珍貴的生命。

你的蛻變之旅可能不只一次迴轉，而是很多次。452頁的圖表18-1呈現不同人格類型可能出現的迴轉模式。假如你面對的迴轉難以想像，或是毫不可行，那麼可能代表著改變方向將會讓你從長久以來的限制中解放出來。

我並不是建議你立刻迴轉。每個人都有適合的時機。或許會有時機成熟的時候，讓你覺得自己已經準備好，可以挑戰自尊結構的現狀了。由於這個練習相當違反直覺，靠一己之力可能非常困難。假使如此，我推薦你與合格的教練合作，以協助你的進程。（詳見「參考資訊」。）

每當你進行違反直覺的迴轉，就會發生某些改變。通常，你會發現內在更敞開，也更輕鬆。一旦意識到迴轉並不會造成生命危險，你會因為內在的自由而欣喜若狂。或許你很想問：「真的這麼簡單嗎？」答案：是也不是。

經過一段時間的練習後，你發覺一開始看似不可能的事已經變得舉重若輕。最初會經歷的「不可能！」內在吶喊，感覺非常真實，可能會為我們設下各種路障。許多人感受過路障的高不可攀。但接著，你會找到前進的路。

另一項困難是，我們很容易忘記以前做過的迴轉，導致對成功經驗的失憶症狀。如果能記錄你的經驗，將能有效地幫助你走上「人跡較少」的道路。

有意識的迴轉值得慶賀。

另一個難題是，當你迴轉時，是遠離了已知的一切——至少暫時如此。你朝著未知前進。你不可能知道前方是什麼模樣，帶來什麼感受，因為在這之前，前方對你來說都是不可能的領域。進入未知就像是蒙眼走路，但是，你將更接近生命的奧祕，更認識真正的自己，甚至得到許多未曾想像過的體驗。

進入未知就像是蒙眼走路，但是，你將更接近生命的奧祕，更認識真正的自己，甚至得到許多未曾想像過的體驗。

你的偉大成果

這趟旅程並不是要帶你「超越」，而是聚焦在你個人的
生命經驗。用前文提過的方式，專注在你的內在經驗，這在

圖表 18-1：不同人格類型者的重大迴轉例子

人格類型	特徵模式	重大迴轉例子
第一型	不斷嘗試修復	放下某件待修復的事物，享受它原本的模樣；即便覺得有些不對勁，你仍學習享受某個經驗。
第二型	在幫助別人時過度付出	即便你認為其他人比較重要，還是優先覺察並照顧自己的需求。
第三型	在生命的每個部分都充滿競爭意識，希望其他人認同你的成就。	享受經驗本身，不在意結果／成品；除了你最親密的人或教練外，不和任何人分享你的經驗。
第四型	活在夢想的世界裡，希望能得到真正的理解。	對於具體的目標採取特定的步驟，無論這一步多麼平凡，即便被誤解也無妨。
第五型	退縮在內心的準備狀態	即便覺得準備不足，你還是與身體建立直接的連結，全心投入你的生命。
第六型	在下決定之前，必須從無數的外在資源中，尋求更多資訊。	即便聽見要你前往不同方向的內心雜訊，你仍傾聽自己安靜的內在聲音，遵循內在的引導。
第七型	試圖擁有一切，或追求遠大的成就。	即便有太多感興趣的事物，你仍放慢自己的生命步調，全心專注在和自己相處的內在經驗。
第八型	過度獨立、強悍	即便認為自己應該堅強，你仍允許自己感受並表達關愛和脆弱的一面。
第九型	想要靠自己釐清一切，逃避衝突。	即便沒有預設的解答，而且你只想得到安撫，仍然積極參與對話，再艱難的也不逃避。

本質上是很務實的。你的內在所經歷的改變，會轉化為外在的改變。你甚至不會注意到改變是如何發生的。或許你曾經聽過：「投入深度生活的追求時，（生命中）什麼都不會改變，但（關於生命的一切）也會什麼都改變了。這一切都是因為內在發生的變化。」這樣的深度矛盾，通常讓人們震撼，因為這跟我們對生命的普遍認知差距實在太大。

投入深度生活的追求時，（生命中）什麼都不會改變，但（關於生命的一切）也會什麼都改變了。這一切都是因為內在發生的變化。

我們看見九型人格類型核心模式的本質，這是深刻烙印的習慣模式所建構的自我認同，而不是個人的真實本質。真實得以揭露。你會對這全新的覺察感到驚奇、震驚或悲傷，也覺得自己跨越深谷，進入未知的領域，品嚐自由的滋味。你會發現，過去努力追求的虛假身分認同，造成了多大的疲憊，因此，你開始感到輕鬆一些。

以某種程度來說，九型人格是生命真實的地圖。內在修行的過程中，個人主要人格類型的真實得以凸顯。以下簡述了每種人格類型超脫習慣模式的真實。當自尊活躍時，這些真實聽起來很荒謬。然而，當你帶著正念閱讀，與你的人格類型相關的敘述就可能讓你產生共鳴，甚至全身發抖。每段敘述都挑戰了某個人格類型的核心原則。

第一型：了解到我並不需要修復一切，而能珍惜生命中豐富的快樂。

第二型：我問自己：「我需要什麼？」並樂意接受幫助。

第三型：其他人對我的看法和我無關。

第四型：我生命的美好特質立基於微小平凡的時刻。

第五型：我在世界上很安全。

第六型：我的保障存在於我的內在。

第七型：生命的圓滿在於體驗當下的美妙。

第八型：脆弱是真實力量的源頭。

第九型：「我的存在很重要。」

為了體驗到這樣的真實，我們都需要信任、勇氣、接受和愛。

深刻陰柔特質的浮現

你會發現，支持正向蛻變和療癒內在的許多特質，都和深刻的陰柔特質相關：同情心、接納、包容、照應、順服和關愛。當然，這裡的陰柔與性別無關，而是反映了所有人的內在特質。你可能覺得這樣的改變方向有些違背直覺，因為這些人性層面在過去總是被認為太感性。然而，經驗證實，這些特質在個人和集體的層次都具有療癒的功效。當我們在複雜的世界中前進時，表現出自身本質的內在力量、勇氣、誠實和愛，一點也不軟弱。擁抱這些特質不只滋養我們的靈魂，更能成為治療世界的良藥。

行動中的愛

如果你的內在並未深刻地渴望圓滿、完整和珍貴的生命，又為何會追尋本書的蛻變過程呢？或許你拿起這本書的原因，是希望專注在自己的身心靈健康，但是只要改善了與自己的關係，將會對其他人和世界帶來影響。全世界沒有任何事物，比正念的愛更強大、更療癒了。透過你的存在，你可以傳遞愛的正念。

回到第一章的探索起點，九型人格就是行動中的「愛的地圖」。

九型人格教導我們如何愛自己，邁向更高層次、更健康的生命狀態。

祝福本書的讀者在生命中持續經歷寬廣的愛和正念。世界需要這個，世界也需要你。

個人的探索，用正念來治療

以下步驟概述了如何以本書提及的守則來進行內在修行，帶著寬容追尋改變。我推薦你先閱讀整個程序，往後有需求時再逐步探索充滿挑戰的不同層面。你將會看見如何用強烈的同情心和愛帶來改變。

1. 偵測造成困擾的行為或情緒模式

覺察到無助於你的成長，甚至造成痛苦或問題的行為或情緒模式。（參考第二部分對不同人格類型模式的敘述。）大部分的人終其一生都未能覺察到，特定的模式正形塑他們的自我認同，限制了他們的自由。此外，這樣的模式最初是應變機制，但很快就變得無意識、習慣性、過度儀式化，且沒有助益。別忘了，你受到的制約，會讓你認為自己的反應都是由外界的人事物造成的。

若要偵測這類模式，一開始可能很困難，因為它們已經成為你本能的一部分。因此，你必須成為「模式偵探」。每種模式都會透露線索，引起你的注意，讓你更覺察。你可以在許多**經驗管道**中找到這類線索，例如思想、情緒經驗、態度、身體感受或行為。某些管道的線索可能比較容易辨識。

舉例來說，你會發覺自己對於同事或親人所說的某一句話，一再出現相同的想法或情緒。又或者，你可能會注意到

自己對於特定的情境,出現了微弱但熟悉的身體感受,例如,當你對別人怒吼時,會覺得頭部有點緊繃。你也可能感到憂慮,出現類似的想法:「假如我這麼說,情緒一定會受傷。」你可能會注意到,你認為特定的情境就需要特定的應對方式,並對自己說:「我會這樣對他,是他自找的。」或「我有資格那樣做,因為我非常努力了。」或者你曾經注意到自己覺得緊繃、暴躁、僵硬、憤怒、憂鬱,甚至冷漠、沒有情緒。在更進一步覺察之前,你根本沒注意到某個模式。然而,當你更熟悉後,就能在深陷其中時提醒自己。原來這就是真實的進步!

辨識出模式後,你會驚奇地發現自己在各式情境和不同的人面前,都展現出這個模式。雖然很難對自己坦承,但假如想要獲得自由,你就必須如此,因為習慣模式具有高度的成癮性。唯有辨識出模式後,你才能進一步允許自己人性的一面,同時對超脫習慣模式的更高層次覺醒。

2. 將這樣的模式正常化

別忘了,有自動化模式是很正常的。然而,大多數人都花了大量的能量透過這種模式來自我表達。能夠注意到「習慣模式不但沒有帶來助益,反而有許多痛苦的影響」,是很幸運的事。你正處在勇敢的旅程,將自己從模式中解放。

3. 和習慣模式的相關經驗共處

一旦覺察習慣模式後,請依循以下的療癒過程。

- **觀察這個模式。**

抱持開放的心胸和好奇心觀察這個模式的本質——這不代表真實的你，只是反映了你曾經學會的應對這個世界的方式。抱持開放的心胸可能讓你覺得很奇怪，因為你早已習慣無意識地逃避、否認或批判。試著對自己說：「真有趣啊！又發生了。」在觀察的過程中帶點幽默感。我的客戶和工作坊成員常說，幽默這項工具非常有幫助，因為減輕了負擔，讓他們不會過度嚴苛地面對自己的模式。透過好奇心的觀察，你會在自己和模式之間拉出距離，不再過度執著堅持，甚至不再將它視為自己的一部分。你正在將這種模式從自己的真實本質分離，從認同它轉為質疑它。

- **有意識地呼吸，覺察自己的身體感官。**

呼吸並感受身體的感官，例如你的腳踏在地面上，或是你的身體坐在椅子上。這能幫助你注意到，除了模式之外，你還擁有許多。於是，你不再覺得模式占據了你的生命。為了達到目標，你必須允許自己完全感受隨著模式而來的所有內在感官。這意味著深呼吸，讓你的注意力集中在感官。

- **不帶批判地包容自己。**

了解到即便習慣模式不再有益，其存在都有原因。別忘了，這樣的模式並不是你積極的選擇，而是屬於九型人格中特定人格類型的領域，這是生而為人的一部分。提醒自己，如果加以批判，只會更強化這個模式。也別忘了，自我批判是巨大痛苦的來源，也是人格結構中造成最大傷害的部分，對成人來說幾乎毫無價值。放下批判，邀請你的「公正的見證者」——也就是你的自我中觀察且不批判的部分——成為

你的盟友。最終，不帶批判能讓你體驗到生命更大的自由。對自己懷抱同情心，你就運用了心靈的智慧來自我支持。當你和經驗共存，但放下批判，則是運用了心智的智慧來自我支持。

專注在內在感官時，你可能感受到情緒或生理的痛苦，例如從胃部擴及到肋骨的抽搐，或是緊繃的喉嚨。在這樣的情況下，你可能不明白發生的原因，但請繼續呼吸，和這些感官共存。

由於這是嶄新且充滿挑戰的蛻變經歷，以下的狀況都很自然：

－壓抑感官，導致內在的壓力放大。
－麻痺自己，讓自己沒有感覺。
－表現出感受到的痛苦。
－快速繞過這個經驗，認為自己已經受夠了。

然而，和不舒服的經驗共處，能讓我們更完整地感受整個習慣模式，最終才能放手並開始療癒。這樣的過程可能是單次的幾分鐘，或是在一段時間內反覆出現。光是**不帶批判地觀察習慣模式**，就可能發生轉變，特別是當你不強迫干預時。在整個過程中，注意你的內在是否出現找理由干預的衝動，這樣的衝動也只是眾多習慣模式的某個層面而已。

當你持續深呼吸，注意力投注在感官上，最終會感受到內在的敞開，並且更安然自在。事實上，你可能在恢復活力之餘，也會感到疲憊。

注意：假如過去的創傷帶給你太多不適或其他感受，先暫停一下，重新回到當下，帶著對自己的感謝，深呼吸一段

時間。或者，你可以將注意力轉移到環境中客觀的物體，一邊深呼吸，一邊觀察它的特徵。

● **承認這個過程。**

承認這個過程聽起來很簡單，卻一點也不容易，而且會需要付出許多：堅定地追求不受人格模式壓迫的自由、全面轉向同情心和仁慈，以及前所未有的強大勇氣。然而，每次經歷這個過程，你都會更認識自己的內在本質，並且體驗到正面的改變。

從心理學的觀點來看，你的習慣模式會與特定的神經系統相關。當你把這樣的認知帶到內在工作時，神經和大腦的結構也會隨之改變。舊的神經連結受到動搖，而新的神經迴路得以接軌。

從心靈的層面來看，這個過程的核心就是正念的力量。許多人都覺得，透過與內在經驗的連結，他們似乎被一種無形的正向力量所碰觸，這或許可以說是恩典。他們意識到，自己並沒有需要修復的地方，也不需要強迫任何事物發生。相反地，當他們活在當下，宇宙就會伸出援手。他們在無限寬廣的當下，受到正念的支持。

● **放下這個模式。**

許多古代的神祕主義者都知道，在面對困難的內在經驗時，如果能結合好奇心、仁慈，以及對呼吸與身體感官的意識，就能將內心沉重的痛苦轉化為美好的自由。

批判、否認、逃避都不能讓痛苦消失，認同或強調也無濟於事。你對痛苦的反應，奠定了人格模式的基礎，而這樣的基礎會讓你以為自己出了什麼問題。

但這個療癒過程整合了呼吸、注意力、非批判的好奇心，將是帶來蛻變的強大工具，讓你對自己和他人更加寬容同情，因為許多人還不理解這些帶給自己許多煩惱與痛苦的模式。

經歷這樣的過程可能很痛苦，特別是最初幾次的嘗試。假如你面對的是特別固著或痛苦的模式，可以尋找深度生活的教練或其他專業人士的幫助。經過一段時間後，你會發現可以更輕鬆地獨自進行。好消息是，每個人的內在都有鍊金術師的能力，可以將生理上沉重如鉛的痛苦，轉化為自由、平靜和解脫的黃金。

致謝

　　本書的初版和新版都受到許多幫助，但在有限的篇幅內只能列舉部分。我想向我的精神導師們致謝，因為他們對我的成長有著無法計量的影響。甫成年時，禪修老師切里・修伯（Cheri Huber）透過智慧的教誨和開導，激發了我的靈魂。史蒂芬・萊文（Stephen Levine）的「這麼多就好」概念，引導我進入更深層次的正念，幫助我和內心有所連結。已故的唐・里索和同僚羅斯・赫德森透過對九型人格的先驅研究傳遞智慧，為我指出了方向。珊德拉・馬蒂里（Sandra Maitri）是「鑽石之心」流派的優秀老師，激勵我在自己的靈魂道路上繼續前進。珊迪・馬可斯（Sandy Marcus）幫助我看見自己內在的奇妙美好。默觀發揚社群（Contemplative Outreach），特別是蘇珊・洛許（Susan Rush）為我提供了靈魂的支持。在許多引導我蛻變的導師中，上述幾位幫助我體驗了存在的許多面向，我永遠心懷感恩。

　　除了正式的老師們，我也非常感謝旅途中許多非正式的老師。其中，國際靜思社群（International Retreat Group）的成員，讓我看見承諾、勇氣和透明所帶來的力量與愛。我的學生和客戶們也在多年來勇敢地自我探索，幫助我更精煉深度生活的概念。我特別感謝海岸女性團體（Coastside Women's Group）的核心成員，她們在最初期時幫助我進行各方嘗試：蘇珊・畢夏普（Susan Bishop）、維奇・克魯斯（Vicky Cruz）博士、貝尼戴特・麥克雅莉絲特（Bernadette McAllister）、珍妮・米尼斯・金斯頓（Jeannene Minnix Kings-ton）、克莉絲提・柯伯納（Kristy Koberna）、瑪莉・尼伯（Mary Knippel）、派特・穆勒（Pat Muller）、奧德利・帕伯斯（Audrey Poppers）、蘿西・比奇（Rosie Picchi）和厄瑪・維拉斯克（Irma Velasquez）。她們的好奇心、積極、誠實和脆弱，對於這本書都貢獻良多。

　　我也想感謝九型人格中的合作夥伴溫蒂・艾波、潘姆・法克斯・蘿林（Pam Fox Rollin）和珊曼莎・尚恩菲德（Sa-mantha Schoenfeld）。我們早年時密切合作，特別是溫蒂陪我一起發展出本書中的冰山模型。維奇・克魯斯博士幫助我看見九型人格如何反應在身體的情緒領域。羅納・菲佛里奇（Ronna Phifer-Ritchie）博士是我早期教導里索－赫德森理論的夥伴，幫助我更理解和欣賞九型人格中人際關係的面向。

　　深度教練學院（Deep Coaching Institute）的成員都提供了重要的支持、鼓勵和回饋。資深成員貝琳達・戈爾（Belin-da Gore）博士和黛安娜・雷蒙德（Diana Redmond）成為我最珍貴的朋友，貝琳達可以說是我成立機構的推手。學院管理者埃派克・瑟里索伊（Ipek Serifsoy）和吉姆・狄法柯（Jim DiFalco）以有愛的領導方式，推動學院的發展。學院認證計畫的畢業生，包括厄瑪・維拉斯克、布萊恩・米契沃克（Brian Mitchell-Walker）、拉蘿・海勒（Lara Heller）、莫埃拉・麥克卡斯基（Moira McCaskill）和戴文・卡特（Dev-on Carter），都對深度生活提供了深具價值的回饋，也成為當時深度生活機構的團隊成員。

　　這本書在許多認真有才華的人協助下，才得以出版，其中凱西（Cathy）和傑克・戴維斯（Jack Davis）專業且彈性地完成了複雜的美編設計，顧問及編輯艾倫・克萊納（Ellen Kleiner）專業又不失幽默感，而珍妮‧威廉斯（Jeannie Williams）和瑪莉‧奈布爾（Mary Neighbour）也提供了重要的合作與協助。除此之外，我的同僚和朋友們給我許多愛和鼓勵，包含了 Wild Women、Fab Co-labs 和許多我真心感念的朋友們。

　　最後，許多家人也在過程中帶給我啟發和支持。我的雙親在初版寫作時就已經過世，而我從他們的過世學到了更多深度生命與生活。謝謝我的姊妹瑪莉‧喬‧歐格登（Mary Jo Ogden），你的愛對我來說彌足珍貴。也謝謝馬克與凱西‧歐格登，你們願意探索新的領域，讓家庭的連結愈加緊密。我會永遠感恩羅文（Rowan）一家，包含兩位孫子在內。你們為我的內心帶來無比的喜悅。謝謝對我影響力最深遠的愛侶和支持者，我的丈夫吉姆‧墨菲博士。假如沒有他的愛、鼓勵和耐心，這本書連初版也難以問世。沒有任何言語能表達我對他的感恩，謝謝他充滿智慧的靈魂成為我生命旅途的伴侶。

深度生活實驗室

DeepLivingLab.org

深度生活實驗室（Deep Living Lab）由羅珊娜・豪威－墨菲（Roxanne Howe-Murphy）於2021年成立。這個非營利組織旨在療癒人們內在的裂痕，幫助世界上的人們都能更接觸內在深刻的智慧，並追求更圓滿且彼此連結的生命。實驗室以《九型人格深活全書》（*Deep Living with the Enneagram*, 2020）、《深度教練：以九型人格為深刻改變的催化劑，第二版》（*Deep Coaching: Using the Enneagram As a Catalyst for Profound Change, 2nd Edition*, 2022）和羅珊娜發展中的九型人格理論（EnneaCrossings™）為基礎，提供學習者更深刻和正念的蛻變經驗。

實驗室提供的內容，包含一對一的九型人格探索課程、個人指導、短期課程、長期課程、師資培訓和靈修。實體和線上的小組提供了蛻變旅程中的支持，帶來互相支持和學習、彼此信賴的社群。

info@deeplivinglab.org

追蹤深度生活實驗室：

Facebook - https://www.facebook.com/DeepLivingLab

Pinterest -https://www.pinterest.com/DeepLivingLab

LinkedIn - https://www.linkedin.com/company/deep-living-lab

Instagram - https://www.instagram.com/deeplivinglab

深度教練學院

www.deepcoachinginstitute.com

深刻與實用的結合

深度教練學院（Deep Coaching Institute）由羅珊娜·豪威－墨菲博士於2007年創立，是一所高級教練培訓學校，針對的是希望將九型人格的藝術、科學和精神意識，融入職業與個人生活的人類發展專業人士。深度教練學院的主要產品是為期十個月的教練培訓認證計畫，此計畫經國際教練聯合會批准並獲得國際九型人格協會認可，專為高階主管教練、學習和組織發展專業人士、企業領導者、精神導師和生活教練量身定制，將基於九型人格的方法，應用於存在實踐中，以促進更廣闊的存在、思考和行動狀態。

| 註釋 |

新修訂版前言

1. David Russell Schilling, "Knowledge Doubling Every 12 Months, Soon to be Every 12 Hours," *Industry TAP into News*, April 19, 2013.

引言

1. Richard Rohr, *Falling Upward: A Spirituality for the Two Halves of Life* (San Francisco: Jossey-Bass, 2011), xiii.

2. Laura A. Pratt, Debra J. Brody, and Qiuping Gu, *Antidepressant Use in Persons Aged 12 and Over: United States, 2011–2014*, NCHS [National Center for Health Statistics] Data Brief, no. 76 (Hyattsville, MD: National Center for Health Statistics, 2011).

3. Jonaki Bose, et al., *Key Substance Use and Mental Health Indicators in the United States: Results from the 2017 National Survey on Drug Use and Health,* Publication no. SMA 18-5068, NSDUH Series H-53 (Rockville, MD: Center for Behavioral Health Statistics and Quality, Substance Abuse and Mental Health Services Administration, 2018).

Chapter 1　遵循真實的渴望

1. 奧本斯基（P. D. Oupensky）的《追尋奇蹟》（*Search of the Miraculous,* New York: Harcourt, Brace & World, 1949）中，提供了關於葛吉夫的更多資訊。葛吉夫是希臘裔亞美尼亞人，出生於1870年代，把九型人格的符號帶到西方。這個符號並非他所自創，而是在旅行途中所發現。他相信遠古時代曾經出現過人類蛻變的科學，卻不幸失傳了。他歷經多年的追尋，求教於古老智慧的心靈導師後，創造出心理學、靈性學和宇宙學的體系，幫助學生覺察更客觀的現實世界，找到自己在其中的定位。（舉例來說，在第一次世界大戰開始前，他曾經告誡學生，假如人們不覺醒，就會互相殘殺，導致上百萬人喪命。）九型人格是葛吉夫思想體系的核心概念。

2. 作者希望在此感謝溫蒂・艾波碩士對於原版冰山模型開發的貢

獻。她和作者一起用冰山模型描述每種人格類型在「水面以上」的人格特質，並辨識出「水面以下」的人格驅動力。

3. 平行生命的概念（雖然未必會用這個詞來指稱），能簡單地解釋非常複雜的概念，也呼應葛吉夫的理論（參見前面第一點註釋）。他的主要理論聚焦在三個智慧中心的運作，而人類透過這個過程經歷自我。他教導我們，假如這些中心在正常意識中的運作失序或失衡，就會創造出不同的虛假真實感。也可以參考奧本斯基的《人類可能演化的心理學》（*Psychology of Man's Possible Evolution*, New York: Random House, 1974）。如果想多了解這個主題，請參考唐‧里索和羅斯‧赫德森的《認識九型人格：人格類型的實務引導》（*Understanding the Enneagram:The Practical Guide to Personality Types*, Boston: Houghton Mifflin, 2000），第251頁至第283頁。

Chapter 2　創造選擇

1. Don Richard Riso with Russ Hudson, *Personality Types: Using the Enneagram for Self-Discovery* (Boston: Houghton Miffin, 1996), 45–47.

2. Riso and Hudson, *The Wisdom of the Enneagram: The Complete Guide to Psychological and Spiritual Growth for the Nine Types* (New York: Bantam Books, 1999), 77–80.

3. G.I. Gurdjieff, *Beelzebub's Tales for His Grandson* (New York: Viking Arcana, 1992). See also Gurdjieff, *Views from the Real World* (New York: Dutton, 1975).

4. H. Almaas, *The Unfolding Now: Realizing Your True Nature through the Practice of Presence* (Boston: Shambala Publications, 2008). 阿瑪斯是哈彌‧阿里（A. Hameed Ali）的筆名，他的許多著作都強調了直接經驗對個人蛻變的重要性。他成立「鑽石途徑」，整合了深度的心理學和傳統的靈魂探詢。

Chapter 3　學習如何「進行」人生

1. 唐‧里索與羅斯‧赫德森在教導「墮落」（the fall from grace）的概念，也就是個人與真實本質分離時，曾經使用「原初的災難」（primal catastrophe）一詞。本書作者知道他們至少在2001年後的教學，都曾使用這個詞。

2. Sandra Maitri, *The Spiritual Dimension of the Enneagram: Nine Faces of the Soul* (New York: Jeremy P. Tarcher, 2000), 32.

3. Thomas Moore, *Original Self: Living with Paradox and Originality*

(New York: Harper Collins, 2000), 3.

4. Karen Horney, *Self-Analysis* (New York: Norton, 1942).

5. Riso and Hudson, *Wisdom of the Enneagram*: *The Complete Guide to Psychological and Spiritual Growth for the Nine Personality Types* (New York: Bantam Books, 1999), 60–62.

Chapter 4　創造與自己的全新關係

1. A.H. Almaas, *Facets of Unity: The Enneagram of Holy Ideas* (Berkeley, CA: Diamond Books, 1998), 21–32. 在「基本信任」這個章節，阿瑪斯（Almaas）描述了這個重要的信任模式，能幫助我們的靈魂定向，追求更高層次的存在本質。

Chapter 5　冰山：人格的建築藍圖

1. John Chryssavgis, *In the Heart of the Desert: The Spirituality of the Desert Fathers and Mothers,* rev. (Bloomington, IN: World Wisdom, 2008), 53–62. 作者探索基督信仰初期的沙漠賢者，帶我們看見在療癒的旅途中，激情和脆弱及傷害之間的連結。

2. Riso and Hudson, *Wisdom of the Enneagram*, 353. 里索與赫德森探討了每一型人格的內在批評者的訊息，稱之為「行進命令」。

3. Riso and Hudson, *Wisdom of the Enneagram*, 91–93.

4. Maitri, *Spiritual Dimension of the Enneagram*, 245–262.

Chapter 6　第九型人格——和平者

1. Chryssavgis, *Heart of the Desert,* 53–62.

2. Riso and Hudson, *Wisdom of the Enneagram*, 353.

Chapter 7　第四型人格——個人主義者

1. Chryssavgis, *Heart of the Desert,* 53–62.

2. Riso and Hudson, *Wisdom of the Enneagram*, 353.

Chapter 8　第五型人格——調查者

1. Chryssavgis, *Heart of the Desert,* 53-62.

2. 唐・里索與羅斯・赫德森用「心智保留」和「將材料保留於心智」來描述第五型人格的執著。

3. Riso and Hudson, *Wisdom of the Enneagram*, 353.

Chapter 9　第三型人格——成就者

1. Watty Piper, *The Little Engine That Could* (New York: Platt and Munk Publishers [an imprint of Grosset & Dunlap], 1930).
2. Chryssavgis, *Heart of the Desert,* 53–62.
3. Riso and Hudson, *Wisdom of the Enneagram*, 353.

Chapter 10　第七型人格——熱心者

1. Chryssavgis, *Heart of the Desert,* 53–62.
2. Riso and Hudson, *Wisdom of the Enneagram*, 353.

Chapter 11　第八型人格——挑戰者

1. Chryssavgis, *Heart of the Desert,* 53–62.
2. 唐‧里索與羅斯‧赫德森使用「物化」一詞來描述第八型人格的執著。
3. Riso and Hudson, *Wisdom of the Enneagram*, 353.

Chapter 12　第一型人格——改革者

1. Chryssavgis, *Heart of the Desert,* 53-62.
2. Riso and Hudson, *Wisdom of the Enneagram*, 353.
3. Ibid., 114.

Chapter 13　第二型人格——扶助者

1. Chryssavgis, *Heart of the Desert,* 53–62.
2. Riso and Hudson, *Wisdom of the Enneagram*, 353.

Chapter 14　第六型人格——忠誠者

1. Chryssavgis, *Heart of the Desert,* 53–62.
2. Riso and Hudson, *Wisdom of the Enneagram*, 353.

Chapter 15　改變能帶你通往開闊的大門

1. John Welwood, *Toward a Psychology of Awakening: Buddhism, Psychotherapy, and the Path of Personal and Spiritual Transformation* (Boston: Shambhala Publications, 2002), 11–21. 在1980年代初期，佛教導師兼心理治療師約翰‧維伍德（John Welwood）提出「靈性繞道」，指稱透過靈性修行來逃避未解的情緒或心理問題。

Chapter 16　活在當下是真實改變的基礎

1. 第一章的第三點註釋提到，智慧中心的教導是葛吉夫思想的中心，並影響了本書。

2. Patrick Hart and Jonathan Montaldo, eds., *The Intimate Merton: His Life from His Journals* (San Francisco: Harper Collins, 2001), 124.

Chapter 18　靈魂的藥，治癒全世界

1. Jose L. Herrero et al., "Breathing above the Brain Stem: Volitional Control and Attentional Modulation in Humans," *Journal of Neuro-physiology*, https://doi.org/10.1152/jn.00551.2017.

2. Roxanne Howe-Murphy, *Deep Coaching: Using the Enneagram as a Catalyst for Profound Change* (El Granada, CA: Enneagram Press, 2007), 34–36.

Addison, Rabbi Howard A. *The Enneagram and Kabbalah: Reading Your Soul*, 2nd ed. Woodstock, VT: Jewish Lights Publishing, 2006.

Almaas, A. H. *Facets of Unity: The Enneagram of Holy Ideas*. Berkeley, CA: Diamond Books, 1998.

———. *The Pearl Beyond Price: Integration of Personality into Being; An Object Relations Approach*. Boston: Shambhala, 2001.

———. *The Unfolding Now: Realizing Your True Nature through the Practice of Presence*. Boston: Shambhala, 2008.

Arrien, Angeles, PhD. *The Four-Fold Way: Walking the Paths of the Warrior, Teacher, Healer and Visionary*. San Francisco: HarperSanFrancisco, 1993.

———. *Second Half of Life: Opening the Eight Gates of Wisdom*. Boulder, CO: Sounds True, 2007.

Brown, Byron. *Soul Without Shame: A Guide to Liberating Yourself from the Judge Within*. Boston: Shambhala, 1999.

Bryner, Andy and Dawna Markova, PhD. *An Unused Intelligence: Physical Thinking for 21st Century Leadership*. Berkeley, CA: Conari Press, 1996.

Cannato, Judy. *Field of Compassion: How the New Cosmology Is Transforming Spiritual Life*. Notre Dame, IN: Sorin Books, 2012.

Cannon, Marcia, PhD. *The Gift of Anger: 7 Steps to Uncover the Meaning of Anger and Gain Awareness, True Strength, and Peace*. Oakland, CA: New Harbinger Publications, 2011.

Chryssavgis, John. *In the Heart of the Desert, Revised: The Spirituality of the Desert Fathers and Mothers*. Bloomington, IN: World Wisdom, 2008.

Chödrön, Pema. *Start Where You Are: A Guide to Compassionate Living*. Boston: Shambhala, 1994.

———. *When Things Fall Apart: Heart Advice for Difficult Times*. Boston: Shambhala, 1997.

Cutsinger, James S., ed. *Paths to the Heart: Sufism and the Christian East.* Bloomington, IN: World Wisdom, 2002.

Dalai Lama and Howard C. Cutler, MD. *The Art of Happiness: A Handbook for Living.* New York: Riverhead Books, 1998.

De Salzmann, Jeanne. *The Reality of Being: The Fourth Way of Gurdjieff.* Boston: Shambhala, 2010.

Eden, Donna. *Energy Medicine for Women: Align Your Body's Energies to Boost Your Health and Vitality.* With David Feinstein, PhD. New York: Jeremy P. Tarcher, 2008.

Ford, Debbie. *The Dark Side of the Light Chasers: Reclaiming Your Power, Creativity, Brilliance, and Dreams.* New York: Riverhead Books, 1998.

Hart, Patrick and Jonathan Montaldo, eds. *The Intimate Merton: His Life from His Journals.* San Francisco: Harper Collins, 2001.

Helminski, Kabir. *Living Presence: The Sufi Path to Mindfulness and the Essential Self*, rev. ed. New York: Penguin Random House, 2017. Horney, Karen. *Self-Analysis.* New York: Norton, 1942.

Howe-Murphy, Roxanne. *Deep Coaching: Using the Enneagram as a Catalyst for Profound Change.* El Granada, CA: Enneagram Press, 2007.

Huber, Cheri. *Suffering Is Optional: Three Keys to Freedom and Joy.* Murphys, CA: Keep It Simple Books, 2000.

———. *There Is Nothing Wrong With You: Going Beyond Self-Hate, A Compassionate Process for Learning to Accept Yourself Exactly as You Are.* Murphys, CA: Keep It Simple Books, 1993.

Iachetta, S. Stephanie, comp. *The Daily Reader for Contemplative Living: Excerpts of the Works of Father Thomas Keating.* New York: The Continuum International Publishing Group, 2006.

Keating, Thomas. *Invitation to Love: The Way of Christian Contemplation*, 20th anniv. ed. London, England: Bloomsbury Publications Plc, 2011.

Levine, Stephen. *A Gradual Awakening.* Garden City, NY: Anchor Books, 1979.

Lind-Kyle, Patt. *Heal Your Mind, Rewire Your Brain: Applying the Exciting New Science of Brain Synchrony for Creativity, Peace and Presence.* Santa Rosa, CA: Energy Psychology Press, 2010.

Maitri, Sandra. *The Spiritual Dimension of the Enneagram: Nine Faces of the Soul*. New York: Jeremy P. Tarcher, 2000.

McIntosh, Steve. *Integral Consciousness and the Future of Evolution: How the Integral Worldview is Transforming Politics, Culture and Spirituality*. St. Paul, MN: Paragon House, 2007.

Moore, Thomas. *Original Self: Living with Paradox and Originality*. New York: Harper Collins, 2000.

———. *Dark Nights of the Soul: A Guide to Finding Your Way Through Life's Ordeals*. New York: Gotham Books, 2004. Naranjo, Claudio. *Healing Civilization*. Oakland, CA: Rose Press, 2009.

Oupensky, P. D. *In Search of the Miraculous*. New York: Harcourt, Brace & World, 1949.

Palmer, Parker. *A Hidden Wholeness: The Journey Toward an Undivided Life*. San Francisco: Jossey-Bass, 2004.

———. *The Promise of Paradox: A Celebration of Contradictions in Christian Life*. San Francisco: Jossey-Bass, 2008.

Palmer, Wendy, and Janet Crawford. *Leadership Embodiment: How the Way We Sit and Stand Can Change the Way We Think and Speak*. San Rafael, CA: The Embodiment Foundation, 2013.

Pearce, Joseph Chilton. *The Biology of Transcendence: A Blueprint of the Human Spirit*. Rochester, VT: Park Street Press, 2002.

Riso, Don Richard. *Personality Types: Using the Enneagram for Self- Discovery*. With Russ Hudson. Boston: Houghton Mifflin, 1996.

———. *Understanding the Enneagram: The Practical Guide to Personality Types*, rev. ed. Boston: Houghton Mifflin, 2000.

———. *The Wisdom of the Enneagram: The Complete Guide to Psychological and Spiritual Growth for the Nine Types*. New York: Bantam Books, 1999.

Rohr, Richard. *Falling Upward: A Spirituality for the Two Halves of Life*. San Francisco: Jossey-Bass, 2011.

Salzberg, Sharon. *Lovingkindness: The Revolutionary Art of Happiness*. Boston: Shambhala, 1997.

Sardello, Robert. *Silence: The Mystery of Wholeness*. Berkeley, CA: Goldenstone Press, 2008.

Shirley, John. *Gurdjieff: An Introduction to His Life and Ideas*. New York:

Jeremy P. Tarcher, 2000.

Shimoff, Marci. *Happy for No Reason: 7 Steps to Being Happy from the Inside Out*. With Carol Kline. New York: Free Press, 2008.

Tarrant, John. *The Light Inside the Dark*. New York: Harper Perennial, 1998.

Tolle, Eckhart. *A New Earth: Awakening to Your Life's Purpose*. New York: Penguin, 2005.

———. *The Power of Now: A Guide to Spiritual Enlightenment*. Novato, CA: New World Library, 1997.

Zweig, Connie, and Jeremiah Abrams. eds. *Meeting the Shadow: The Hidden Power of the Dark Side of Human Nature*. Los Angeles: Jeremy P. Tarcher, 1991.

Zweig, Connie, PhD, and Steve Wolf, PhD. *Romancing the Shadow: Illuminating the Dark Side of the Soul*. New York: Ballantine Books, 1997.

| 索引 |

　　羅珊娜‧豪威－墨菲（Roxanne Howe-Murphy）是思想領袖、導師和改變帶動者。她整合了自己的教育、內在修行和四十多年來的跨領域專業經驗，其中包含復健、高等教育、人生教練訓練和靈修引導，出版了獲獎無數的亞馬遜網站暢銷書《九型人格深活全書：一套精準地圖，找回冰山下的真實本質，帶領你走上蛻變與開闊之路》。她是全球的先驅和專家，將九型人格的概念與領導、生命和心靈導師結合。她也出版《深度教練：以九型人格為深刻改變的催化劑，第二版》。羅珊娜也引導了世界各地的人生教練、治療師、心靈引導者和其他自我成長的專業人士。

　　她創立非營利組織深度生活實驗室（deeplivinglab. org），提供獨特的理論結構，幫助追尋者重新導向內在的完整和連結性。實驗室的任務是療癒個人內在的分裂，並透過以正念為基礎的九型人格和她最新的EnneaCrossings™概念，來治療外在世界的分化。

　　羅珊娜充滿同情心，並了解自尊的習慣模式和真實自我之間的關聯，這些都影響了她的著作。

　　她的成年生活幾乎都住在海邊，從2012年開始和丈夫住在新墨西哥州聖塔菲郡，同住的還有他們的貓咪葛蕾西。他們喜歡在山間健行，參與各式各樣的藝文活動。

九型人格深活全書：
一套精準地圖，找回冰山下的眞實本質，帶領你走上蛻變與開闊之路。

作　　　者——羅珊娜・豪威－墨菲　　　　　發 行 人——蘇拾平
　　　　　　　（Roxanne Howe-Murphy, EdD）　總 編 輯——蘇拾平
譯　　　者——謝慈　　　　　　　　　　　　編 輯 部——王曉瑩、曾志傑
特約編輯——洪禎璐　　　　　　　　　　　　行銷企劃——黃羿潔
　　　　　　　　　　　　　　　　　　　　　業 務 部——王綬晨、邱紹溢、劉文雅

出 版 社——本事出版
發　　　行——大雁出版基地
　　　　　　　新北市新店區北新路三段 207-3 號 5 樓
　　　　　　　電話：(02) 8913-1005　傳眞：(02) 8913-1056
　　　　　　　E-mail：andbooks@andbooks.com.tw
劃撥帳號—— 19983379　戶名：大雁文化事業股份有限公司

美術設計—— COPY
內頁排版——陳瑜安工作室
印　　　刷——上晴彩色印刷製版有限公司
2024 年 12 月初版
定價 800 元

國家圖書館出版品預行編目資料

九型人格深活全書：一套精準地圖，找回冰山下的眞實本質，帶領你走上蛻變與開闊之路。
羅珊娜・豪威－墨菲（Roxanne Howe-Murphy, EdD）/ 著　謝慈 / 譯
---. 初版. — 新北市；本事出版：大雁文化發行，2024 年 12 月
　　面　；　公分 . —
譯自：Deep Living with the Enneagram：Recovering Your True Nature
ISBN 978-626-7465-34-9（平裝）
1. CST: 人格心理學　2. CST: 人格特質

173.75　　　　　　　　　　　　　　　　　113014657